现代装备项目管理

Xiandai Zhuangbei Xiangmu Guanli

主　编　王暖臣　易炯意
副主编　高　阳　陈国玖

北京理工大学出版社
BEIJING INSTITUTE OF TECHNOLOGY PRESS

版权专有　侵权必究

图书在版编目（CIP）数据

现代装备项目管理 / 王暖臣，易炯意主编. --北京：北京理工大学出版社，2021.10
ISBN 978-7-5763-0489-3

Ⅰ. ①现… Ⅱ. ①王…②易… Ⅲ. ①装备制造业-项目管理 Ⅳ. ①F407

中国版本图书馆 CIP 数据核字（2021）第 204807 号

出版发行 / 北京理工大学出版社有限责任公司
社　　址 / 北京市海淀区中关村南大街 5 号
邮　　编 / 100081
电　　话 / （010）68914775（总编室）
　　　　　（010）82562903（教材售后服务热线）
　　　　　（010）68944723（其他图书服务热线）
网　　址 / http://www.bitpress.com.cn
经　　销 / 全国各地新华书店
印　　刷 / 保定市中画美凯印刷有限公司
开　　本 / 710 毫米×1000 毫米　1/16
印　　张 / 15.25　　　　　　　　　　　　　　　　责任编辑 / 徐　宁
字　　数 / 239 千字　　　　　　　　　　　　　　　文案编辑 / 宋　肖
版　　次 / 2021 年 10 月第 1 版　2021 年 10 月第 1 次印刷　责任校对 / 周瑞红
定　　价 / 88.00 元　　　　　　　　　　　　　　　责任印制 / 李志强

图书出现印装质量问题，请拨打售后服务热线，本社负责调换

前　言

　　装备项目管理是装备采购工作的重要组成部分，成功的装备采购有赖于成功的项目管理。我军装备采购经过长期理论和实践探索，其内涵外延得以不断延伸，随着我军装备采购市场改革的深入，装备采购工作的内容不断丰富、体系要求也不断提高，我军装备采购中的体制机制问题逐步显现。在充分借鉴国外经验教训，并结合国内先期理论研究和相关探索的基础上，我军于 2005 年在装备采购实施层逐步推行项目管理制度，针对大型项目专门设立项目管理临时机构直至项目结束；随后又先后在部分军兵种和总装备部试点成立项目管理常设支撑机构，深化对项目管理机制的实践探索。2016 年，我国新一轮国防和军队改革正式启动，伴随国防和军队运行机制的调整，经过改革前对装备采购以及项目管理制度的长期探索和逐步推广，改革后我军装备采购实施层全面实行项目管理制度，常设项目管理机构以及项目管理专业支撑机构。随着改革实践的深入，项目管理工作内容逐渐清晰、流程逐渐顺畅、机制逐渐完善，我军装备项目管理逐步进入新的发展阶段。

　　总体而言，在我军新的领导指挥体制下建立起的装备项目管理制度还是相对比较新的事物，很多机制运行细节还有待改进完善。在我军新的装备建设要求和条件下，装备项目管理制度在破"旧"基础上的立"新"仍需持续的探索和反思，而这种探索和反思必然应该是建立在对项目管理理论和方法本身及其在不同应用背景和条件下的应用情况的深入分析之上。本书正是试图从上述视角梳理装备项目管理的相关知识，期待能助力新时代我军装备项目管理制度的探索和完善。本书共分 7 章，第一章和第二章主要介绍项目管理以及装备项目管理的基本理论、发展沿革及相关领域知识基本情况；第三章主要结合装备科研程序和项目采购过程介绍装备项目要素管理情况；第四章主要在系统介绍项目管理组织结构基础理论和外军基本情况的基础上，提供项目管理组织结构设计选择及相关资源配置优化的定量模型分析方法；第五章主要介绍装备项目管理过程中可资利用的常用方法、技术与工具；第六章在分析国外装备项目管理队伍基本情况及建设特点的基础上，探讨项目管理队伍建设规划及相关教育培训方式的建立；第七章将装备项目管理放在装备采购的整体框架下探讨相关法规制度的建立和执行过程。

  装备项目管理涉及装备项目的各个方面，项目管理质量与相关军地各方的协作配合紧密相关，特别是对于大型装备项目而言，项目管理工作量大、内部关系复杂且周期长、变数多，属于典型的复杂系统工程。在本书编写过程中，为使本书内容在探讨如此复杂系统工作时能兼具一定理论深度和时代特点，参考了大量国内外相关研究成果，并邀请业内相关专家及从业者进行了多轮研讨交流，从中获得了很多有益的启发和思路，限于保密等相关要求，书后仅列出了部分参考文献。在此，对本书参考的相关成果作者及参与前期研讨的项目管理专家及从业者表示衷心感谢，并对长期致力于我军装备项目管理制度探索的专家领导表示崇高的敬意。需要说明的是，由于装备项目管理内容复杂而且编者学识有限，书中难免存在疏漏和不足，敬请专家和读者批评指正。

编 者

2021 年 9 月

目 录

第一章 项目管理 ……………………………………………………………… 1

　第一节 项目与项目管理 ……………………………………………………… 1

　　一、项目 …………………………………………………………………… 2

　　二、项目管理 ……………………………………………………………… 8

　第二节 项目管理的发展沿革 ……………………………………………… 11

　　一、项目管理的出现 ……………………………………………………… 11

　　二、项目管理的发展 ……………………………………………………… 15

　　三、项目管理的深入认识 ………………………………………………… 19

　　四、项目管理的科学性与先进性 ………………………………………… 22

　第三节 项目寿命周期与项目管理过程 …………………………………… 24

　　一、项目过程及项目管理过程 …………………………………………… 24

　　二、项目的寿命周期 ……………………………………………………… 31

　第四节 项目管理的职能 …………………………………………………… 33

　　一、项目管理知识体系 …………………………………………………… 33

　　二、项目管理的职能分析 ………………………………………………… 36

　　三、项目管理与一般管理 ………………………………………………… 37

第二章 装备项目管理 ………………………………………………………… 41

　第一节 装备采购管理 ……………………………………………………… 41

　　一、装备采购与装备采购模式 …………………………………………… 41

二、装备采购管理的内涵 …………………………………………… 45
三、装备采购管理体制影响因素及基本类型 …………………… 52
四、我军装备采购制度的历史沿革 ……………………………… 56
第二节 装备项目与装备项目管理 ………………………………………… 59
一、概述 ……………………………………………………………… 59
二、装备项目管理的意义及其特点 ……………………………… 61
三、装备项目管理的专业领域 …………………………………… 64
第三节 装备项目管理发展历程 …………………………………………… 71
一、国外装备项目管理的发展 …………………………………… 71
二、我国装备项目管理的发展 …………………………………… 73
三、我国装备项目管理的主要经验 ……………………………… 74
第四节 装备项目管理与系统工程管理 …………………………………… 77
一、系统工程与装备项目管理 …………………………………… 77
二、我国型号项目管理机制 ……………………………………… 79

第三章 装备项目过程管理 …………………………………………………… 82

第一节 装备科研程序 ……………………………………………………… 82
一、装备科研程序的发展沿革 …………………………………… 83
二、我国装备科研程序的发展趋势 ……………………………… 98
第二节 装备项目采购与合同管理 ………………………………………… 102
一、装备项目采购与合同管理概况 ……………………………… 102
二、装备项目采购与合同管理主要内容 ………………………… 103
第三节 装备项目要素管理 ………………………………………………… 108
一、项目技术状态管理 …………………………………………… 108
二、项目进度管理 ………………………………………………… 111
三、项目质量管理 ………………………………………………… 113
四、项目费用管理 ………………………………………………… 115
五、项目风险管理 ………………………………………………… 116

第四章　装备项目管理组织结构 ……118

第一节　装备项目管理组织结构概述 …… 118
一、装备项目管理组织结构的概念 …… 118
二、装备项目管理组织结构的基本原理 …… 119
三、装备项目管理组织结构的基本类型 …… 123

第二节　国外装备项目管理组织结构情况 …… 127
一、美国装备项目管理组织结构 …… 127
二、英国装备项目管理组织结构 …… 129
三、法国装备项目管理组织结构 …… 131
四、对比分析 …… 131

第三节　装备项目管理组织结构的设计选择 …… 134
一、装备项目管理组织结构的设计 …… 135
二、装备项目管理组织结构的选择 …… 138

第四节　装备项目管理组织资源配置优化设计 …… 143
一、装备项目管理典型环节业务流程 …… 144
二、装备项目管理典型环节业务流程建模 …… 145
三、模型计算及分析 …… 151
四、模型优化 …… 153

第五章　装备项目管理方法、技术与工具 ……158

第一节　工作分解结构 …… 158
一、概述 …… 158
二、工作分解结构的组成 …… 160
三、工作分解结构的优势 …… 161

第二节　网络计划技术 …… 162
一、网络图 …… 162
二、网络计划技术原理 …… 163
三、网络计划技术的步骤 …… 164

第三节 费用估算 ………………………………………………… 165
　一、费用估算的作用和过程 …………………………………… 165
　二、费用分解结构 ……………………………………………… 167
　三、费用估算方法 ……………………………………………… 168
第四节 挣值法 …………………………………………………… 171
　一、挣值法的三个基本参数 …………………………………… 171
　二、挣值法的四个评价指标 …………………………………… 171
　三、挣值法表示方法 …………………………………………… 173
第五节 质量管理方法 …………………………………………… 175
　一、质量管理 …………………………………………………… 175
　二、质量控制方法 ……………………………………………… 177
第六节 综合评价法 ……………………………………………… 181
　一、综合评价法的概念及步骤 ………………………………… 181
　二、综合评价的主要方法 ……………………………………… 182
第七节 SWOT 分析法 …………………………………………… 184

第六章 装备项目管理队伍建设 …………………………………… 186

第一节 国外装备项目管理队伍概况 …………………………… 186
　一、项目管理队伍的规模 ……………………………………… 186
　二、项目管理队伍的结构 ……………………………………… 187
第二节 国外装备项目管理队伍建设特点 ……………………… 190
　一、设立专门管理机构，实行专职化管理 …………………… 190
　二、制定相关法规制度，实行法制化管理 …………………… 191
　三、建立教育培训体系，开展终身职业培训 ………………… 192
　四、走职业化发展道路，增强队伍能力 ……………………… 194
　五、实行岗位轮换制度，培养复合型人才 …………………… 196
第三节 装备项目管理队伍建设规划和教育培训 ……………… 197
　一、装备项目管理队伍的建设规划 …………………………… 197

二、装备项目管理队伍教育培训 ………………………………………… 200

第七章　装备项目管理法规制度 ………………………………………… 206
第一节　装备采购法规概述 ……………………………………………… 206
一、装备采购法规的概念 ………………………………………… 206
二、装备采购法规的作用 ………………………………………… 208
第二节　装备采购法规体系 ……………………………………………… 212
一、装备采购法规体系构成的基本含义和划分标准 …………… 212
二、装备采购法规体系的框架结构 ……………………………… 215
第三节　装备采购法规的制定与执行 …………………………………… 218
一、装备采购法规的制定 ………………………………………… 218
二、装备采购法规的执行 ………………………………………… 223

参考文献 …………………………………………………………………………… 229

第一章

项目管理

对项目及项目管理概念内涵的准确把握,是实施装备项目管理的基础。通过对项目管理发展沿革及其优势特点的分析,明确项目管理这一管理模式的职能要素和管理过程,为装备项目管理实践提供理论指导。

第一节　项目与项目管理

人类社会活动按其进行过程中是否具有重复性的特征,可分为两种类型:在持续进行中具有较稳定的重复性特征的一类称为"操作"或"作业"(Operation),如常规行政事务管理、生产经营管理和商务活动等;而具有较明显的一次性特征的一类则称为"项目"(Project),如新产品新技术的研究及开发过程、大型活动的组织实施过程等。我国"两弹一星"、载人航天工程、青藏铁路、三峡工程、新冠疫苗研制等都是典型的项目。两种类型的社会活动运作规律和特点不同,其需要的管理方法和组织形式必然各异。在现代管理领域,作为"作业"的社会活动构成了一般管理的管理对象,而作为"项目"形式的社会活动则构成了项目管理的对象。显然,"作业"一般是清楚的、可预知的、有秩序的,而"项目"可能是模糊的、难预知的、欠条理的[1];"作业"是可重复的,而"项目"是一次性的。

一、项目

(一) 项目的定义

国内外许多学者和组织都尝试过对项目的本质进行准确描述。较传统的是马梯诺[2]在1964年对项目的定义:"项目为一个具有规定开始和结束时间的任务,它需要使用一种或多种资源,具有许多个为完成该任务(或者项目)所必须完成的相互独立、相互联系、相互依赖的活动"。格雷厄姆[1]认为,项目是达到特定目标的资源组合,与常规任务的关键区别是项目通常只做一次,是一项按照某种规范及应用标准导入或生产某种新产品的独特的工作努力,要求在限定的时间、成本费用、人力资源等参数内完成。杰克·杰多等[3]认为,项目就是以一套独特的、相互联系的任务为前提,有效地利用资源,为实现一个特定目标所做的努力,它在工作范围、进度计划和成本方面都有明确的界定标准。梅瑞狄斯等[4]认为,项目是一个需要完成的具体而又明确的任务。项目是一个整体,包含了自身独有的一些特质:重要性、目的性、生命周期性、相互依赖性、独特性、资源局限性和冲突性。威索基[5]认为,项目是一系列独特的、复杂的并相互关联的活动,这些活动有着一个明确目标或者目的,并且必须在特定的时间、预算内依据规范完成。哈罗德[6]认为,项目是具有下列特征的一系列活动和任务:有一个在特定计划内要完成的具体目标,有确定的开始和结束日期,有经费限制,消耗资源,多职能。罗德尼·特纳则更加注重项目的过程和收益,并在其《项目管理手册》中将项目定义为:"项目是一个临时组织,利用分配给该组织的资源进行工作,将给这个组织带来有收益的变化。"[7]我国学者丁士昭[8]认为,项目是一种具有独特性的一次性任务,具有确定的目标和确定的约束条件,同时更加强调项目的实施过程,而不是过程终结后所形成的成果。如某种新产品、新技术的研发,项目指的是研发过程,而不是研发者,也不是研发的新产品、新技术。沈建明在《中国国防项目管理》中将项目定义为:"项目是一个特殊的将被完成的有限任务,它是在一定时间内,满足一系列特定目标的多项相关工作的总称。"[9]

联合国工业发展组织在1981年版《工业项目可行性研究编制手册》中将项目定义为:"一个项目是对一项投资的一个提案,用来创建、扩建或发展某些工厂企业，以便在一定周期内增加货物的生产或社会的服务。"德国国家标准DIN69901 在 1987 年将项目定义为："项目是指在总体上符合下列条件的唯一性任务（计划）：具有预定的目标；具有时间、财务、人力和其他限制条件；具有专门的组织。"国际项目管理协会在能力基准 3.0 中将项目定义为："项目是受时间和成本约束的，用以实现一系列既定的可交付物（达到项目目标的范围），同时满足质量标准和需求的一次性活动。"美国项目管理协会在《项目管理知识体系指南》（2013）中将项目定义为："为创造独特的产品、服务或成果而进行的临时性工作。"我国《质量管理——项目管理质量指南》（GB/T 19016—2005idt-ISO10006：2003）（2005）中将项目定义为："一组有起止日期的、相互协调的受控活动所组成的独特过程，该过程要达到包括时间、成本和资源约束条件在内的规定要求的目标。"《中国项目管理知识体系（C-PMBOK2006）》（修订版）将项目定义为："项目是一个特殊的、将被完成的有限任务，它是在一定时间内，满足一系列特定目标的多项相关工作的总称。"

综上所述，项目是具有明确目标且受资源限制的独特的一次性活动，是一项具体的、独一无二的任务。项目是特殊的将被完成的有限任务，它是一个特定组织在一定的时间、人员和其他资源的约束下，开展的满足一系列特定目标、有一定独特性的一次性活动[10]。上述定义包含以下三层含义：

（1）项目是一项有待完成的任务，有特定的环境与要求。这一点明确了项目是指一个过程，而不是指过程终结后所形成的成果。例如，可以把一个新型武器装备的研制过程称为一个项目，而不是把研制出的武器装备本身称为一个项目。

（2）以特定的组织机构为核心，利用有限资源（人力、物力和财力等）在限定的期限内完成任务。每个项目的实施都会受到一定条件的约束，项目管理者必须努力克服这些约束条件并最终实现项目目标。在所有约束条件中，质量、进度和费用是项目的三个主要约束条件。

（3）项目要满足规定的功能、质量、数量和技术指标等要求。项目是否成功，能否交付用户，必须达到事先规定的目标要求。功能的实现、质量的可靠、数量的饱满以及技术指标的稳定，是任何可交付项目必须满足的要求。

（二）项目的特征和属性

1. 项目的特征

项目是为提供某项独特产品、服务或成果所做的一次性努力。因此，项目作为一类特殊的活动（任务）具有区别于其他活动的显著特征。

（1）起止的确定性。通常，项目都有明确的开始和结束时间，当项目的目的已然达到，或者已经清楚地预见项目目的不能达到时，或者项目的必要性已不复存在时，该项目即达到了其终点。起止的确定性不一定意味着项目周期时间短，许多项目都要进行好几年。然而，无论如何，项目的期限都是有限的，项目不是持续不断的努力。但是，起止的确定性只针对项目本身，它一般不适用于项目的产出。很多项目经常会产生比项目本身更久远的、事先想到或未曾预料到的经济、社会和环境效果。

（2）目标的明确性。人类有组织的活动都具有其目的性。项目作为一种特别设立的活动，也有其明确的目标。项目目标通常可分为成果性目标与约束性目标。其中，成果性目标是项目的来源，也是项目的最终目标。在项目实施过程中，成果性目标被分解为项目的功能性要求，是项目全过程的主导目标。约束性目标通常又称为限制条件，是实现成果性目标的客观条件和人为约束的统称，是项目实施过程中必须遵循的条件，从而成为项目实施过程中管理的主要目标。项目的目标是上述两类目标的统一，没有明确的目标，行动就没有方向，就不能成为一项任务，也就不会有项目的存在。

（3）过程的整体性。项目是为实现目标而开展的一系列活动的有机组合，是一个完整的过程，要注重项目过程的整体性和系统性。

2. 项目的属性

特征是特殊外在表现形式的总结，而外在表现是其内在固有属性的综合反映。基于项目的概念，归纳出项目以下六个方面的属性：

（1）唯一性。唯一性是项目一次性属性的基础。每个项目都有其特别的地方，没有两个项目是完全相同的。建设项目通常比研发项目更程序化，但不同程度的以用户为中心是所有项目的共同特点。在存在风险的情况下，项目就其本质而言，不能完全程序化。项目负责人之所以重要，是因为他们有许多例外情况要处理。

（2）一次性。由于项目的独特性，项目作为一种任务，一旦完成，即告结束，不会有完全相同的项目重复出现，这就是项目的"一次性"。需要注意的是，一次性是对项目整体而言的，并不排斥在项目中存在着重复性的工作。项目的一次性还体现在项目负责人是一次性的授权管理者，项目组织是一次性的项目实施组织机构，项目操作层是一次性的项目劳务。

（3）多目标属性。项目的成果性目标是项目必须实现的，而约束性目标是项目管理者必须努力的方向。在项目过程中，成果性目标都是由一系列技术指标来定义的，同时都受到多种条件的约束，其约束性目标往往是多重的。因此，项目具有多目标属性。多目标属性的根源是使利益相关者最大程度的满意。项目多个目标之间可以是相互协调、相互制约的，为了达到时间要求不得不降低功能要求，在尽量满足利益相关者要求的前提下，实现系统目标最优。也就是说，项目的总目标是多维目标空间的一个交汇点。

（4）生命周期属性。项目有起点也有终点，任何项目都会经历定义、规划、实施和结束的过程，该过程称为项目的"生命周期"。在项目的生命周期全过程中，通常呈现出概念阶段比较缓慢，规划、实施阶段比较快速，而结束阶段又比较缓慢的规律。

（5）相互依赖性。项目常与组织中同时进展的其他工作或项目相互作用，但项目总是与项目组织的标准及手头的工作相抵触。组织中各职能部门（行政、财务、制造等）间的相互作用是有规律的，而项目与职能部门之间的冲突经常是变化无常的。所以，项目负责人应清楚这些冲突并与所有相关部门保持适当联系。项目是一个相互关联的系统，要用系统的观点和方法去组织项目。在一些冲突问题上，如果只考虑某方面工作的最优，则整体不一定最优。

（6）冲突属性。项目管理中唯一不变的是变化，不确定性贯穿项目整个生命周期，不确定性引起不一致性从而产生冲突，项目负责人总是在处理项目中的各种冲突，项目之间有为资源而与其他项目进行的竞争，也有为人员而与其他职能部门进行的竞争。项目组的成员在解决项目问题时，几乎一直处在资源和领导问题的冲突中。

(三) 项目的构成要素

项目的构成要素[10]是决定项目特征乃至项目管理要求的关键因素，项目管理者对项目的构成要素必须有充分的认识和理解。

1. 项目范围

范围的准确界定是项目成功的关键。没有明确的项目边界，项目走向必然会发散，越是复杂的项目越是如此，项目将变得更加复杂，项目的成功也将是天方夜谭。经验告诉我们，确定项目不做什么比确定项目做什么更为重要。从利益相关者的角度来看，范围主要是指项目中可交付成果的总和。有学者曾认为："当项目有一个很差的范围界定时，不可避免的变化会使项目最终的成本提高，因为这些不可避免的变化会破坏项目节奏，导致重复工作、增加项目运行的时间、降低生产功效和工作人员的士气"。

2. 项目组织

项目组织是为完成项目而建立的组织，一般也称为项目班子、项目管理机构或项目组等。项目组织的具体架构、职责分工和人力配置等会因项目性质、复杂程度、规模大小、持续时间长短以及项目所处阶段等有所不同。项目组织可以是另外一个组织的下属单位或机构，也可以是单独的一个组织。

3. 项目质量

项目质量在很大程度上既不同于产品质量，也不同于服务质量。因为项目兼具产品和服务两个方面的特性，同时还具有一次性、独特性与创新性等自己的特性，所以项目质量的定义和内涵也具有自己的独特性。项目质量的独特性主要表现在如下两个方面：一是项目质量的双重性。项目质量的双重性是指项目质量既具有产品质量的特性，又具有服务质量的特性，这是因为多数项目既会有实物产品成果也会有服务类成果。二是项目质量的过程特性。项目质量的过程特性是指一个项目的质量是在整个项目活动的全过程中形成的，受项目全过程的工作质量直接和综合影响。由于项目具有一次性和独特性，所以人们在项目的定义和决策阶段往往无法充分认识和界定自己明确和隐含的需求，项目的质量要求也在许多情况下无法比较明确和完全地确定下来，这一系列的要求都是在项目进行过程中通过不断修订和变更而最终形成的。

4. 项目成本

项目成本是指在为实现项目目标而开展的各种项目活动中所消耗资源形成的各种费用的总和。项目成本管理主要包括项目资源计划、项目成本估算、项目成本预算、项目成本控制和项目成本预测等。

5. 项目时间

项目时间至少应包括每项工作的计划开始时间和期望的完成时间。项目时间进度可以以提要的形式或者详细描述的形式表示，相关项目进度可以表示为表格的形式，但更常用的是以各种直观的图形方式加以描述。具体来说，主要的项目进度表示形式有带有日历的项目网络图、条形图（或称甘特图）、里程碑事件图和时间坐标网络图等。

（四）项目的分类

项目实施中的管理方法有其共同的特征、共同的规律，但由于项目的独特性，不同项目之间必然存在一定差异[11]。因此，有必要对项目进行分类，以掌握不同类型项目的具体特点，从而更有效地实施管理。

1. 美国项目管理协会的分类

项目包括开发一种新产品或新服务；改变一个组织的结构、人员配备或风格；开发或购买一套新的或改良后的信息系统；建造一栋大楼或一项基础设施；实施一套新的业务流程或程序。从另一种角度来说，项目可以创造一种产品，既可以是其他产品的组成部分，也可以本身就是终端产品；一种能力（如支持生产或配送的业务职能），能用来提供某种服务；一种成果（如结果或文件）。

2. 中国项目管理协会的分类

从提高项目管理的针对性和有效性的目的出发，基于项目的一次性属性，按项目的不确定性程度高低进行分类具有重要意义。根据项目目标及其实现方法不确定性程度的高低，可以建立如图 1-1 所示的二维项目分类矩阵，把项目分为以下四种类型：Ⅰ 类为项目目标和实现方法两者的不确定

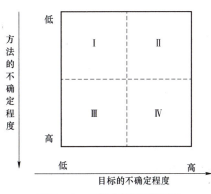

图 1-1　二维项目分类矩阵

程度都比较低，典型的例子是工程建设项目；Ⅱ类为项目目标不明确，但实现方法很明确，典型的例子是信息系统项目；Ⅲ类为项目目标很明确，但实现方法不明确，新产品开发项目大多如此；Ⅳ类为项目目标和实现方法两者不确定程度都很高，如研发项目，对这类项目应进行严密的组织和计划，强调搞好技术管理和方法管理。

二、项目管理

（一）项目管理的概念

"项目管理"给人的最直观印象就是"对项目进行的管理"，事实上这也是其最原始的概念，它至少有以下两个方面的内涵：首先是项目管理属于管理的范畴；其次是项目管理的对象是项目。然而，随着项目及其管理实践的发展，项目管理的内涵得到了较大的充实和发展，如今已成为一种新的管理方式、一门新的管理学科的代名词。首先是指一种管理活动，即一种有意识地按照项目的特点和规律，对项目进行组织管理的活动；其次是指一种管理学科，即以项目管理活动为研究对象的一门学科，它是探求项目活动科学组织管理的理论与方法。管理活动是一种客观实践活动，管理学科是管理活动的理论总结；管理活动以管理学科为指导，管理学科以管理活动为基础[10]。

格雷厄姆[1]认为，项目管理是计划、控制和对临时组织在一起的人员进行管理的过程，项目管理主要在于人员管理，而不仅是计划系统和控制技术。科兹纳[6]认为，项目管理是为一个相对短期的目标（这个目标是为了完成一个特定的大目标而建立的）去计划、组织、指导和控制组织的资源，利用系统的管理方法将职能人员（垂直体系）安排到特定的项目中（水平体系）去。国际知名项目管理专家罗德尼·特纳[7]指出，不要试图去定义一个本身就不精确的事物，因此他给出了一个简练而泛泛的定义：项目管理既是艺术又是科学，它能使愿景转变为现实。美国著名的项目管理专家詹姆斯·刘易斯博士认为，项目管理就是组织实施对实现项目目标所必需的一切活动的计划、安排与控制。美国项目管理协会对项目管理的定义为："项目管理就是把各种知识、技能、手段和技术应用于项目活动之中，以达到项目的要求。"项目管理是通过应用和综合如起始、计划、组织、控制和结束等项目管理过程来进行的，项目管理者负责项目目标的实现。管理一个项目通常需要识别要求，确定清楚而又能够实现的目标，权衡质量、范围、时间和费用方面互不相让的要求，使技术规定说明书、计划和方法适合于各利益相关方的不同需求与期望。我国《质量管理——项目管理质量指南》（2005）将项目管理定义为："包括一个连续的过程，为达到项目目标而对项目各方面所进行的规划、组织、监测和控制。"《中国项目管理知识体系（C-PMBOK 2006）》将项目管理定义为："以项目为对象的系统管理方法，通过一个临时性的专门的柔性组织，对项目进行高效率的计划、组织、指导和控制，以实现项目全过程的动态管理和项目目标综合协调与优化"。一般来说，项目管理是通过项目组织和项目负责人的努力，运用系统理论和方法对项目及其资源进行计划、组织、协调、控制，旨在实现项目特定目标的管理方法体系[12]。

总体而言，《中国项目管理知识体系（C-PMBOK 2006）》给出的项目管理的定义相对更为完整，即项目管理就是以项目为对象的系统管理方法，通过一个临时性的专门的柔性组织，对项目进行高效率的计划、组织、指导和控制，以实现项目全过程的动态管理和项目目标的综合协调与优化。项目管理贯穿于项目的整个生命周期，对项目的整个过程进行管理，是运用既规律又经济的方法对项目进行高效率的计划、组织、指导和控制的一种手段，并确保在时间、成本和技术效果上达到预定目标。

（二）项目管理的内容和特点

1. 项目管理的内容

项目管理的任务是统筹各种项目资源以支撑项目的顺利完成。一般管理具有经常、重复的特点，而项目是一次性完成的任务，其所处条件和环境不同且常处在持续变化中，项目管理的实质就是针对具体的条件和环境，通过计划、组织、指挥、协调和控制，使之有利于项目的高效运行。项目实施阶段的管理重点：一是科学、合理的计划和决策；二是有效的控制和协调。项目管理自诞生以来发展很快，其管理内容当前已发展为三维：时间维将整个项目的生命周期划分为若干个阶段，从而进行阶段管理；知识维针对项目生命周期的各个阶段，采用和研究不同的管理技术和方法；保障维是对项目人、财、物、技术、信息等的保障管理[13]。

这三维体现了项目管理的最本质内涵。时间维表示任何项目在实施时都是以项目推进为主线明确任务、安排时间，并落实各项任务；知识维则指以知识体系为指南，充分运用项目管理九大知识领域展开对项目的管理活动；而保障维则是在运用项目管理技术的同时，更多体现传统管理科学职能的运用。

2. 项目管理的特点

项目管理的特点表现在单件任务的一次性管理、全过程的综合性管理、强约束的控制性管理三个方面。此外，项目管理还体现出以下特性：

（1）普遍性。项目作为一次性的任务和创新活动，在社会生产活动中普遍存在。现有的各种文化物质成果本质上最初都是通过项目的方式实现的，现有的各种持续重复活动是项目活动的延伸和延续，人们各种有价值的想法或建议最终都会通过项目的方式得以实现。当下社会普遍追求的创新活动，理论上也必然是通过项目的形式落地的。因此，项目的普遍性决定了项目管理的普遍性。

（2）目的性。一切项目管理活动都是为实现"满足甚至超越项目有关各方对项目的要求与期望"[14]。项目管理的目的性不但表现在要通过项目管理活动去保证满足或超越项目有关各方已经明确提出的项目目标，而且要满足或超越那些尚未识别和明确的潜在需要。换句话说，项目管理除追求满足有关各方提出的项目目标外，其对项目和项目管理本身还有自我的更高追求。例如，建筑设计项目中对建筑美学很难定量和明确地提出一些要求，项目设计者要努力运用自己的专业知识和技能去找出这些期望的内容，并设法满足甚至超越这些期望。

（3）独特性。项目管理既不同于一般的生产运营管理，也不同于常规的行政部门管理，它有自己独特的管理对象和活动，有自己独特的管理方法、技术和工具。虽然项目管理也会应用一般管理的原理和方法，但是项目管理活动有其特殊规律性，这正是其得以存在的前提。

（4）集成性。项目管理的集成性是指把项目实施系统的各要素，如信息、技术、方法、目标等有机地集合起来，形成综合优势，使项目管理系统总体上达到相当完备的程度。一般管理的管理对象是一个组织持续稳定的日常性管理工作，由于工作任务的重复性和确定性，一般管理的专业化分工较为明显。但是，项目管理的对象是一次性任务，项目相关利益者对项目的要求和期望存在差异，如何将项目的各个方面集成起来，在多个相互冲突的目标和方案中作出权衡，保证项目整体最优化，是项目管理集成性的本质所在。

（三）项目管理的管理要素

项目管理的主体是负责项目的相关管理者，管理者对项目实施全过程进行管理。项目管理的客体是项目涉及的全部工作，这些工作构成了项目的系统运行过程。项目管理的目的是满足或超越项目利益相关方的需求和期望。为此，需要平衡项目中的各种要求，如质量、成本、时间和范围等。项目管理的职能是在计划、组织、指挥、协调和控制等一般管理职能基础上建立的九大职能（见本章第四节）。事实上，这与一般管理的职能是一致的，管理者必须行使一定的管理职能，否则，项目不可能运转，管理的目标也无从实现。项目管理的依据是项目的客观规律，这就要求管理者的主观能动性必须受到客观规律的制约，只有尊重项目的运行规律，才能事半功倍，才能满足或超越项目干系人的需求和期望[15]。

第二节 项目管理的发展沿革

项目管理的产生与发展过程，是理解项目管理出现必然性的重要途径，也是进一步认识其内涵和相对优势的重要突破口[11]。

一、项目管理的出现

（一）项目管理产生的基础

事实上，按照项目管理的特性和定义，人类在最初与周围自然环境进行相互适应和改造时，就已经在不自觉地采用最原始的项目管理方法，如中国都江堰、埃及金字塔，这些项目在当时的技术水平背景下，是极其复杂的工程项目。如果没有人对这样庞大的工程项目予以统筹指挥，这些项目是根本不可能完成的。这些就是人类对"项目管理"最朴素运用的体现[16]。

在科学管理时代，为提高大量出现的工厂的生产效率，受泰勒科学管理思想的启发，出现了一些规划安排生产活动的技术，将生产任务分解后的生产活动进行科学组合，及时监控生产过程。比较有代表性的有甘特于 1917 年发明的甘特图技术，以及其后产生的被誉为当今网络计划技术始祖的阿丹密基协调图技术和线路分析法等。20 世纪 30 年代，美国航空业逐步采用类似于"项目办公室"的方法来监控飞机的研制过程，美国的工程行业也开始设立类似于"项目工程师"的职位来监控和协调项目在各有关职能部门的进展情况。早在 1937 年，就有人提出可以指定一个协调员把涉及几个不同职能部门的工作任务统管起来，这可谓是项目经理的雏形。可以说，在第二次世界大战爆发前夕，项目管理已处于萌芽状态[17]。第二次世界大战爆发以后，随着美国军方致力于作战任务的军事战术特编组织的出现，标志着早期项目管理的诞生[18]。在项目管理的早期，项目管理是用于探索系统论思想在大型复杂项目管理中的应用，研究如何将抽象的系统理论与工程学思想相结合，形成对"项目"管理具有普遍适用性的系统管理方法，被称为对项目的"系统管理"，并成功地应用于美国陆军"曼哈顿计划"。从 20 世纪 50 年代中后期开始，系统管理在项目实践中所取得的丰硕成果，逐步形成了对不同层次特点项目普遍适用的系统管理方法体系，这些方法的应用以美国海军的"特种计划办公室"和美国空军的"西方发展部"为代表，并很快在美军内外推广应用。人们开始把这一系统管理方法体系称为"项目管理"，并誉为"美国国防部对当代管理科学与实践的 13 项重大贡献"之一。

项目管理的突破性成就出现在 20 世纪 50 年代。1957 年，美国的路易斯维化工厂，生产过程要求必须昼夜连续运行。但是，每年都不得不安排一定的时间，停下生产线进行全面检修，过去的检修时间一般为 125 h。后来，他们把检修流程精细分解后竟然发现，在整个检修过程中所经过的不同路线上的总时间是不一样的。如果缩短最长路线上工序的工期，就能够缩短整个检修的时间。他们经过反复优化，最后只用了 78 h 就完成了检修，节省的时间达到 38%，当年产生效益达 100 多万美元。这里用的技术就是至今还在广泛应用的著名的时间管理技术——关键线路法（Critical Path Method，CPM）。1 年后，美国海军开始研制"北极星"导弹，这是一个技术新、规模大、参与人员众多、管理难度巨大的军用项目。当时的项目组织者提出为每项任务分别估计一个悲观的、一个乐观的和一个最可能的工期，在关键路径法技术的基础上，用"三值加权"方法对工作进行计划编排，最后竟然只用了 4 年的时间就完成了预定 6 年才能完成的项目任务，节省时间 33%以上，由此产生了著名的计划评审技术（Program Evaluation and Review Technique，PERT）。上述两项技术的显著成果说明，采用项目管理的理念对于项目的快速完成还存在着可观的空间。1965 年，国际项目管理协会（International Project Management Association，IPMA）在瑞士注册成立，此后一直是世界上最大的由会员国组成的项目管理专业组织。4 年后，在美国也成立了一个相同性质的组织，即项目管理协会（Project Management Institute，PMI），是项目管理专业领域中最大的由个人会员组成的，包括研究人员、学者、顾问和经理的全球性专业组织。IPMA 和 PMI 这两个重要的国际项目管理组织的出现，大大地推动了项目管理的发展。

20 世纪 60 年代的项目管理提出了在投资国家基础设施建设项目中进行计划和管理的方法，高度关注质量或技术性能、时间和成本这三个目标或三重约束，而缺乏对于组织、人力资源等内容的关注。与此同时，由于传统项目管理体系的严格性和复杂性，传统项目管理模型需要具有丰富经验的职业项目经理人加以应用，而在上述领域以外的其他领域中的应用则比较困难，也无法适应变化管理的需求。20 世纪 70 年代，项目管理被认为是一种"附加职业"，因为项目经理并没有受过系统的关于项目管理理论、方法和实践的专门训练。那时的项目经理大多数是工程、建筑、物理和医学领域的技术人员，只是掌握了一些管理方法作为附加的能力。事实上，在 20 世纪 80 年代之前，项目管理这个专门职业仍旧没有达成一个统一的定义。

可以看出，传统项目管理产生的原因是对关乎国家和社会重大项目安全实现的需求，以及对项目工作管理框架体系的需求。在这个阶段的项目管理系统包括项目计划、控制和管理。项目需要高度复杂的范围、资源和时间管理，大多数项目使用复杂昂贵的项目管理支撑工具来支持进度、成本的管理，使用的典型技术包括工作分解结构、三重约束管理（质量、成本、范围）以及挣值管理（Earned Value Management，EVM）。传统项目管理需要大批具有丰富经验的项目管理人士从事专门的项目管理工作，在建立、共享和推广相关的项目管理方法中已形成初步的机制。

（二）项目管理产生的背景

第二次世界大战期间，美国远离欧亚战区，成功避开战争破坏，并成为战争大后方的军火生产基地，给美国带来了巨大的战争利润。在这个时期，为满足欧亚战场需要，美国企业需要拼命地生产，既要高效率运作，又要保证质量地进行生产管理，这就带来了一种新的管理思路：确保在有限的时间和规定的预算内，提供满足具体质量目标的相应产品。"项目管理"理论体系在这种生产实践需要下开始萌生。

到20世纪60年代，全球的生产进入了以产量为主要目标的繁荣时期，项目管理的方法体系在新的条件下开始逐渐形成。国际项目管理协会以及美国项目管理协会的成立，为项目管理科学体系的创建奠定了组织基础。到20世纪70年代后期，越来越多的中小企业开始关注项目管理，并将其灵活地运用于企业活动的管理中，项目管理技术及其方法也在此过程中逐步发展和完善。到20世纪80年代，项目管理已经被公认为是一种有生命力并能实现复杂的企业目标的良好方法[19]，从项目管理实践中总结出的理论性著作陆续出版，如1983年美国出版了由30多名教授、专家和高级管理人员撰写的《项目管理手册》，同年美国国防部防务系统管理学院也组织编写了《系统工程管理指南》，作为美国30多年项目管理理论研究和实践经验的总结[20]。20世纪90年代中期以后，社会环境发生了迅速的变化，市场竞争国际化、资源配置全球化逐步加强，人们的生活节奏在不断加快，产品更新周期明显变短，用户要求也越来越高，上述时代特点与正逐渐发展起来的项目管理的特征非常契合。所以，自20世纪90年代中期以来，项目管理在全球受到越来越多的关注，各国纷纷开设专门课程予以普及。

管理科学是一门注重实践的学科，其诞生与发展往往是为了满足时代发展的需求。管理科学往往是先发现了社会现象，如通货膨胀、通货紧缩，进而研究这种现象，项目管理也是如此。所以，项目管理的诞生和推广运用的基本背景是时代的需求，是时代提出新挑战后人们接受和应对这一挑战而形成的新产物。

（三）现代项目管理学科建立的标志

项目管理已不仅局限于一系列的工具与技术或传统的工程项目领域，作为一种新的工作方法，适用于任何行业和组织，也适用于任何个人的工作和生活。项目管理起源于 20 世纪中叶，现已发展成为用于对大型、复杂、涉及多专业领域任务进行有效管理的有力工具，同时也被用来解决传统"金字塔＋职能部门"管理模式固有弊端的一剂良药。20 世纪 80 年代以来，世界各国专业人员与组织纷纷提出了项目管理知识体系（Project Management Body of Knowledge，PMBOK）的问题。PMBOK 之所以受到专业学术领域的重视，最主要原因在于它跨越了行业的界限，归纳出了各个行业的项目管理人员所必需的基本知识，就像网络计划技术适用于各行各业的计划管理一样，对提高项目管理专业人员的水平有极大的促进作用。知识体系与专业资格认证的结合从某种意义上也反映了知识经济时代的特点。项目管理在广泛实践的基础上提炼共性的知识体系从而构建起其理论基础。项目管理知识体系的形成是现代项目管理学科建立的标志，是信息时代和知识经济发展进步的产物，正是知识经济的发展推动了现代项目管理学科的建立和发展。现代项目管理是对各类项目进行科学、有效管理的基本方法，可以全面地规范各类项目的实施过程，形成了项目实施规范化的管理模式。

二、项目管理的发展

（一）广义项目管理的发展历程

项目管理是人类生产实践活动发展的必然产物。与一般管理一样，项目管理从经验走向科学经历了相当漫长的历史时期，从原始潜意识的项目管理经过长期大量的项目实践之后，才逐渐形成了现代项目管理的理念，大致经历了如下四个阶段[19]。

1. 项目管理萌芽阶段

20 世纪 30 年代以前，人类社会的许多活动是在无意识地按照项目的形式运作，如数千年前的古埃及金字塔、古罗马斗兽场、古希腊雅典卫城、中国万里长城和都江堰等。这些古代杰作都是人类潜意识运用项目管理的伟大成就。但在这一漫长时期，项目管理还没有形成一套科学完整的管理方法，对项目的管理始终只是凭经验、智慧和直觉，缺乏科学的理论总结。

2. 传统项目管理阶段

这一阶段是从 20 世纪 30 年代到 50 年代初期，其特征是利用甘特图技术进行项目的计划和控制。事实上，早在 20 世纪初，人们就开始探索管理项目的科学方法。第二次世界大战前夕，甘特图技术已成为计划和控制军事工程的重要工具。甘特图技术直观而有效，便于监督和控制项目的进展状况，时至今日仍是管理项目的常用方法。但是，由于甘特图技术难以展示工作或作业之间的逻辑关系，不能完全适应大型项目的需要。因此，卡洛尔·阿丹密基于 1931 年研制出协调图以克服上述缺陷。与此同时，在规模较大的工程项目和军事项目中广泛采用了里程碑方法，该方法的应用虽未从根本上解决复杂项目的计划和控制问题，但却为网络图的产生奠定了基础。传统的项目管理通常被认为是第二次世界大战的产物，始于 1942 年 6 月的美国研制原子弹的"曼哈顿计划"就是其中一个典型代表，项目管理概念在这一阶段被明确提出。

3. 近代项目管理阶段

这一阶段从 20 世纪 50 年代初期到 70 年代末期，其重要特征是开发和推广应用网络计划技术。20 世纪 50 年代，美国军界和企业界管理者纷纷为管理各类项目寻求更为有效的计划与控制技术。经过实践探索，在各种方法中最为有效和方便的技术莫过于网络计划技术。网络计划技术克服了甘特图的缺陷，能够确切反映各项工作之间的逻辑关系，能够清楚地描述各项工作的进展情况，并可以事先对大型项目的各项任务和工作进行科学安排。网络计划技术的出现，同时还促进了后来系统工程的发展，项目管理也有了科学的系统方法并逐渐发展和完善起来。

4. 现代项目管理的发展

这一阶段是从 20 世纪 80 年代至今，其特征表现为项目管理的应用范围不断扩大，其使用的方法技术也不断涌现，与其他学科的交叉渗透和相互促进不断深入。项目管理的应用范围由最初的航空、航天等高技术行业，广泛拓展到了医药、矿山以及社会治理等各个领域。计算机网络技术、价值工程、行为科学在项目管理中的应用，极大地丰富和推动了项目管理的深入发展。在这一阶段，项目管理在理论和方法上得到了更加全面深入的研究，并吸收了控制论、信息论及其他学科的研究成果，发展成为一门具有完整理论和方法的学科体系，促进了项目管理知识体系的诞生和广泛应用。

（二）狭义项目管理的发展历程

现代项目管理脱胎于第二次世界大战时期，所以狭义的项目管理，主要指 20 世纪 40 年代以后的阶段。科兹纳[6]将项目管理的发展分为三大阶段：

第一阶段是 1945—1960 年。美国认为要想获得战争的胜利，就必须在军备竞赛以及快速发展大规模杀伤性武器方面居领先地位，而项目管理成为了其实现上述目标的有力工具。美国推动在项目的全寿命期中全面运用项目管理，包括迫使其武器装备的供应商也使用项目管理。到 20 世纪 50 年代末 60 年代初，美国几乎所有与国防工业有关的项目都应用了项目管理。但与此不同的是，项目管理在其他领域应用发展速度相对比较缓慢。

第二个阶段是 1960—1985 年。20 世纪 60 年代中后期，越来越多的企业高层管理者开始寻求能迅速适应变化莫测环境的新管理方法和管理组织的结构模式。事实上，大多数企业在 20 世纪 60 年代开始尝试"非正式"的项目管理，在该管理模式下，项目负责人的权力很小，大多数项目由各部门的职能领导管理，他们停留在一条或两条职能线上，正式的沟通要么没有必要，要么由于职能负责人间的工作关系而进行非正式处理。20 世纪 70 年代及 80 年代早期，越来越多的公司抛开了非正式的项目管理，建立了正式的项目管理程序，这主要是因为他们所开展活动的规模和复杂性都上升到了一定程度，而已有的管理模式及组织结构不再有效。

第三个阶段是 1985 年至今。到 20 世纪 90 年代，大多数企业已开始意识到实施项目管理的必要性，问题焦点已不再是要不要和如何实施项目管理，而是以多快的速度实施它。表 1-1[11]列出了组织实施项目管理的典型生命期阶段：萌芽阶段，首先组织意识到非常需要项目管理，这种认识通常发生在实际开展项目活动的基层和中层管理中；然后，高层管理者知道了项目管理的必要性，并影响到职能管理层；最后，再逐步到发展阶段、成熟阶段。

表1-1 项目管理的生命期阶段

萌芽阶段	高层管理者接受阶段	职能管理层接受阶段	发展阶段	成熟阶段
意识到必要性	高层管理者明确支持	职能管理层支持	采用生命期的阶段	管理成本/计划进度控制体系的发展
意识到好处	高层管理者了解项目管理	职能管理层承诺	发展项目管理方法	综合成本和进度计划控制
意识到应用	项目发起	职能管理层培训	对计划作出承诺	发展包含项目管理技术的培训项目
意识到必须做什么	乐于改变业务方式	乐于让员工接受项目管理培训	范围蔓延最小化	
			选择项目追踪体系	

（三）国内项目管理的发展历程

作为世界文明古国之一，我国进行项目管理的实践活动已具有几千年的历史，曾有过许多伟大的工程，如万里长城、都江堰水利工程、京杭大运河等，都是名垂史册的项目实践活动。这些重大项目运用了许多科学的管理思想和组织方法，反映了我国古代项目管理的水平和成就。新中国成立以来，国家的各项建设事业得到了迅猛的发展，许多大型的项目实践活动都取得了成功。自20世纪50年代末，以钱学森为代表的一批科学家在国防军事领域领导、推进和实践系统工程理论和方法，按系统工程的原则，建立起相应的组织体系和结构，并逐渐形成了符合我军特点的装备项目管理模式。到20世纪60年代，华罗庚教授倡导推广统筹法，并在建筑工程、水利工程、矿山建设等领域得到了较广泛的应用，为学习、理解和推广项目管理打下了一定的基础。但是，直到20世纪80年代末，我国长期的项目实践活动还没有系统上升为项目管理理论，还没有全面系统地对项目管理进行研究和实践。直到20世纪90年代初，中国项目管理研究委员会（Project Management Research Committee of China，PMRC）作为我国一个跨行业的项目管理专业组织正式成立。PMRC覆盖了航空、航天、信息技术、冶金、煤炭、水利、建筑、造船、石化、矿产、机电、兵器、教育及政府部门等众多领域，并于1996年加入了IPMA。同时，PMRC于2000年7月正式在国内推出国际项目管理专业资质认证，并在全国范围内进行推广，标志着我国项目管理研究和实践正式与国际接轨。

三、项目管理的深入认识

项目管理为组织变化的管理提供了一种理念、战略和过程。著名管理学家孔茨认为,管理就是设计、创造和保持一种良好环境,使置身于其中的人们能在群体中高效工作,以完成预定的使命和目标。项目管理自然也不能例外。对项目管理的理解可以从多个角度进行描述:项目管理是一种系统管理的方法,是一种综合管理,是一种目标管理的方法,是一种基于创新和团队协作的管理方法,是一种面向成果的过程管理方法,是一种高度技术性的管理体系,是一种对不确定性问题和各种冲突进行管理的方法。

1. 项目管理是一种系统综合的管理

项目管理具有针对性、专业性、计划性、互动性和独特性,然而其又不能被单纯看作是一种纯专业化的管理,而应是一种系统综合的管理,事实上这是由项目本身的特点决定的。① 项目本身具有综合性。项目管理涉及多种专业、多种技术和多种手段,需要各个部分的有机配合,这是一般专业化管理所不能完全具备的。项目管理向专业化方向发展与一般的专业化管理不可等同。② 项目具有过程一次性和结果永久性的特点。项目是一次性活动,其组织管理形式、机构及相应的生产要素等因项目的不同而存在一定的差异。同时,按照系统工程方法,项目管理就是以项目为对象的系统管理体系,通过一个临时的、专门的组织,对项目进行高效率的计划、组织、指挥、控制和协调,对项目进行全过程的动态管理。而专业化管理活动,其任务和机构是相对稳定的,不是临时性的,即便对象改变,其总体组织及生产要素也很少变动。③ 项目具有寿命周期性。项目管理是一种比较复杂的有明显寿命周期特性的系统活动,而专业化活动则通常不存在明确的寿命周期,是一种持续的经济活动。

2. 项目管理是一种面向独特目标和任务的管理

项目管理的对象是项目,即一系列的一次性任务。项目管理必须有明确的目标,必须有清晰的任务、职能和层次的划分。通常情况下,人们的工作可分为日常重复性工作和项目式工作两种,特别是对各种类型的高层管理者更是这样。根据帕累托定理，日常重复性工作在数量上约占总工作量的80%，但所需要投入的精力也许只占20%；而项目式工作在数量上占不到总工作量的20%，所需要投入的精力却要占到80%左右。这里不是强调数量上的差异，而是表明项目管理的独特性和重要性。一般情况下，日常重复性工作可以交给管理者的下属完成，领导本身的主要职责和任务是建章立制，定好规矩，做好监管工作。而项目式工作则完全不同，它是全新的工作，具有独特目标和特殊使命，是组织中的新生事物或重要事项，对组织的发展具有特殊的意义，组织的领导要格外关心，要组建项目班子，委任项目负责人，规划项目，领导项目，牵扯很大精力。通常，对于新项目，如果组织不专门委派项目负责人，组织的最高领导者就是实际上的项目负责人。

3. 项目管理是一种基于团队和创新的管理

团队工作方式具有创新性、系统性和逻辑性。项目的完成依靠团队合作，分散个体的零散工作，无法从数量、时间、质量上达到新工作要求，也无法在不同职能部门之间建立联系。一般来说，有紧密协作的团队比松散的合作方式更容易取得创新成果。同时，应用项目管理方式可以创造性地处理组织发展中的变革、战略规划和重大项目，有推动组织管理模式发展的功能。所以，早期也有人将项目管理解释为创新管理。

4. 项目管理是一种面向过程和成果的管理

项目管理不仅面向成果，更是用项目实施过程来实现成果。项目都具有一个活动的流程，注重行动。项目管理是一种管理方法体系，是一种已被公认的管理模式，而不是任意的一次性管理过程。项目管理的重要任务是创造和保持一种良好的环境，通过各项管理职能将各种管理要素有机地结合起来。根据项目管理的理念，项目分为大型项目（Program）、项目（Project）和子项目（Subproject），并可依项目规模再分，如次级子项目等，如图1-2（a）所示。大型项目是项目的集合，包含若干项目，在范围上大于单个项目，如图1-2（b）所示。同时，可以将项目按子项目、次级子项目、再次级子项目划分，对于特大项目，可以一直划分下去，直至便于开展整个项目的管理工作。这是项目管理最为重要的管理理念和体系。而且，子项目、次级子项目的管理思想、原理、方法与项目一样。

这种方法可以同项目工作分解结构（Work Breakdown Structure，WBS）和网络图的应用相配合，对于逐级明确项目目标，制订项目计划，分解项目任务，监控项目实施过程，进行项目控制，促进项目协调，加快项目进度，节约项目成本，提高项目质量，都具有极大的优越性。

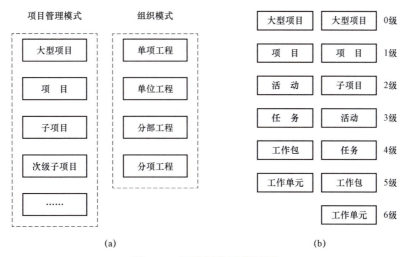

图 1-2　项目划分示意图[11]

5. 项目管理是一种基于管理技术和科学技术支撑的管理

管理科学本身是科学，在实际管理工作中包含多种管理技术。科学技术包含了现代各种相关的科学知识、技术工艺。之所以强调两个技术，是因为任何真正意义上的项目都有技术内核和技术支撑。管理的技术性体现在科学化、规范化之中，而科学技术根植于规范、条例、措施之中。将管理技术与科学技术进行有机结合也是项目管理的一大特点。同样，项目管理以管理技术的面貌出现，提高管理流程的可见度，进而使权责更加明确，管理过程更加清晰，管理的技术性和科学技术的支撑运用都得以充分体现。管理水平不好衡量，管理效率、效果却可以评价。项目管理应用在很多行业和许多工作中，使管理水平和作用充分发挥，生产力得以提高。

6. 项目管理是一项解决分歧和冲突的管理

项目实施过程中，始终充满了各种分歧与冲突，特别是围绕三大目标的冲突、各子项目之间的冲突、参与者之间的冲突、项目与外部环境的冲突等。因此，有所谓项目管理的"第一定律",即按规定时间、不突破预算、不调整人员而完成的项目几乎没有,谁的项目也不例外[1]。按时、保质保量、不超支、不调整范围完成项目是很困难的,要想更好、更快、更省,项目管理者必须不断地化解项目实施过程中的各种冲突、争端,使项目按照既定目标推进。

四、项目管理的科学性与先进性

引入专业化、高水平的项目管理,可以在很大程度上提高整个项目的管理水平,越是规模大、技术复杂的项目,也就越能体现项目管理的优势。项目管理的先进性和科学性,在于它能更好地适应项目的特点要求,高效地实施组织、计划、协调和控制,使进度、费用和质量始终控制在预期目标内,并有效统筹利用项目各种资源以获得最优的结果。项目管理的先进性与其管理理念的科学化是统一的。项目管理的科学性和先进性体现在组织科学化、计划最优化、控制有效化、协调全面性和指挥统一性。

1. 项目管理的组织科学化

建立科学的管理体制,设立合理的组织机构,制定科学的规章制度,科学地选择和配备人员,科学地组织人力、物力和财力,以高效的运行机制充分发挥人的主观能动性,从而获得最佳的经济效益和社会效益,是对项目管理的组织科学化的根本要求。项目组织的科学化是项目管理先进性的前提,它需要用系统工程与组织科学等先进的理论和方法来研究项目组织的类型与结构等内容。项目组织是为项目目标服务的。项目组织形式的设置是否得当,在很大程度上决定着项目负责人工作的成败和项目目标实现的好坏。项目组织的科学性和先进性,表现在组织形式、组织机制和组织效能三大方面。科学技术的发展和生产规模的扩大,推动了管理水平的提高,项目组织也经历了由职能组织、项目组织到矩阵组织的演变。要用系统工程和组织科学等理论方法,围绕项目特点的变化不断优化调整项目组织结构。

2. 项目管理的计划最优化

包括优化分析内外信息、优化选择行动方案、优化编制项目计划、优化决策实施措施以及优化预测变化对策,使项目在实施过程中的变化减少到最低限度,即使发生了变化也有预先确定的调整措施，使计划实施的过程始终沿着好的方向推进。项目计划的优化是项目管理先进性的基础，它需要用优化技术与决策理论等来研究项目计划的优化与决策内容。项目计划是项目管理的前期工作，具有先行性、不定性、预测性和决策性等特点，是项目管理中最困难也是最重要的一步。项目计划既取决于项目的内部条件和外部环境，还取决于项目规划者的决策能力。项目计划风险性大，潜力也大，一旦项目方案和计划确定之后，到执行时潜力就很有限了。项目计划关系到项目成败，因此也是最重要的一步。

3. 项目管理的控制有效化

包括有效的指挥调度、有效的监督检查、有效的信息反馈、有效的动态调整以及有效的优化控制，使项目计划实施过程的进度、费用和质量始终有效地控制在预期目标内，最终实现项目管理的最优目标。项目控制的有效化是项目管理先进性的核心，它需要用控制理论与信息科学等先进的理论与方法来研究项目控制的可靠性和有效性等内容。由于项目管理是个动态的非确定性时变系统，其有效性控制原理比其他系统更为复杂。

4. 项目管理的协调全面性

项目协调是一项综合性、全局性的工作，主要内容是在相互冲突的目标或可选择的目标中权衡得失，并积极落实决策。按照系统分析的观点，协调界面包括人员与单位之间的界面、系统与项目之间的界面以及系统与环境之间的界面。在项目推进的不同阶段、不同部位和参加项目建设的不同单位、不同层次之间，存在着大量界面或接合部，沟通和理顺这些连接部的关系，化解矛盾，排除时空上的干扰，组织好工序间的衔接，使项目总体活动能有机地交叉进行，确保全面实现项目目标，这是项目协调工作的根本任务。

5. 项目管理的指挥统一性

项目指挥是项目实施的领导、指令、调度等，是为了实现项目目标与计划，通过命令、指示等信息的传递，使他人按照项目管理要求行事的一种手段和艺术。项目实施过程是一个由若干环节组成的执行过程，其中项目指挥是一个重要的环节。项目指挥是项目负责人的经常性工作，权力是进行项目指挥的坚强基础，项目负责人必须具有指挥权。项目管理指挥的统一性是项目管理先进性最重要的体现，而且是通过管理组织的扁平化、目标的统一化、管理过程的透明化、管理指令的单一化等多个方面来实现。

第三节 项目寿命周期与项目管理过程

现代项目管理理论认为，任何项目都是由两个过程构成的：一是项目的实现过程；二是项目的管理过程。现代项目管理特别强调上述两个过程的高效结合，不但要求将整个项目实现工作和项目管理工作看成是一个完整的过程，而且要求将项目各个阶段的计划、实施、控制等具体管理活动也看成是项目管理的一系列具体工作过程。项目管理特别关注按照面向过程管理的方法去开展项目全过程的管理，将整个项目的实现过程和管理过程以及其中所包括的各个阶段看成是一个整体，并将这种分阶段的项目过程称为项目寿命周期[21]。

一、项目过程及项目管理过程

（一）项目过程及其工作阶段划分

现代项目管理的目标是要在生成项目产出物（成果）的过程中，通过开展项目管理工作来保障项目目标的实现。根据具体项目所属专业领域的特性和项目实现过程的具体情况，以及项目面临的各种限制条件，现代项目管理要求将一个具体项目划分成若干个便于管理的项目阶段，以便人们能够分阶段做好项目的管理工作。

划分项目阶段的首要标志是项目工作的相似性。一般情况下，相同性质的项目工作会划分在同一个项目阶段中，而不同性质的项目工作会划分在不同的项目阶段中。划分项目阶段的第二个标志是项目阶段成果的整体性，即一个项目阶段的全部工作应该能够生成一个自成体系的标志性成果。这种阶段性成果既是这个项目阶段的输出，也是下个项目阶段的输入，或者是整个项目的终结。可以将一般意义上的项目划分为四个主要的项目阶段：项目定义与决策阶段、项目计划和设计阶段、项目实施与控制阶段、项目完工与交付阶段，如图1-3所示。

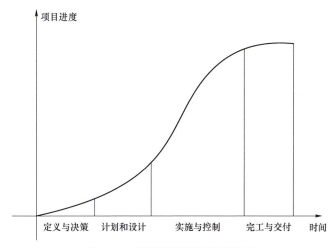

图 1-3 项目的阶段划分示意图

1. 项目定义与决策阶段

项目定义与决策阶段的主要任务是提出项目、定义项目和作出项目决策。首先提出一个项目的提案并对项目提案进行必要的机遇与需求分析和识别；然后进一步提出具体的项目建议书。在项目建议书或项目提案获得批准以后，还需要进一步开展不同详细程度的项目可行性分析；通过项目可行性分析找出项目的各种可行的备选方案，进而分析和评价这些备选方案的益损与风险情况。最终，做出项目方案的抉择和项目决策。本阶段的主要工作包括以下内容：

（1）分析和识别项目的机遇与需求

在项目定义与决策阶段，首要的任务是识别出项目的机遇和对于项目的基本需求。这方面的主要工作包括：一是发现问题并提出设想。发现问题是项目的最初起点，即要找出为解决什么问题而需要开展一个具体项目，并进一步分析研究解决问题的办法，提出项目的基本设想。二是分析机遇和条件。在发现问题并提出了解决问题的设想的基础上，还需要分析和识别是否存在能够解决问题、实现设想的具体机遇和条件。三是分析需求并提出项目提案。分析项目（设想）能够在多大程度上解决所面临的问题，即分析项目满足需求的情况。如果项目能够满足需求（能解决所面临的问题），就可着手提出项目的提案或项目建议书。

(2) 形成项目提案或项目建议书

项目定义与决策阶段的第二项任务是形成项目的提案或项目建议书。项目提案和项目建议书的作用和内容基本上是相同的，只是国外习惯使用项目提案的说法，而国内习惯使用项目建议书的说法。一个项目提案或项目建议书的内容通常包括以下几项：

1) 项目的目标。要明确定义项目所要达到的目标。这些目标包括两大类：一类是项目产出物所要达到的目标要求，如项目产出物的质量、数量等；另一类是有关项目工作的目标要求，如项目的范围、工期、成本等。

2) 项目的任务和范围。根据项目目标界定项目的任务和范围，阐明和界定项目要解决的具体问题、要满足的具体需求、项目的主要任务和最终成果形式与内容以及实现项目目标所需开展的主要工作和活动等。

3) 项目工作和项目产出物的具体要求。规定和描述对于项目工作和项目产出物的具体要求，包括度量项目工作的任务、绩效、质量、经济效益等的具体指标；度量项目产出物的数量、质量、科技水平、经济效果等的具体指标。

(3) 开展项目可行性研究并作出项目决策

项目管理要求对任何项目都要进行可行性研究，主要有两方面的目的：一是确定项目是否可行，从而得出项目是否立项的结论；二是确定项目各个备选方案的优先次序，并确定哪个备选方案最好。项目可行性研究的主要任务是分析和研究项目提案或项目建议书所提出的项目的必要性、合理性、风险性和可行性，分析和评价项目提案或项目建议书中所得出的各种结论，从而作出项目是否立项的决策。项目可行性报告必须经决策机构审批，审批过程就是项目最终决策过程，是项目决策阶段完成的标志。项目可行性报告一经批准，就成为今后项目投资决策、项目设计、项目资金和资源配备、项目实施的依据和指导文件，也是项目实施完成及其成果投入使用以后进行评估的依据。如果可行性报告未能获得批准，一般会采取中止项目或者修订项目及其可行性报告的做法。

2. 项目计划和设计阶段

项目计划和设计阶段的主要任务是对项目产出物和项目工作做出全面的设计和规划。为已决定实施的项目编制各种计划，开展必要的项目设计工作，从而全面设计和界定整个项目和项目各阶段所需开展的工作，设计和规定项目产出物的要求。本阶段的主要工作包括：

（1）制订项目综合计划

项目综合计划的作用是：指导整个项目的实施和控制，协调各专项计划与工作，协调和促进利益相关者之间的沟通，界定项目的工作内容、范围和时间，提供绩效度量和项目控制的标准与基线等。项目综合计划的制订是对项目总体工作的一种计划安排，是对于各种专项计划的一种综合。其结果是得到一份指导整个项目实施和控制、协调统一的计划文件。

（2）制订项目专项计划

项目专项计划的制订是对项目各方面具体工作的一种计划安排，是根据项目各种不同的目标而制定的各种专业工作或者专项工作的计划。其结果是得到一系列指导项目各专业和专项任务实施、控制与协调的计划文件。

（3）项目产出物的设计和规定

这是一项有关项目产出物和项目工作的全面设计和规定的工作，包括对于项目产出物的技术设计、实施方案设计、技术规范要求设计等方面的工作。这些工作对项目产出物从技术、质量、数量、经济等各方面均做出了全面的要求和规定。

（4）项目工作的招投标与合同订立

当一个项目的工作需要使用外部承包商和供应商的时候，在项目计划和设计阶段通常还要进行招投标和合同订立工作。这项工作一般包括：标书的制定、发标、招标、评标、中标和签订承包合同等。

3. 项目实施与控制阶段

完成项目计划和设计工作后，就可以开始实施项目了。项目实施与控制阶段的主要任务是项目产出物的研究生产及其过程的管理与控制。项目的实施及其管理工作包括一系列具体的实施作业任务，同时还应开展包括项目进度、成本、质量、范围和风险等在内的各种项目控制工作，以保证项目实施的结果与项目设计与计划的要求以及项目目标相一致。这一阶段是整个项目产出物的形成阶段，因而该阶段的主要成果是最终生成的项目产出物。本阶段的主要工作包括：

(1) 制定项目控制标准

项目控制标准为整个项目的实施与控制提供了所需的管理依据和基准。项目控制标准包括对项目进度、成本、质量等影响项目成功的关键要素的控制标准和与项目专业特性有关的具体控制标准，如科研项目的阶段成果控制标准等。

(2) 开展项目实施工作

项目实施与控制阶段最主要的工作是项目的实施，即项目产出物的生产或形成工作。这一工作在每个项目中都有不同的内容，需要开展各种不同的作业。

(3) 项目实施中的指挥、调度与协调

在项目实施与控制阶段的项目产出物生产作业与活动中，项目管理者必须通过指挥、调度和协调等管理工作，合理配置资源，使整个实施作业与活动能够处于一种有序和高效的状态。

(4) 项目实施工作的绩效度量与报告

在项目的实施工作中，必须定期对项目实施工作的绩效进行度量与报告，即将项目实施工作的实际结果与项目控制标准进行对照和比较，统计、分析和报告项目实施的实际情况。

(5) 项目实施中的纠偏行动

项目实施与控制工作中最重要的管理工作是采取各种纠偏行动，从而纠正项目实施中出现的各种偏差，使项目实施工作保持有序和处于受控状态。

4. 项目的完工与交付阶段

整个项目工作的最后一个阶段是项目的完工与交付阶段。在这一阶段，需要对照项目定义和决策阶段提出的项目目标、项目计划和设计阶段所提出的各种项目计划和项目产出物要求。首先由项目团队（或项目组织）全面检验项目工作和项目产出物；然后由项目团队向项目的用户（项目产出物的所有者或使用者）进行验收移交工作，直至项目的用户最终接受了项目的整个工作和工作结果（项目产出物），项目才算最终结束。

(1) 项目的完工工作

项目的完工工作主要包括各项工作的完结和项目涉及的各种分包或供货等合同的终结两个方面的工作。当发现项目存在问题或缺陷时，应开展相应的返工与整改工作，使项目最终达到目标和要求。

（2）项目的交付工作

项目的交付工作涉及两个方面：一是项目产出物的实物验收与交付工作；二是项目产出物的验收与交付工作，通常会涉及对项目产出物的全面验收检查，针对问题的整改、纠正和项目产出物的交付。

（二）项目管理过程及其阶段划分

一般而言，项目管理过程是由五种具体过程构成的，分别是起始过程、计划过程、组织过程、控制过程和结束过程，它们构成了一个项目管理过程的循环，在项目整个过程以及不同阶段循环运行，推动项目的顺利实施，如图1-4所示。

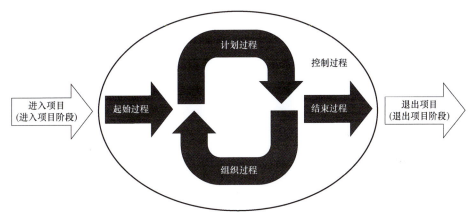

图1-4 项目管理过程组织关系

1. 起始过程

项目或项目阶段的起始过程是一个项目管理过程循环的起点，由一系列项目决策性工作构成，它所包含的管理活动的主要内容包括：定义一个项目或项目阶段的工作与活动；决策一个项目或项目阶段的起始与否；决策是否将一个项目或项目阶段继续进行下去等。

2. 计划过程

项目或项目阶段的计划过程由一系列项目计划性工作构成，它所包含的管理活动的主要内容包括：拟定、编制和修订一个项目或项目阶段的工作目标、任务、工作计划方案；编制和修订资源供应计划；编制成本预算；制定应急措施等。

3. 组织过程

项目或项目阶段的组织过程由一系列项目组织管理性的工作构成，它所包含的管理活动的主要内容包括：组织和协调人力资源及其他资源；组织和协调各项任务与工作；激励项目团队完成既定的工作计划；生成项目产出物等。

4. 控制过程

项目或项目阶段的控制过程由一系列管理控制性的工作构成，它所包含的管理活动的主要内容包括：制定标准；监督和测量项目工作的实际情况；分析差异和问题；采取纠偏措施等。

5. 结束过程

项目或项目阶段的结束过程由一系列项目文档化和移交性、验收性工作构成，它所包含的管理活动的主要内容包括：制定一个项目或项目阶段的移交与接收条件，并完成项目或项目阶段成果的移交，从而使项目或项目阶段顺利结束。

（三）项目过程与项目管理过程之间的关系

在一个项目过程中，项目管理过程和项目实现过程从时间上是相互交叉和重叠的，在项目中发挥的作用是相互制约和相互影响的。

在一个项目的实现过程中的任何一个阶段，都需要开展上述项目管理过程循环中的各项管理活动，项目管理过程的五个具体过程在各个项目阶段是不断循环发生的。一个项目管理过程循环中的五个具体管理过程之间是一种并行衔接的关系。各项具体管理过程都有自己的输入和输出，这些输入和输出就是各个具体管理过程之间的相互关联要素。一个具体管理过程的输出（结果）可以是另一个具体管理过程的输入（条件），所以各个项目管理具体过程之间都有相应的文件和信息传递。这些具体过程之间的输入与输出，有时是单向的，有时是双向的。

此外，一个项目管理过程循环中的各个具体管理过程在时间上会有不同程度的交叉和重叠，如图 1-5 所示。由图中可以看出，起始过程最先开始，但是在起始过程尚未完全结束之前，计划过程就已经开始了。而控制过程是在计划过程之后开始，但是它的开始先于组织过程，因为在控制过程中有很大一部分管理工作属于事前控制工作，必须预先开始并在组织过程开始之前完成。结束过程在组织过程尚未完结之前就已经开始了，这意味着结束工作中涉及的许多文档准备工作可以提前开始，在组织过程完成以后所开展的结束过程工作只是剩下的移交性工作。各个项目管理具体过程之间的相互作用和相互影响还会跨越不同的两个项目阶段，也就是说，不同项目阶段的管理过程循环之间也有相互作用关系，主要表现在前一个项目阶段的结束过程会对下一个项目阶段的起始过程发生作用。通常，前一个项目阶段结束过程的输出就是下一个项目阶段起始过程的输入。

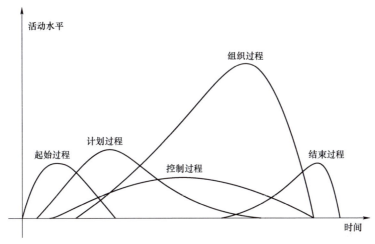

图 1-5　一个项目管理循环中各具体管理过程之间的交叉重叠关系

二、项目的寿命周期

项目作为一种创造独特产品与服务的一次性活动是有始有终的，项目从始至终的整个过程构成了一个项目的寿命周期。美国项目管理协会对项目寿命周期的定义为："项目是分阶段完成的一项独特性的任务，一个组织在完成一个项目时会将项目划分成一系列的项目阶段，以便更好地管理和控制项目，更好地将组织的日常运作与项目管理结合在一起。项目的各个阶段放在一起就构成了一个项目的寿命周期。"这一定义从项目管理和控制的角度，强调了项目过程的阶段性和由项目阶段所构成的项目寿命周期。

英国皇家特许测量师协会给出的项目全寿命周期的定义为："项目的全寿命周期是包括整个项目的建造、使用，以及最终清理的全过程。项目的全寿命周期一般可划分为项目的建造阶段、运营阶段和清理阶段。项目的建造、运营和清理阶段还可以进一步划分为更详细的阶段，这些阶段构成了一个项目的全寿命周期。"由此可见，项目全寿命周期包括一般意义上的项目寿命周期（建造周期）和项目产出物的寿命周期（从运营到清除的周期）两个部分，而一般意义上的项目寿命周期只是项目全寿命周期中的项目建造或开发阶段。

一个项目从始到终的整个过程构成了一个项目的寿命周期，主要包括以下几个方面的内容：

1. 项目的时限

项目寿命周期的首要内容是给出一个具体项目的时间限制，既包括一个项目的起点和终点，也包括一个项目各个阶段的起点和终点。这些项目或项目阶段的起点和终点，一方面给出了与项目有关的时点数据（项目或项目阶段开始和结束的时点）；另一方面也给出了与项目有关的时期数据（项目或项目阶段持续的时期长度）。

2. 项目的阶段

项目寿命周期的另一项主要内容是有关项目各个阶段的划分，包括一个项目的主要阶段划分和各个主要阶段中具体阶段的划分。这种阶段划分将一个项目分解成一系列前后接续、便于管理的项目阶段，而每个项目阶段都由这一阶段的可交付成果来标识。所谓项目阶段的可交付成果就是一种可见的、能够验证的工作结果（或称为产出物）。

3. 项目的任务

项目寿命周期还包含项目各阶段的任务，包括项目各个阶段的主要任务和项目各阶段主要任务中的一些主要活动。

4. 项目的成果

项目寿命周期还应明确项目各阶段的可交付成果，包括项目各阶段和项目各阶段主要活动的成果。

以装备研制项目为例，装备研制是一种特殊的项目，其阶段划分、各阶段的主要工作任务及各阶段的工作成果等，是通过研制程序来规定的。装备研制一般划分为论证阶段、方案阶段、工程研制阶段、设计定型阶段、生产定型阶段。论证阶段的主要工作是进行战术技术指标、总体技术方案的论证及研制经费、保障条件、研制周期的预测等内容的装备研制立项综合论证。完成装备研制立项综合论证并经审批后方能立项；经批准的装备研制立项综合论证，作为开展装备研制工作、制定装备研制年度计划和订立装备研制合同的依据。方案阶段的主要工作是进行装备研制方案的论证、验证，在装备研制进入工程研制阶段之前，完成装备研制总要求的综合论证并报批；经批准的装备研制总要求，作为开展工程研制和组织定型考核的依据。工程研制阶段的主要工作是根据批准的研制总要求和研制合同进行装备的设计、试制及科研试验。除大型武器装备平台外，一般进行初样机和正样机两轮研制。完成初样机试制后并通过鉴定性试验和评审后，方可进行正样机的研制。完成正样机试制并通过鉴定后，方能提出设计定型试验申请报告。设计定型阶段的主要工作是对装备性能进行全面的考核，以确认其达到装备研制总要求和研制合同的要求。生产定型阶段的主要工作是对产品批量生产条件进行全面考核，以确认其符合批量生产的标准，稳定质量，提高可靠性。

第四节　项目管理的职能

对项目管理区别于一般管理的管理职能的深入认识，对于进一步理解项目管理的特点和过程，并指导项目管理实践具有重要意义。

一、项目管理知识体系

当前，项目管理已建立了较为完备的知识体系，且这一知识体系是项目管理区别于传统科学管理、行政管理、企业管理等的独特特征，也是项目管理成为一种管理模式的显著标志。

1987年，美国批准发布项目管理知识体系（PMBOK）的研究报告，并在此后进行数次修订。该文件主要包括5个项目管理过程组，同时还包括综合管理、范围管理、时间管理、成本管理、质量管理、人力资源管理、沟通管理、风险管理及采购管理等9个知识领域，42个要素。2001年7月，中国项目管理知识体系（C-PMBOK）正式发布，并于 2006 年 10 月修订推出第 2 版。C-PMBOK 将项目管理知识划分为范围管理、时间管理、费用管理、质量管理、人力资源管理、信息管理、风险管理、采购管理及综合管理九大知识领域，该体系以项目生命周期为主线，将项目管理知识领域分为 115 个模块，其中基础模块 95 个，概述模块 20 个。中国项目管理的九大知识领域划分得到国际项目管理界的广泛认同，这九大领域实质上是基于项目管理职能的常规分工而划分的，因而也称为项目管理的九大知识领域，每一个知识领域的知识包括基本概念、管理过程、管理方法与工具及其他相关管理知识。

1. 项目范围管理

项目范围管理包括确保项目成功完成所需的全部工作，而且只包括必须完成的工作的各个过程，其主要任务是确定与控制哪些工作应该或不应该包括在项目之内。项目范围管理的核心过程包括启动、范围规划、范围定义、范围控制和范围确认，项目范围管理中最常用也是最重要的方法是工作分解结构等。

2. 项目时间管理

项目时间管理，国内通常称为项目进度管理，也称为项目工期管理。项目时间管理包括保证项目按时完工所必需的一系列管理过程与活动。项目时间管理的核心过程包括活动定义、活动排序、活动持续时间估计、进度安排和进度控制。项目时间管理中常用的方法与工具有网络计划技术、甘特图、里程碑图等。

3. 项目费用管理

项目费用管理是为保证完成项目的总费用不超过批准的预算所必需的一系列过程。项目费用管理的核心过程包括资源计划、费用估计、费用预算和费用控制，费用管理中常用的方法与工具有资源费用曲线和资源负荷图等。项目费用管理通常是指项目实施过程的费用管理。项目筹资的方式可能会影响到项目费用管理的模式，项目融资是较为特殊的筹资方式。

4. 项目质量管理

项目质量管理包括保证项目能满足事先规定的各项质量要求所需要的过程，如确定质量方针、目标与责任的所有活动，并通过质量计划、质量保证、质量控制和质量验收等核心过程来建立并实施项目质量保证体系。项目质量管理中常用的方法与工具有质量控制方法、质量技术文件和标杆管理等。

5. 项目人力资源管理

项目人力资源管理是指项目团队组建与管理的相关过程。其任务是根据项目任务及实施进程的需要，不断地获得项目所需人员，将其整合到项目团队之中，或使其同项目管理团队密切配合，激发并保持他们对项目的忠诚与奉献精神，最大限度地提高其能力、挖掘其潜能，督促团队成员高效地完成各项工作。项目人力资源管理的核心过程包括组织规划、团队组建和团队管理。项目人力资源管理常用的方法与工具有责任矩阵和激励理论等。此外，项目负责人是项目管理的关键角色，也是项目人力资源管理的主要责任者，其角色与职责的定位、素质与能力的要求以及管理的行为方式都将影响到项目的成败。

6. 项目信息管理

项目信息管理是项目沟通管理的重要组成部分。项目沟通管理通常包括组织元素间的信息沟通管理和人际沟通管理两部分，由于人际沟通对艺术性的要求较高，可纳入项目管理的软技术之中。因此，项目信息管理是指保证及时与恰当地生成、搜集、传播、存储、检索和使用项目信息的过程。项目信息管理的核心过程包括信息管理规划、信息分发、进展报告和信息归档，项目信息管理中通常要选择恰当的信息沟通方式。

7. 项目风险管理

项目风险管理是指在对项目风险进行识别、分析和评价框架的支持下，对项目风险应对策略做出科学的决策，同时在实施过程中进行有效监督和控制的系统过程。风险管理的目标是增加项目积极事件的发生概率和影响程度，降低消极事件的发生概率和影响程度，在风险成本低的条件下，使项目风险产生的总体影响达到使项目利益相关者满意的水平。风险管理的核心过程包括风险管理规划、风险识别、风险评估、风险应对计划和风险监控。项目风险管理中通常用到模拟技术。项目安全管理是指在项目的实施过程中，组织安全生产的全部管理活动。通过对项目实施安全状态的控制，减少或消除不安全的行为和状态，以使项目进度、质量和费用等目标的实现得到充分保证，其目标是减少和消除项目实施过程中的事故，保证人员健康安全和财产免受损失。可见，项目安全管理可归属于风险管理的大范畴。

8. 项目采购管理

项目采购管理包括从项目组织外部获得完成项目所需的产品、服务或其他成果的过程，项目采购管理的核心过程包括采购规划、采购招标、合同管理和合同验收。采购规划决定何时采购何物，形成产品需求文档，并确定可能的供方；采购招标对外发布信息、按一定程序与方式选择供应商或承包商，正式签订合同；合同管理是管理合同以及买卖双方的关系，具体指合同执行过程管理及往来文件管理。

9. 项目综合管理

项目综合管理是项目中综合性和全局性的管理工作，以项目目标为导向，统筹与协调项目生命周期各个阶段和项目管理各个领域之间的关系，确保项目范围、时间、费用、质量目标和各组成部分之间相互协调，以达到甚至超过项目利益相关者的期望与要求。项目综合管理包括国际项目管理界普遍接受的项目集成管理的内容和涉及两个以上项目管理领域或项目生命周期阶段的管理工作。

项目集成管理是指以项目总体目标为导向进行系统化的任务分解与综合管理过程，包括识别、确定、结合、统一与协调各种不同的项目管理过程与活动。项目负责人的相关工作总体上都是集成管理的工作，涉及项目章程的制定、编制项目范围说明书、编制项目工作分解结构、制订项目管理计划、协调总体计划与各专项计划或分阶段计划之间的关系，动态监控项目各部分的变化并保证各部分的协调一致。

项目集成管理的核心过程包括项目计划集成、生产要素管理和综合变更控制，项目集成管理中最常用也是最重要的方法是挣值法。项目集成管理的要点是保证项目及其管理活动各组成部分与项目目标的一致性，而另一类跨领域跨阶段的综合性管理工作的特点则是管理活动涉及两个或两个以上的项目阶段或项目管理领域，这类综合性管理活动通常包括冲突管理、项目监理和行政监督等，常用的方法是并行工程。

二、项目管理的职能分析

项目管理的职能是一个重要而不容回避的问题，是体现其区别于一般管理的重要内容,需要进行深入的探讨。从管理职能划分的演变过程来看,计划、组织、控制是各管理学派普遍公认的职能。目前,虽然学术界对管理全部职能的划分还未完全统一,但普遍还是比较接受法约尔的"五要素论",因此后续的分析过程也都是以此为基础。项目管理就其仍是一种系统的管理活动而言,是应该有管理职能或管理要素的。问题在于项目管理职能到底是什么,以及其与一般管理的管理职能或管理要素之间到底有何关系。

中国项目管理知识体系(C-PMBOK)中对前一个问题做了明确阐述:项目管理的九大知识领域就是项目管理的九大职能领域。对于后一个问题,可以认为,一般管理学所形成的已有知识积累,如法约尔提出的"五要素论",在项目管理中仍是必不可少的,要将其看作是项目管理过程中的基础管理职能。也就是说,在实际的项目管理过程中,一般管理的职能肯定仍然在发挥着作用。这两个系列的管理职能在具体的项目管理中到底是什么关系呢?事实上,项目管理的九大知识领域可以看成是横向的职能,是项目管理最基本的职能,用来指导具体项目的实施。而法约尔的五项管理职能可以看成是纵向的职能,是基础的职能,也普遍贯穿于项目实施的全过程。两大职能体系在项目的实施过程中同时发挥着作用。这体现了一般管理学发展到如今项目管理的传承关系,体现了两种管理体系的有机结合。

三、项目管理与一般管理

项目管理与一般管理是有明显区别的,因为项目不同于我们所称"非项目"的工作。项目中自然存在的强烈冲突意味着项目管理主体必须具备解决冲突的特殊技能。项目是独特的,这意味着项目管理主体必须具备创造性和灵活性,有能力进行迅速调整以适应变化。在非项目环境中,几乎所有的事情都是常规的,由下属按常规程序处理,高层管理者只需应对例外情况。对于项目管理主体而言,几乎所有的事情都是例外。但是,需要注意的是,项目管理作为现代管理学的一个重要分支,是无法脱离管理科学的精髓和要素的。

(一)项目管理与一般管理的区别

1. 管理过程中的区别

项目管理与一个普通的、常规的管理,或者说流程管理的区别在于项目管理有五个方面的独特之处：① 能建立一个新的项目；② 能非常好地计划；③ 能有效地执行；④ 能对项目进行良好的控制；⑤ 能把这个项目真正结束[1]。一般管理工作，特别是部门管理或职能管理工作，虽然有阶段性，但它却是循环的、无终结的，同时又具有继承性。而项目是一次性的、独特的，项目管理是一次性的，项目管理组织也是一次性的。任何项目都有一个独立的管理过程，它的整体管理，包括计划、组织、控制等管理职能的应用，都是为了实现项目一次性的目标。

部门管理有以下几个方面的特点：① 可重复性，按相同或极为相似的过程重复生产相同或相似的产品。这些过程和产品可得到某些改良，但缺少新的探索。② 可预知性，各种管理活动或各种产品及其生产过程事先可完全清楚。③ 限定性，每个部门管理全过程的某一特定部分，如财务部门只负责会计，不会插手到市场、生产以及一切认为属于其他部门的职能[1]。而项目管理与迅速变化的环境相适应，其管理方式的特点：① 不可重复性。新项目要求新的实践过程，由于环境在不断变化，要求不断地探索和学习。② 不可预知性。各种探索的结果通常事先不知道，可能会意外地发现完全不同的情况。③ 非限定性。项目组织内部部门的设置可不按经典方式。由于要求人们承担各种不同的任务，所以部门的结构是松散的。会计可能是多数人具有的多种技能中的一种[1]。

项目管理包含了科学组织、优化目标与计划、有效控制和协调、项目负责人负责制等现代管理科学的主要内容，它在理论上具有先进性和科学性。项目管理与传统的部门管理相比，最大的特点是项目管理注重系统性管理，并且项目管理工作有严格的时间期限。项目管理必须通过不完全确定的过程，在确定的期限内生产出不完全确定的项目成果，日程安排和进度控制常对项目管理产生很大的压力。传统管理中存在的"信息滞后性"和"调度随意性"，使实施过程可能出现被动情况，甚至偏离了目标而不可遏止，项目管理恰好可以克服这些问题。

2. 在管理对象上的区别

项目管理以管理学的一般知识和专业知识为基础。一般管理涉及的各种功能及其机构是一个成功项目管理的出发点，项目管理在组织中起横向联系的功能，在组织内部是跨部门的。事实上，一般管理与项目管理之间存在一个过渡的状态，即"专项管理",类似于常说的"单项任务""专门任务"或"专门工作"。这一过渡状态的存在说明:① 在 20 世纪 50 年代人们未定义"项目""项目管理"之前,我们的先辈就有了处理"项目式"工作的理念和方式方法;② 项目管理就是由人们处理"专项管理"的经验积累中成熟起来的;③ 解释了项目管理和一般管理这两种管理之间的区别和内在联系。这三者的关系如图 1-6 所示。这是因为一般管理无处不在,专项管理是一般管理中的一类特殊情况,而项目管理是为实现独特目的的一种特有的管理方法。三者的管理对象数量上是逐次减少的,难度却是逐渐增加的。

3. 在管理职责上的区别

表 1-2 列出了项目管理和一般管理的主要职责的区别。两者都吸取了管理学科中的理论和实践,它们之间在很多方面有一些细微的差别,反映在两种管理的主要管理因素中。一般管理和项目管理都有相同的基本理念,甚至管理过程应用的区别也仅依赖于彼此领域的实际应用。两者都制定和实施决策,分配资源,它们之间的差异之处虽然细微,但对涉及的人员却很重要。

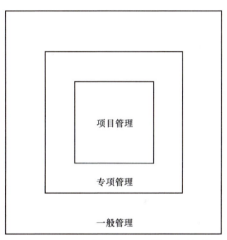

图 1-6 一般管理和项目管理的关系

表 1-2 项目管理与一般管理的主要职责区别

项目管理	一般管理
支持组织战略	企业的战略管理
矩阵式组织设计	纵向组织设计
涉及产品、服务、企业流程的设计和开发	关联到企业任务、具体目标
本质上是临时的	持续发展的企业
项目干系人	企业相关人员
特殊成本、进度计划和技术目标	寻求企业效率和有效性
重点是项目职能和企业的界面	统一职能

（二）项目管理与一般管理的联系

项目管理和一般管理的联系在于项目管理是在一般管理基础上发展起来的，因而一般管理的方法也适用于项目管理。项目管理与一般管理的联系表现在两者都注重管理过程，注重管理职能。对专业人员而言，项目领导层既要解释工作的合理性，又要履行包括计划、组织、指挥、控制这类更明显的职能。

项目管理的九大知识领域将管理工作职能的定义进行了拓展和具体化。实际上，项目管理的九大知识领域就是项目管理的职能。同时，项目管理中各个方面和各个层次的负责人都要使用和执行一般管理中的职能，即计划、组织、指挥、控制和协调，使项目管理的有效性通过各级管理人员体现出来。科学管理的根本目的是追求最高效率，而要达到最高工作效率，必须要用科学化的、标准化的管理方法代替旧的经验管理方式。法约尔的"五要素论"或五项职能既适用于宏观方面的管理，也适用于微观方面的管理，大到一个国家、地区，小到某个组织、某个具体任务。但在具体的项目管理过程中，尤其是在社会分工很细的当代社会，常常显得太"宏观"了一些。而九大知识领域中的每一项相对就比较具体，而且可操作性较强，特别突出了质量、成本和进度这三大目标，推动管理工作向前迈进了一大步。

第二章

装备项目管理

装备项目管理是装备采购工作的重要组成部分，一项成功的装备采购通常取决于成功的管理，优秀的项目管理是保证武器装备采购成功最重要的措施。因此，谈及装备项目管理不能脱离装备采购概念，将装备项目管理放在装备采购管理这个大前提下去认识，才能更加全面、深刻地了解装备项目管理的意义及其与装备采购管理之间的关系，从而准确地把握装备项目管理的具体内容和实质。

第一节 装备采购管理

一、装备采购与装备采购模式

（一）装备采购概念

在装备建设领域，国外通常将从装备立项到退役报废的全寿命过程的活动称为装备采办。美国装备采办有"大采办"与"小采办"之分，其中"大采办"包括装备需求生成、规划计划与预算论证以及装备采办实施过程等内容，涵盖了装备采办的所有事项；"小采办"主要指装备采办实施过程，即装备规划计划与预算下达后的技术开发、研制生产和维修保障等全寿命过程。在我国装备建设领域通常采用"装备采购"的概念，也分为"大采购"和"小采购"两种，其中"大采购"是指涉及装备预研、研制、购置和维修保障等全寿命阶段的活动，与国外

"装备采办"的概念基本对应;"小采购"是指装备购置、订货或订购活动。目前,为了突出装备全寿命管理的理念,我军装备采购制度中所称的"装备采购"是指"大采购"的概念,本书所称的装备采购在不加特别说明的情况下也是指上述概念。具体而言,我军的装备采购是依据军事战略和经济技术资源情况,按照规定的程序,获得性能优良、价格合理、质量可靠、配套齐全的装备,满足部队遂行作战、训练和其他任务的需要[22],涉及装备科研、购置、维修保障等一系列活动[23],包括装备寿命周期各阶段的众多装备项目[24],涵盖获取装备并形成初始作战能力的全部活动[25]。装备采购以装备采购合同的方式来落实装备采购计划,装备采购计划通过在总量控制、产品结构和价格走向等方面贯彻国家意图,间接对装备采购主体与承制单位之间的利益进行调整[26]。

(二)装备采购模式

目前,武器装备采购在国际上主要有四种模式,即自主研究与生产、联合研制与生产、许可证生产以及从国际市场上购买等,各国都是根据所需武器装备特点,结合本国的实际情况,权衡利弊后做出抉择。

1. 自主研制与生产

自主研制与生产模式是指国家武装部队所配备的武器装备来自该国自行研制与生产的。这种模式的优点主要有以下五个方面:

(1)可以根据本国的军事战略思想和作战方针,发展适合本国特点的武器装备。各国在武器装备研发之前,都会开展军事需求分析,其基本过程是在对国际战略态势和周边安全环境分析和预测的基础上,对未来可能的作战样式、作战规模和作战任务进行研究和分析,提出需要发展何种武器装备来满足国家军事战略的要求。采用自主研制与生产模式可以在研制与生产中充分考虑本国的需求,有针对性地发展相关武器装备。法国将"有限核威慑"力量作为军事战略的基础,因而在战略核武器和常规武器的关系上,采取独立自主发展核武器的发展战略。美国以其先进的科技能力和工业基础为依托,追求和保持武器装备的质量优势,采取独立研制和生产最先进的武器装备。

(2)有利于振兴本国国防工业技术,提高国家整体技术水平。现代战争迫切需要将高新技术尽快融入武器装备、革新作战方式,客观上推动了最新科学发现能够迅速转化为应用技术。而科技的进步发展也需要大量人力、物力等资源的坚强支撑，独立研制与生产可以将国家有限的资源投入高新技术的发展，从而促进本国科技水平的整体提高。

（3）有利于实现标准化，便于战时动员。武器装备自行研制和生产，其分系统和部件也都是由本国承包商生产和制造，因此就能形成自己的产业链，便于战时迅速扩大产量以满足需求。

（4）可以节省外汇。自行研制生产的武器装备如能打入国际市场，就能增加外汇收入。这样不仅增加了外汇收入，而且还保护了本国国防工业的利益。

（5）有利于实现武器装备的自主可控。

但是，此种采购模式也存在一定的不利因素，主要表现在以下三个方面：① 需要本国有强大的工业基础和经济实力的支持。自主研制和生产要有较强大的科研设计队伍，有较先进的试验、试制和生产设施，还必须投入大量的研制费用，所以需要强大的工业基础和经济实力的支撑。② 此种采购模式前期得到的武器装备的单价可能要比直接从国外购买高出许多。③ 和平时期维持国防工业运行困难。自主研制和生产，在和平时期采购量将锐减，在和平时期如何维持国防企业的运行是世界军事工业国的普遍难题。为解决这一难题各国普遍采取军民一体等办法，支持军用技术向民用转化，拓宽相关技术应用市场。

2. 联合研制和生产

联合研制和生产是由多个国家共同投资研制和生产武器装备的采购模式。这种模式的优点如下。

（1）可以降低生产成本和研制费用。合作研制武器装备尽管管理协调复杂、交通运输困难，其总费用往往还要高于一国单独研制的费用，但由参与国家分摊后，每个国家所需费用通常大大降低。另外，由于多国的需求可以增加产量，容易达到武器装备生产的最小有效规模量，从而可以降低生产成本。所谓最小有效规模量是指，武器装备单价和采购数量之间存在着这样的关系：武器装备的单价随着采购数量的增加而相应降低，当采购数量增加到一定数量时，其单价逐渐稳定。通常，把武器装备生产成本达到稳定的采购数量称为最小有效规模量，低于该量时，其生产成本增加。如果联合研制和生产就可达到最小有效规模量，从最小有效规模量的一半增加到最小有效规模量时，可比单独研制和生产降低生产成本 20%左右。

（2）可以实现技术取长补短，有利加速装备现代化。日益复杂的武器装备涉及各个技术领域，而世界各国技术水平发展不平衡，特别是一些高新技术领域更是如此。通过合作研制武器可以发挥各国的技术特长，取长补短，有利于各国加速实现装备现代化。

（3）有利于增强武器装备出口的竞争能力。合作研制与生产的武器装备由于充分利用各国的技术优势，通常产品质量好，价格适中，并有较大的通用性，在国际市场上有较强的竞争能力。事实上，国际军火贸易市场上走俏的武器有很大一部分是合作研制的产品。

当然，国际合作发展武器装备并非易事，还存在着不少问题和困难，主要体现在：① 合作研制和生产各方在战术技术要求有时很难取得一致，各国因其更新换代的时间不同而对合作的迫切性要求不一；② 合作管理协调任务繁重，研制周期长；③ 参加国的经济、技术水平，横向上要各具特色，纵向发展水平又要大致相当，以便取长补短。另外，合作研制各方还要在政治、经济上没有利害冲突；对武器性能要求基本相同，使用的地理环境相近等。

3. 许可证生产

这种采购模式就是引进外国的武器装备生产技术在国内仿制全部或部分武器装备，它的优点有两点：① 节省研制费和加快本国的技术发展；② 与从国外直接购买相比较，许可证生产还有很好的社会效益。通过引进生产，可以增加本国工业投资、提高本国的后勤保障能力、维持就业稳定、实现标准化以及增加政府税收等。但是，这种采购模式也存在不足，主要是武器的单价要比直接从输出国购买高。其主要原因包括：由于引进国通常生产数量较少，批量经济性差；同时，为建立生产线，工厂需要添置生产设备；还需要向转让国支付转让费等。所以单价要比从国际市场上购买高。

4. 从军贸市场上直接购买

从军贸市场上直接购买武器装备，通常就单价而言是最省钱的，而且又能最快地拿到手。但这种采购模式带来的问题较多，主要表现在：① 总的社会经济效益差。不能为国内提供就业机会，不利于本国科学技术的发展，还消耗外汇，不利于外贸收支的平衡。② 零备件供应没有保障，维修困难，限制武器装备的作战效益。③ 政治上和军事上受制于人。最为典型的例子就是 1982 年马岛战争中的阿根廷，由于它的各种作战飞机和空战武器全是从美国、法国、英国等国家进口的，战争打响后，这些国家纷纷中止或"暂停"武器和零部件的供应，使这些武器装备得不到正常补充和维修，作战能力急剧下降，成为其在战争中失败的重要原因之一。事实上，拥有一定工业能力的国家都不愿意采取直接从国际市场上购买武器的采购模式，就连美国的北约盟国，其主要武器装备也不愿意直接从美国购买，担心那样会损害欧洲利益，不仅消耗了大量外汇，而且在军事技术上会"完全从属于美国"。所以，它们都是根据不同情况，采用或单独研制与生产，或联合研制与生产或许可证生产的方式来发展新型武器装备。

总的来说，各国对上述四种采购模式的选择是比较灵活的，需要指出以下三点：

（1）武器装备和军事技术属于特殊商品，有些是花钱也买不来的。特别是对于高新技术，先进工业国家通常都采取只出售设备不卖技术的政策，即便是盟国也是如此，甚至有些武器装备即使能买到也是落后的存在代差的产品。因此，靠单纯购买武器装备是不可能实现国防现代化的。

（2）一切武器装备都独立研制和生产，既不可能也不必要。世界几乎没有一个国家在武器装备的需求上都能完全自研自产，美国也是要引进某些先进设备、通信系统和教练机等。武器装备的采购还是应该在满足必要自主可控特殊要求的基础上，尽量利用市场经济和经济全球化的便利。

（3）由于武器装备研制与采购费用激增，从批量经济性和学习经济性考虑，进行联合研制与生产，扩大军贸出口，是节省军费开支的重要途径，受到许多国家的重视。

二、装备采购管理的内涵

（一）装备采购管理的概念

装备采购管理是对装备采购相关活动进行的管理，主要包括规划、计划、组织、领导和控制等事项，装备采购管理体制、采购运行机制、采购策略和方法等内容。由于装备采购的采购对象是武器装备，本质上是一种特殊的商品，源于国防需求，采购活动的开展具有高度的计划性和政策依赖，买方对研制生产过程深度介入，市场竞争有限且存在一定的垄断性等特点，导致装备采购管理具有以下特征[27]。

1. 技术水平要求高

（1）武器装备的产品规格要求繁多。各种不同用途的武器装备的项目规格极其繁杂，即使是同一用途的武器装备，由于产品规格的不同、性能特征的差异，就不得不要求采购方对装备进行充分深入的研究，从大量的方案中挑选出适合的方案，以选择满足需求的最优性价比的武器装备。同时，在具体的采购方式选择、采购项目要求的编制、采购合同的拟定等各个环节，也要充分考虑规格不同带来的能力上的差异，从而在一定程度上提高了采购方式选择的技术性。

（2）武器装备的技术先进性高于其他产品。武器装备的技术先进性要求高，创新技术往往最早应用于军事领域，进一步带来军事变革。第二次世界大战以来的技术变革都是从军事领域向民用领域转变的。因此，在装备采购方式的运用中，必然面向大量的采用高新技术的装备。为了能够达到采购目标，首先必须深入了解这些高新技术，掌握这些采用高新技术的装备的特殊性能、使用方法；然后判断是否适用。在装备采购方式的具体运用中，由于大量先进技术的采用，对采购项目编制、检验审核等环节提出了更高的管理要求。

（3）大型武器装备的制造工艺复杂。大型武器装备的制造工艺、生产流程等方面都是非常复杂的，并且非通用规格标准的元器件占了很大一部分。一架大型军用飞机的制造，牵涉的零部件多达上万甚至十几万件。从合同的谈判开始，样品生产后的检验装备的质量和性能，是否按照合同标准进行生产制造，就必须对装备整体，特别是非通用零部件进行全面的了解和检验。要求采购方必须掌握第一手资料，加强对装备采购方式的技术性要求。

（4）技术风险大。现代武器装备采购尽管需要掌握坚实的技术基础，在已经积累了充足的资金、明确的作战任务和战术技术性能要求以及有效的组织管理手段前提下开始启动，但仍然承担了一般商品研制生产所不具有的高技术风险，如研制过程中的需求不断调整、技术不断更新等。武器装备研制生产过程是一个应用新技术和发展新技术的过程，对于这些技术的把握和有效预测，会对武器装备的研制效果带来极大的提升，如果没有充分认识这一点，就可能给装备采购带来很大的风险。

2. 保密性强

装备采购的对象是武器装备，目标是提高本国的国防实力和对他国的打击力度或威慑强度。地方采购的对象是用于生产等的物资，目标是进行生产和再生产，是以盈利为最终目标的。两者在采购对象和目标的不同，以及国家出于政治、军事和某些特殊的经济要求，造成了装备采购在具体执行过程中，也就是在装备采购方式的运用中，表现出与地方采购和一般性政府采购截然不同的保密性要求。

（1）采购信息发布的保密性

装备采购涉及大量军事装备，与国家军事实力和国防安全息息相关，因此在装备采购方式具体运用过程中，在信息发布上就不能完全使用和地方采购与一般性政府采购相同的公开发布。相比而言，对于大多数装备采购项目，更多的是采用限定性信息发布方式，并对诸多厂家提出保密要求。对于密级较高的采购内容，厂家一旦泄密，甚至会追究刑事责任。采购信息的保密性限制，使完全竞争较难实现，代之而来的是人为干预的增多，从而造成了装备采购方式运用过程中主观性因素的增大。因此，一方面，应该根据采购内容尽可能地选取含有竞争性因素的采购方式；另一方面，如果必须选取垄断企业作为装备的研制生产方，应加强监督，以消除或尽可能降低人为因素的干扰。

（2）采购合同的保密性

装备采购无论在品种上、数量上、技术上都存在军事保密和工业保密问题，对一些新型尖端武器的采购，其研制生产技术的密级就更高，因而采购合同不仅在合同签订前的正式招标或计划指令洽谈时有范围限制，而且在合同签订后，也要求拥有相应等级保密资质的工厂、企业和研究机构严格保密管理，其中特别高密级采购合同还受国家有关保密机关的管理和监督。在西方主要国家，军品采办合同在确定的招标日期和时间启封，开标后的公开程度也是有限制的，对军品采办合同的详细内容的保密要求就更为严格。例如，美国为了对本国工业界使用的资料和外国政府的资料进行保密，国防工业保密计划和军品采办合同只准许数千个企业和100多万名工业界人员分别接触各自有关的资料和合同。另外，国防合同管理部门每年要对合同单位进行数千次检查，以协助合同单位建立和健全各种足以保护秘密的有效措施。

（3）装备价格的不公开性

装备的价格是装备采购方式选用的关键因素，之所以要选择和运用不同的采购方式，就是为了能够以最低的价格购买到最优的装备，从而使装备的性价比达到最优。越是精良的装备，由于高新技术的采用，其价格一般就越高。对于某些国家，虽然不能完全了解其装备的性能等特征，但从装备的价格可以间接地估算出装备的性能，从而从整体上对该国军事实力进行评估。所以采购方在购买装备时，出于保密性考虑，一般不会将装备的真实价格，特别是高新装备的价格进行准确的公布，甚至不公布，这就形成了装备价格的不公开性。此外，由于装备产品的技术性一般比较强，特别是对于那些采用高新技术的装备，由于价格昂贵，一般订货量也比较少。对于厂商而言，研制开发的费用是极其巨大，采购方的少量订货使其不能达到批量生产，其生产成本也不能有效降低，特别是在购买者的购买量不确定的情况下，厂商的研制开发费用也不能准确地摊入成本，这二者的相互作用就造成了装备价格的不确定性。

3. 项目运行复杂

装备采购的运作过程相对于地方采购和一般性政府采购是极其复杂的，这是由于装备的技术性要求高，生产周期长，偶发因素多。

（1）项目计划编制的复杂性

装备采购的过程从确立装备建设计划开始，装备主管机关在众多的装备建设需求中选择合适的装备建设组合方案进行项目计划编制，需要对各项目风险、进度、经费等进行整体的考虑和评估，其过程相当复杂。

（2）现代装备采购中的合同管理过程复杂

装备采购合同签署后，承制方开始研制生产，采购方将对研制生产的全过程实施合同管理监督。由于装备的生产研制周期一般都比较长，特别是大型的高技术武器装备，不但研制、开发周期长，而且工序复杂、工艺标准要求高。在进行合同管理的过程中，必须对重要的工序进行管理和监督，特别是对非标准性工艺的生产过程进行管理，无论从管理时间上还是从管理的内容上，都是非常复杂的，这是地方采购和一般性政府采购中进行合同管理的标准规格产品所不能比的。同时，在装备采购合同管理中，不得不考虑众多的偶发因素。装备采购方式具体运用的过程，特别是采购对象是新型装备时，面对众多的未知性因素，将会有大量的偶发性因素产生。对于偶发性因素的漠视，完全有可能引起整体装备采购的失败。偶发性因素的管理需要大量的人力、物力，其过程也是复杂多变的。面对上述困难，一方面，需要选用高素质的人才，以最适合的方式，高效率地解决众多的问题；另一方面，还要充分认识到采购过程的复杂性，从整体上对采购过程进行评估，使整体效益达到最优。

（3）生产过程协作性强

大型武器系统结构的复杂性是一般民用工业产品不可比拟的。如一架战斗机，通常可以划分为机体部分、动力系统、航空电子系统、武器和火控系统、地面辅助支援系统等，研制这样的武器系统往往需要成百上千家企业的协作。要使这样一个庞大的协作网络按照预定的计划表协调地工作，首先必须要有较为稳定、成熟、科学的计划和组织工作，如从前期的武器装备高技术探索研究、武器装备技术预先研究，再到各类基础研究项目的支持、国家重大专项技术攻关等，这些科研计划项目的设置、重点方向的选择与各类项目直接的有效衔接，相互配合，时间进度周期的安排，投入资金的分配等，都需要在一个强有力的统筹规划下进行。以上仅从关键技术的攻关的角度阐述武器装备采购管理的一个侧面，而涉及武器装备的论证、关键生产工艺、生产水平、各部件生产厂家的协同配合等，是一个非常庞大的系统工程。由于武器装备的很多零部件具有高技术、高风险、低市场的特征，所以如果按照完全市场化的运作，很多关键部件、原材料等都无法保质保量获取，对于武器装备采办管理会带来极大的影响，因此如何做好各方面的协作与配合，是武器装备研制的重要一环。

特别地，联合作战对于武器装备体系发展提出了更高的要求，原来按军兵种、按武器类型划分的独立武器装备研制与生产模型面临了极大的挑战，因为信息化条件下的武器装备对于互联、互通、互操作性提出了极高的要求，这不是简单地增加了电子通信设备、统一了交互的协议和通信的链路就能够完成的。体系作战要求构成体系的武器装备必须能够在功能上相互补充，使用中相互配合，而这不是在现有的武器库中进行优化选择就能够完成的。往往需要从国防战略和军事使命任务的角度出发，从现有武器装备体系的能力差距分析开始，从概念设计阶段、从各类装备研制的周期和投入服役的时间开始，系统进行科学的安排。

4. 研制周期长

第二次世界大战以后，随着武器装备复杂程度和技术水平的不断提高，项目管理的难度越来越大，现代武器装备尤其是大型高技术武器装备的研制周期呈现出不断延长的趋势，重要武器研制周期长达 6~10 年，有些关键武器装备甚至达到 15~20 年。这样长的周期，一是难以保证最初计划的稳定性；二是由于经济因素的影响很难保证合同价格的合理性。为了保证计划的稳定性，除了要对影响计划的因素做出切实的估计外，还应对计划进行有效控制。通常的做法是把合同任务全过程的宏观规划与各阶段任务的微观控制结合起来，即实行所谓的"里程碑"控制方法，通过协调各阶段的任务，实现对整个计划的控制。

5. 经费投入大

第一次世界大战以前，武器装备经费投入的重点主要是在生产方面，而在研制方面投入相对较少。在两次世界大战之间的 20 年内，世界主要国家尽管对武器装备的研制加强了领导管理，并增大了经费投入，但还没有把对科学技术的发展提高到战略的地位上。因此，此时军事投入的重点仍然是如何利用科学技术，而不是如何开发科学技术。第二次世界大战以来，随着科学技术在生产力发展中的作用日益突出，并不断被人们所认识，对先进科学技术开发的投入也越来越大，特别是随着时间的推移、技术的进步，武器装备越来越先进，技术也越来越复杂，所需要的研制、订购和使用维持费用成倍甚至成数量级地增长。

以上这些特点决定了部队获得武器装备的过程必然是一个非常特殊的过程，而且需要部队使用方、装备论证机构、军工研制企业、军工生产企业以及其他配套厂商共同参与，分工协作，合作共赢。由于武器装备的采购周期比较长，对于新概念、新理论、新技术、新方法的敏感性，促使采购过程中采购费用不能完全按照市场传统方式计算；对于采购需求的难以预测性，如突发战争等应急采购等，造成平时生产能力和生产设备的不同程度闲置；对于新技术的迫切追求和使用，在提升装备战斗力的同时，也存在大量的风险和不确定性；装备研制定型前需要经过复杂、多样环境和使用方式的测试、使用过程中根据现实需要进行的改造更新、使用后期的延寿及装备退役处理等；随着装备信息化水平的不断提升，装备之间强调互联互通和互操作，单个装备的发展必须放置到武器装备体系建设的整体框架下，对于装备采购管理提出了诸多新的问题和挑战。

（二）装备采购管理的原则

装备采购管理活动极具复杂性，对其科学性与高效性要求也很高。无论采用哪种管理方式，都不能背离装备采购管理的基本原则，这是由装备采购活动的固有规律决定的。装备采购管理的基本原则[28]如下。

1. 服从国防军事战略原则

国防和军事战略是筹划和指导战争全局的方略，是科学预测战争的发生与发展、揭示战争的规律与特点、制定战略方针和战略原则及战略计划的纲领，是筹划战争准备、指导战争实施所必须遵循的基本原则。军事战略的实施必然对军事实力提出要求，军事实力的重要标志之一就是装备水平。装备采购是获取战争所需作战工具的活动，不同的军事战略必然要求有不同的装备采购模式。换言之，装备采购管理必须要有利于军事战略的实施。装备采购在国防和军队建设中占有相当大的比重，连接军事战略与装备采购的纽带，是合理地确定军事需求。军事需求牵引促进装备发展，带动装备管理体制的调整和改革。现代武器装备造价昂贵，战争消耗巨大，装备采购的需求牵引显得更为重要。

2. 遵循集中统一领导原则

装备采购的性质、特点和规律决定了其应遵循集中领导。一方面，装备建设的规模、质量决定国家的国防能力，关系国家的安危。因此，装备采购管理是关系国家全局性的重要工作，必须由国家集中统一领导，以确保国家安全利益。另一方面，装备建设又是一个国家综合国力的具体体现，是综合运用各种现代科学技术成果，由政府、军队、科技和工业部门等社会组织广泛合作甚至是国际合作的结果。如此庞大的合作，只有由国家统一领导才能很好完成。此外，装备发展也是国与国之间综合能力较量的标志，尤其离不开经济实力的支撑，其巨大的研制、生产费用，对国家产生一定的经济压力，需要国家统一组织人力、物力、财力进行保障。同时，装备的特殊商品属性及其作用于战争的基本功能，决定了国家是其最主要用户，必须实行集中领导。

3. 贯彻全系统全寿命管理原则

全系统全寿命管理思想是由装备发展的客观规律和内在要求所决定的，是一种科学的管理理念。就全系统而言，是指按一定秩序和内部联系组合而成的一个整体。装备的全系统既包括单件装备的各种功能单元组成的一种装备的全系统，也包括各种不同功能和作用的庞大装备系统。装备各种因素的内在联系，构成其系统化的特点，决定了管理也必须而且只能用系统的观点、方法实施。就全寿命而言，则指装备从开始论证到退役即从摇篮到坟墓所经历的整个过程。这一管理是对装备全过程进行整体运筹、科学决策的一种管理方法，主要目的是实现最佳的综合效费比。全系统分成相互联系、相互制约的若干阶段，各阶段从提出需求到形成战斗力的连续过程。每个阶段都有规定性的管理活动内容和目标，各阶段间相互联系、影响并制约。切忌各自为政、互不衔接的管理弊病。分散、分阶段的装备采购管理方法，显然无法形成整体优势，难以立于不败之地。

三、装备采购管理体制影响因素及基本类型

（一）装备采购管理体制的影响因素

装备采购管理体制是由多方面因素共同决定的，影响和制约装备采购管理体制的根本因素是国防科技工业和装备的水平与规模，同时也受到管理理论发展、国防领导体制、政治体制等多方面的影响。

1. 政治体制的影响

"战争是政治的继续，政治是经济的集中"。战争、政治、经济三者密不可分决定了装备采购管理也必然与政治、经济有着千丝万缕的联系。战争的重要物质基础是装备，装备要靠采购获取。战争是政治斗争的最高体现，装备采购必然为政治服务，国家的政治体制决定着装备采购管理体制。因为政治体制是国家的根本政治和组织制度，政治体制决定其他一切体制，其他管理体制的制定和实施都

必须以其为指导，与之相适应而不能矛盾或冲突。装备采购管理体制必须与国家的政治体制相适应，才能更好地为国家的政治服务，才能使装备建设健康、顺利地发展。装备采购管理体制如果不能与国家的政治体制相适应，势必会对国家全局产生不利影响，不但不能顺利运行，而且必然要受到强制性的调整。由于各国的政治体制不同，在装备采购管理体制的确立和实行上也就存在着不同。

2. 国防体制的影响

国防体制是国家或政治集团组织、管理、维持、储备和发展军事力量的体制。国防体制包括军事领导指挥体制、武装力量体制、国防经济体制、国防动员体制、兵役制度、国防法制等诸多方面。衡量一个国家军事力量是否强大，其中很重要的标准就是装备水平的高低，而装备的水平又与装备采购管理方式密切相关。装备采购管理体制是国防体制的一个组成部分，是军事领导指挥体制、武装力量体制、国防经济体制等多方面交叉而成，不能独立于国防体制的基本形式之外而自成体系。装备采购的管理体制与运行机制要受到国防体制的制约，不能与国防体制相违背。国防体制的改革必然要求装备采购管理体制进行改革；反之，装备采购管理的改革也会引起国防体制在某些方面的改革。装备采购管理机构设置与国家、军队的管理机构密不可分，当然必须与军队的领导指挥体制相适应。军队领导指挥体制是形成战斗力的组织保证，装备采购管理的科学有效运转是战斗力物质保证的基础，它作为军队领导指挥体制的分支系统，必然要与之相适应，为形成战斗力创造有利条件。

3. 国防科技工业和装备水平与规模的影响

生产力与生产关系、经济基础与上层建筑的关系众所周知，由此引起的一系列变革推动社会进步。从国家管理体制发展演变的历史看，总是首先在科学技术领域取得突破性进展并带来生产领域的变革后，再导致管理体制的变革。装备采购管理体制属于上层建筑的范畴，建立什么样管理模式的决定因素是军事技术的发展状况。军事技术每发生一次飞跃，都会引起军工生产领域的革命性进展，引起国防科技工业和装备水平与规模的变化，从而导致装备采购管理体制的重大变革。从装备发展的历史来看，冷兵器时期、热兵器时期、机械化装备时期和信息化装备时期，世界各国装备采购管理体制的组织形式、结构层次和运行机制，无不随着装备的发展而不断调整改革，也随着装备在战争中作用地位的不断提高而改变。因此，国防科技工业和装备水平与规模，是决定装备采购管理体制最根本的技术和经济基础。

4. 经济体制与经济实力的影响

经济体制是国家的根本经济制度，是国家生产关系的基本内容，与生产力的结合构成国家的经济基础，并且与上层建筑形成互动关系。装备采购管理体制既然是上层建筑之范畴，就必须受经济体制的制约，就要在经济体制的条件下活动，并与之相适应。装备采购管理也必然随着经济体制的不同而采用不同的管理模式。与此同时，经济实力也对装备采购管理体制产生重要的影响。经济实力强大，经济状况好，装备采购投入也会相应有所增加，装备采购管理也会发生一些变化，反之亦然。

5. 历史文化的影响

一个国家发展历史及其长期形成的文化影响到社会生活的方方面面，装备采购管理也不例外。一种模式、一种文化形成以后，必然存在着一定的惯性，其影响是深远的，改变是困难的。美、英等国在第二次世界大战中的胜利和德、日等国的战败都对其装备采购管理体制产生深刻影响。美国人的竞争意识、德国人的纪律观念、日本人的团队精神、法国人的独立自主都不同程度地带入到装备采购管理之中，体现在管理体制与管理方式的不同上。

6. 管理理论发展的影响

管理理论与管理思想对装备采购管理的发展和变革具有重要先导作用，这与导致其他领域的管理体制与管理方法的变革是一致的。先进的管理思想和方法一旦被人们接受并运用，就会导致管理活动的相应变革。20世纪上半叶，美国人泰勒创建的"科学管理"理论，对于企业寻求最高工作效率，变革组织方式产生了重要的推动作用。20世纪中期后，"现代管理"理论发展并形成"管理科学"和"行为科学"两大流派，引发了人们对管理活动的重新认识，对管理方式的重新选择。从20世纪60年代开始，系统论、信息论、控制论等先进理论不断产生，并广泛应用于现代企业管理中，对人们的生产、生活都产生了深刻的影响。在装备采购领域广泛采用的项目管理、系统工程以至于规划计划方法等无不是因管理理论的发展而发展的。因此，装备采购管理必然要受到管理理论发展的影响。

除此之外，装备采购管理还受到本国相关集团、部门的意志，以及主要决策者个人意志等诸多因素的制约，还要受到传统思想、习惯势力等意识形态领域因素的影响。因此，装备采购管理体制与国家的政治、军事、经济等多种因素密切相关，在分析比较各国装备采购管理体制及特点时，应结合国情，具体分析，不能一概而论。例如，美国由于装备采办项目多，规模大，合同经费多，以及历来陆、海、空"三军"采办管理比较强势等客观原因，完全由国防部统管是不现实的，因此美国很久以来就实行统一领导与分散实施的分层次管理体制。而西欧各国虽然最初也实行陆、海、空"三军"分散的装备采办管理体制，但各国从实际出发，最终走向国防部统一管理并逐步形成集中度较高的管理模式。

（二）装备采购管理体制的基本类型[23]

1. 国防部统一领导、军兵种分别实施模式

该模式的特点是国防部作为武器装备采办的最高领导机构，具有规划计划制定、协调、审查和监督等最高权力，并直接管理一些重大武器装备采购项目，对合同签订、支付与审计实行集中管理，与采购宏观管理相关的大部分组织机构都设在国防部内或者由国防部直接联络。军兵种也设立相应的采购管理机构，负责本军兵种采购实施的具体组织、协调和工作落实，包括具体武器装备型号的项目管理，并在国防部领导下开展各自的需求论证、采办规划计划拟制、经费预算编制等工作。武器装备采购项目实行国防部与军兵种分级管理和审批制度。美国是这种模式的最典型代表，另外丹麦、挪威等国家也采用此种模式。

2. 国防部集中管理模式

该模式的特点是国防部统一负责武器装备采购，包括具体武器装备型号的项目管理，各军兵种仅仅作为武器装备的用户提出武器装备需求和战术技术指标要求，协助主管部门工作，不设立专门的采购管理机构。英、法、德是此种模式的典型代表，采用这种模式的国家一般军队规模较小，有利于统一管理，同时经济能力有限，扁平化的管理模式有利于节约成本。

3. 国防部集中管理，科研与订货分离模式

该模式的特点是国防部统一制定武器装备发展的规划计划，而武器装备科研

和生产订货则由国防部直属的独立机构分别进行管理，各军兵种同样仅仅作为装备用户提出武器装备需求和战术技术指标要求，不设立专门的采购管理机构。采用这种体制的代表是以色列、印度、土耳其等国。

4. 政府与军队共同管理模式

该模式的特点是政府和军队共同成为武器装备采购的主体，各有分工、相互协调。这种模式既考虑了军方需求，又能依靠政府的力量更好地完成一些任务，即政府和军队根据采购活动的特点进行分工，与需求和使用紧密相关的部分由军队负责，与市场相关的由政府负责。政府与军队共同管理模式根据政府参与程度的不同，还可以进一步分为两类：

第一类是政府监管模式。特点是武器装备采购成为部分政府机关的分业务之一，配合军队完成武器装备采购工作。例如，加拿大的武器装备采办，其规划计划、论证和生产的质量控制由国防部负责，而成品的订货则由政府的供应与服务部负责，武器装备生产的计划制定由政府的工商贸易部负责。

第二类是分段管理。特点是政府成立专职机构成为组织体制中的有机部分，统一全面管理武器装备的研制与生产，由政府而不是军队与承包商签订合同，政府代替军队成为武器装备采购的甲方，军队仅负责提出需求和战术技术指标要求，对科研和生产过程实施监督，并负责武器装备采办的执行工作。俄罗斯曾采用此模式。

5. 社会机构代理模式

该模式的特点是采购主体不再是政府或者军队，而是交由社会机构代理实施，如专业的公司。这种机构专业化程度很高，得到政府的授权，协助政府和军队实施装备采购活动。南非的装备采办工作就是由国防部下属的阿姆斯科公司全面负责，瑞典也采用此种模式。

四、我军装备采购制度的历史沿革

我军的装备采购制度是根据我国国情、军情，并随着国内外政治经济形势和我国武器装备发展的不同阶段而不断发展和完善起来的。总的来说，我军装备采购制度从无到有，经历了从分散管理到集中管理的若干阶段[23,29]。

新中国成立后到改革开放前，是我军装备采购制度实行指令性计划下的多部门分散管理阶段。这一时期的装备采购管理体制属于军队和政府分阶段管理[30]。装备的采购计划主要是由总参装备部和各军兵种司令部的装备部门负责制定和下达，国家计划委员会同步指令性下达给国防工业部门执行。装备的研制和生产由国防科学技术委员会、国防工业办公室管理，各机械工业部具体组织实施，军工企业不是经营组织，只是单纯的生产组织，装备采购经费也实行按计划实报实销。装备的采购和使用保障工作由总后勤部和各军兵种相关部门负责。装备采购是在高度指令性的计划体制下运行，实行多头分散管理，装备的研制和生产主要由政府包揽，军队只派出军代表，不参与对科研、生产的直接管理。这种指令性计划下多部门分散管理的装备采购管理体制是与当时高度集中的计划经济体制相适应的，有效地保证了中华人民共和国成立后国防工业体系的迅速建立，最大限度地发挥了社会主义集中力量办大事的优势特点。

从改革开放到总装备部成立前，是我军装备采购制度逐步建立实行指令性计划指导下的合同制管理阶段。这一阶段与我国经济体制改革总体方向相适应，是我军装备采购逐步走向市场化、装备采购合同制确立的阶段。早在20世纪70年代末80年代初，邓小平就多次提出，军队和军工部门及军工企业之间是订货关系，要实行合同制。1983—1986年是我军装备采购合同制进行探索和试行阶段，海军是全军对装备研制、订货实行合同制最早的单位之一。1987年5月，国务院、中央军委颁发了《装备研制合同暂行办法》，标志着装备采购合同制度的正式展开。进入20世纪90年代，随着国家明确将经济体制改革目标确定为社会主义市场经济，装备采购体制也进行了多次变革，装备采购合同制有了更深入的发展，逐步形成了具有中国经济转型期特色的装备采购。这一阶段的主要特点是：在决策层次上，由国务院、中央军委对我军装备获取实行统一领导和决策；在管理层次上，国防科学技术工业委员会（科研生产）、总参谋部（购置维修）对装备的管理实行分工负责；在具体的施管上，由军委总部有关业务部门、国防科学技术工业委员会和军兵种分别实施。其中，最具实际意义的变化是，装备的研制费由原来直接拨给军工部门，改为直接拨给军事部门，由军事部门根据国家安全需要向军工部门订货。从总装备部成立后到本次国防和军队改革前，是我国装备采购制度初步实现集中统一领导的阶段。总装备部将原本分散于各部门的装备采购管理权集中归口管理,撤销了原来由国务院和中央军委双重领导的国防科学技术工业委员会,同时建立由国务院领导的新的国防科学技术工业委员会,统一负责全国武器装备研制生产的规划、计划。上述改革彻底地从权、能、事、责、利等方面将装备采购方与供给方分开,在法理上确定了装备采购的相互独立的市场交易主体。此后,为进一步解决我国装备采购领域的一些关键问题,自2005年开始,军队持续推动装备采购制度改革,至本次国防和军队改革前,基本形成了与当时装备领导管理体制相适应的装备采购体制,如图2-1所示。

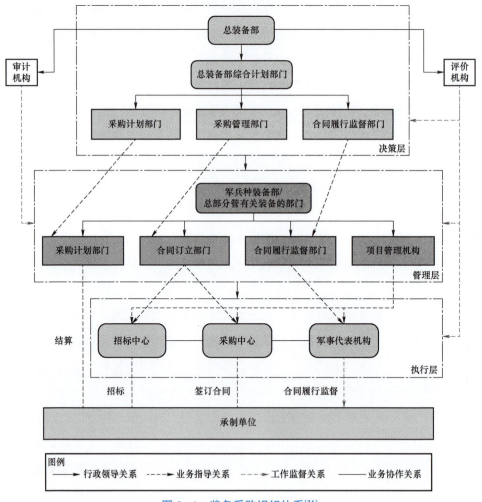

图2-1 装备采购组织体系[31]

2016年1月，新一轮国防和军队改革正式启动，成立中央军委装备发展部，主要履行全军装备发展规划计划、采购管理、试验鉴定、信息系统建设等职能，支撑中央军委履行装备领域集中统管职能，从而形成装备领域军委集中统管、军种具体建管、战区联合运用的体制架构[32]。通过总结国防和军队改革前对项目管理制度的长期探索和逐步实践经验，国防和军队改革后我军装备采购实行项目管理制度。目前，新的装备采购体制正在我军新的领导指挥体制下适应运行，相关配套制度和机制建设也在持续推进。

第二节　装备项目与装备项目管理

一、概述

武器装备发展是与大量的装备项目紧密联系在一起的，其中每一个项目的实施和完成，都是一项庞大的系统工程，从装备的预研、论证、设计、试制直到使用、维修、退役等生命周期的各个阶段包含大大小小的多个项目。如何对这些项目进行有效系统的管理，现代项目管理方法将起到重要作用[24]。

（一）装备项目

正如第一章所论述的，目前国际上对"项目"内涵比较共性的理解是：项目是在限定条件下，为完成特定目标要求的一次性任务。任何项目的设立都有其特定的目标，这种目标从广义的角度看，表现为预期的项目结束之后所形成的"产品"或"服务"，这类目标称为"成果性目标"。与之相对应的还有另一类项目的目标，称为"约束性目标"，如费用限制、进度要求等。显然，成果性目标是明确的，它是项目的最终目标，在项目实施过程中被分解为项目的功能性要求，是项目全过程的主导目标；约束性目标通常又称为"限制条件"，是实现成果性目标的客观条件和人为约束的统称，是项目实施过程中必须遵循的条件，从而成为项目管理的主要目标。根据上述对项目的基本认识，装备项目可视为在一定时间内为研制、开发一种武器装备所进行的一系列的工作。通过对装备项目概念的认识和理解，可以归纳出装备项目作为一类特殊的活动（任务）所表现出来的区别于其他活动的特征。

（1）唯一性特征。每个装备项目的内涵是唯一的或者说是专门的，即任何一个装备项目之所以能构成为项目，是由于它有区别于其他任务的特殊要求，或是名称相同但内容不同，或是内容基本相同，但要求的对象不同，立项的装备项目是一项独立的任务，具有排他性。例如，某型飞机研制工程，只能是这个型号飞机，而不含其他型号。

（2）一次性特征。装备项目不是持续不断进行的工作，而是有一个明确结束点的一次性任务，即从项目整体而言，任务完成，项目即告结束，没有重复。由于结束点一般以项目目标实现的时间来体现，但并不意味着项目实施的时间很短。每天正常的生产任务，基本是重复性的活动，可称为作业，而不称为项目。在装备项目中，也存在重复性的工作，如装备研制项目有大量重复性的试验任务等。

（3）整体性特征。一个装备项目应被视为一个完整的整体，在按需要配置相关要素时，必须追求高的费用效益。虽然装备项目的总任务是单一的，但装备项目的具体目标，如功能、时间、成本等是多方面的。如某种装备的研制可能是以功能要求为第一位的，不强调成本；有时以时间要求为主，不得不降低功能要求；有时更为注重经济指标，要求在资金允许范围内完成任务。实行全系统全寿命管理以后，则力图把装备项目视作一个统一的整体，将众多目标协调起来，实现优化。

（4）寿命周期性特征。任何装备项目都有其寿命周期，不同装备项目的寿命周期阶段划分不尽一致。例如，有的分为项目选定、项目计划、项目实施、项目评估四个阶段；有的将型号研制项目分为方案探索、论证计划、研制试制、试验定型等四个阶段。

此外，也有学者认为装备项目特征还包括：项目有明确定义的最终结果；有既定目标和完成时间、预算与质量要求，有明确的起始点与完成点；有特定的组成要素、项目实施要动用一定数量的资源等。

（二）装备项目管理

项目管理是伴随着社会的进步和项目活动的愈发复杂化而逐渐形成的一门管理学科，项目管理的理念在现代军事装备的发展中起到了越来越重要的作用。

"装备项目管理"的直观概念就是"对武器装备项目进行的管理"，这也是其最原始的概念，它有两个方面的内涵：一方面，装备项目管理属于管理的范畴；另一方面，装备项目管理的对象是武器装备项目。然而，随着武器装备项目及其管理实践的发展，装备项目管理的内涵得到比较大的充实和发展。目前，"装备项目管理"主要是指一种有意识地按照装备项目的特点和规律，对装备项目进行组织管理的活动。具体而言，装备项目管理就是以武器装备项目为对象的系统管理方法，通过一个临时性的专门的柔性组织，对装备项目进行高效率的计划、组织、指导和控制，以实现装备项目全过程的动态管理和装备项目目标的综合协调与优化。一般来讲，装备项目管理是按任务（垂直结构）而不是按职能（平行结构）组织起来的。装备项目管理的日常活动通常是围绕装备项目计划、项目组织、质量管理、费用控制、进度控制等五项基本任务来展开。它贯穿于装备项目的整个寿命周期，是一种运用既规律又经济的方法对项目进行高效率的计划、组织、指导和控制的手段，并在时间、费用和技术效果上达到预定目标。

装备项目管理与传统的部门管理相比最大的特点是装备项目管理注重于综合性管理，并且工作有严格的时间期限。装备项目管理必须通过不完全确定的过程，在确定的期限内生产出不完全确定的武器装备，日程安排和进度控制常对装备项目管理产生很大的压力。具体来讲，其内涵特点表现在以下几个方面：① 装备项目管理的对象是武器装备项目；② 装备项目管理的全过程都贯穿着系统工程的思想；③ 装备项目管理的组织具有特殊性；④ 装备项目管理的方式是目标管理；⑤ 装备项目管理的要点是创造和保持一种使装备项目顺利进行的环境；⑥ 装备项目管理的方法、工具和手段具有先进性、开放性。

二、装备项目管理的意义及其特点

装备项目管理主要是指对武器装备项目工作过程进行管理的活动，是对武器装备的科研、订货、保障部队使用直至装备退役、报废的全系统全寿命管理活动。

(一) 装备项目管理的意义

项目管理有助于项目各子系统目标的控制和各子系统项目之间的协调，使项目效益达到最大。具体而言，成功的装备项目管理对于武器装备建设有几方面重要意义。

1. 缩短研制周期

随着科学技术的发展和国防工业的需要，武器装备越来越复杂，规模越来越大，要求比以往更高，需求变化也更为频繁，导致研制周期不可避免地加长。如何在预定的研制周期内完成研制任务，成为项目参与各方的一大难题。项目管理就是从项目全局观念出发，对项目分阶段、分层次进行缜密地计划和组织，严格控制各阶段、各层次的时间进度，实现满足项目总体研制周期的要求，甚至达到缩短研制周期的目的。

2. 节约研制经费

大型武器装备项目耗资巨大，动辄几千万元、甚至上亿元，在研制过程中还不断产生额外的费用，如不加强控制将导致研制经费严重超支。项目管理强调对项目资源的有效控制，编制资源经费计划，及早进行费用估算和预算，采用科学的方法（如类比估算法、参数模型法、计算机模拟法）严格控制费用变更，做到充分利用资源，从而节约研制经费。

3. 降低风险和减少失误

对大型武器装备项目，无论是军内外科研院所，还是作为投资方的国家，都难以承担由于管理失误而造成的巨大损失。项目管理采用现代科学先进的管理技术，能够有效地降低研制风险和减少失误，使研制工作顺利进行。

4. 促进组织协作活力

装备项目管理采用一种灵活的专门的柔性组织对项目进行管理，可以极大改善职能部门在管理项目上的协调性，充分优化配置组织内的各种资源，打破职能组织壁垒，提高组织活力。

5. 培养专业化人才

现代管理强调"以人为本"，各种不同的装备项目要求在技术上和管理上都要有各类专业人才,因此项目管理对各类专业人才成长提供了一个良好的环境,对专业人才成长和使用极为有利。

(二)装备项目管理的特点

1. 高技术性

现代武器装备项目科技含量越来越高,主要体现在:① 知识高度密集,如一架作战飞机所含的零部件及技术参数达到 10^7 量级,发动机达 10^5 量级,而汽车仅为 10^4 量级;② 技术高难度,产品高质量,如大推重比的发动机技术、新型材料技术和高性能的综合航电系统等都是制约军用飞机发展的瓶颈,而这些技术研制难度大,对产品质量要求高。武器装备项目本身的高技术特性,以及大型武器项目的极端复杂性,促使项目管理也必须采用大量先进方法、借助大量先进技术手段,使其体现出高技术特点。

2. 时效性

现代科学技术表明,进入高科技时代的技术更新快,对于一项大型武器装备项目,其研制周期往往需要 10~20 年。如果在研制过程中不对技术状态实行动态控制,不下大力气抓好预先研究,不重视装备项目的时效性,那么就会出现还未等交付使用,该项目就成为性能上的过时货。尤其在微电子革命时代,那些电子、信息技术密集型装备项目,由于微电子技术革命的周期更短,其工程技术老化程度就更快了。这就要求装备项目管理极其注重进度控制以及高新技术的及时引入。

3. 跨学科综合性

武器装备项目的研制活动需要众多的科学技术专业人才,其知识领域涉及多个学科,显示出项目的跨学科特性,并且各个学科之间高度融合。这就使得装备项目管理表现出专业性要求较强,特别是综合性管理要求极强的特点。

4. 低费用设计性

武器装备项目往往投资巨大,风险较高,费用问题就成为决定项目成败的关键因素,按费用进行设计逐渐被很多国家采用。装备项目费用主要由研制、生产和维修保障三部分组成,统计表明,对大多数装备上述三部分费用的比例约为 1:3:6,且项目研制早期阶段的决策方案将决定项目全寿命费用绝大部分,但该阶段仅占全寿命费用的 7%左右。因此，装备项目管理在研制阶段应尽早开展有效的设计，加大早期设计投入，以节省装备项目的全寿命费用。

5. 高层次性

武器装备项目在国防现代化中占有非常重要的地位，特别是大型复杂武器装备，对国民经济的发展有巨大的战略作用。因此，武器装备项目的决策常会涉及国家的最高决策层，需要在国家层面制定战略规划，并组织实施。

三、装备项目管理的专业领域

装备项目管理所包括的知识领域，各国略有差异，但总体上基本相同。例如美国国防部的大型装备项目管理，大致包括范围管理、时间管理、经费管理、质量管理、人力资源管理、信息管理、风险管理、采购管理等 8 个方面，这些也包括在我国大型武器装备项目研制管理的内容之中。

（一）装备项目范围管理

装备项目范围管理是指为确保项目按要求完成而对明确项目必须完成任务范围所做的工作，通常包括下列内容：

1. 立项（或授权）

立项就是正式明确一个新项目已经上马或一个现有项目应该继续进入下一个阶段。项目立项应由有关上级管理部门批准并授权给下级管理机构实施。项目立项所需提供的条件（称为输入）包括：产品说明（通常由买方提出），装备发展的战略计划，项目选择准则（由项目产品决定），历史信息（以前完成的项目的信息）。项目立项所需工具和技术有：项目选择方法（如决策模型法、效益度量法），专家评估等。项目立项其所获得的结果（称为输出）为：颁发项目许可（或立项批准）作为立项依据，并明确项目负责人。

2. 范围规划

制定一个书面的范围（包括项目和子项目的范围）说明，作为将来项目决策的依据。通过该说明规定项目目标和重要的项目交付件，从而构成了项目管理方和承接方之间一种协议的基础。范围规划的输入包括：产品说明、项目许可证（或立项批复）和对项目管理者的限制性规定。范围规划所需使用的工具和技术包括：

采用系统工程、价值工程和价值分析技术进行产品分析，采用技术经济分析方法进行成本效益分析，运用管理技术提供备选技术手段和途径，专家评估等。范围规划的输出为：包括项目论证、项目交付件和项目目标（至少含经费、进度和质量指标）在内的范围说明，包括如何管理项目范围以及如何将范围的变更纳入项目中去的范围管理计划。

3. 范围确定

将范围说明中规定的重大项目交付件细分为较少的、更易管理的组成部分，以便提高项目经费、时间和资源估算的准确性，规定进度，指明责任。范围确定的输入是范围说明，所使用的工具和技术构建以产品为中心的工作分解结构模型，对重大项目交付件进行细分。范围确定的输出通常是工作分解结构。

4. 范围更改控制

与时间控制、成本控制、质量控制以及其他控制结合起来，对造成范围更改的因素施加影响，确定范围更改已经发生，并对其进行管理。范围更改控制的输入包括：工作分解结构，进展报告，范围更改申请和范围管理计划。范围更改控制所使用的工具和技术是可用于更改项目范围的范围更改控制系统。范围更改控制的输出为：范围更改决定，提出纠正措施，经验总结文件。

5. 范围确认

用户对项目范围的正式验收，需要审查产品和结果，并确保它们都已正确而圆满地完成。如果项目提前终止了，应以文件形式确认完成的水平和程序。范围确认的输入为：产品文件，所使用的工具和技术是测量、检查和演示等检验方法，输出是编制和发放已验收的项目或一个阶段产品的文件。

（二）装备项目时间管理

装备项目时间管理是指为确保及时完成项目而进行的管理工作，通常包括以下内容。

1. 工作定义

根据生产工作分解结构所规定的交付件和子交付件确定一些特定的工作，并将其编入文件。工作定义的输入包括工作分解结构、范围说明、历史信息。工作定义所使用的工具和技术包括：将工作分解结构分解至独立的单元的方法，借用类似单元为工作定义样板。工作定义的输出为：要开展的所有工作的工作清单，工作分解结构的修订。

2. 工作排序

将已定义的工作准确排序，以支持后续的进度制定。工作排序的输入包括：工作清单，产品说明，由物理上的限制决定的工作本身所固有的依赖关系和项目管理组织规定的依赖关系，与项目外的其他因素的依赖关系，各种依赖关系的提前期和滞后期。工作排序使用的工具和技术包括：建立项目流程的前趋图法，箭头图法，用于循环工序的条件图法，网络模型法等。工作排序的输出为：表示项目依赖关系的项目网络图，工作清单的修订。

3. 持续时间估算

估算完成每项工作可能需要的工作时间。持续时间估算的输入包括：工作清单，对人力物力资源的要求，对人力和设备器材等物力资源能力的评价。持续时间估算所用的工具和技术包括：历史数据，专家判断方法，类比估计方法。持续时间估算的输出为：持续时间估算值，估算依据的文件，工作清单的修订。

4. 进度制定

规定项目各工作的起始日期和结束日期，以降低风险。进度制定的输入包括：项目网络图，持续时间估算，资源（关于人员、设备、材料等）的说明，日程表，限制因素（实施日期、关键事件、资源或持续时间等假设的可靠性）。进度制定使用的工具和技术包括：数学分析（关键线路法、图示评价和审查技术、计划评审技术等），持续时间压缩技术，仿真（常用蒙特卡罗分析法），资源分级研究法（研究资源保障对进度的影响），项目管理软件。进度制定的输出为：项目进度安排，支持性细节说明，进度管理（对进度的更改进行管理）计划。

5. 时间控制

与范围更改控制、经费控制、质量控制以及其他控制结合起来控制项目进度更改因素的影响，或确定进度已经更改，并对其进行管理。时间控制的输入包括：项目进度，进展报告，更改申请和进度管理计划。时间控制使用的工具和技术包括：进度更改控制系统，进度度量法，附加规划（项目不能按计划运行时，对持续时间、工作顺序或进度进行重新安排），项目管理软件，进度度量（未安排工作而又可利用的时间）等。时间控制的输出为：进度修改，纠正措施，经验总结文件。

（三）装备项目经费管理

装备项目的经费管理是指为确保在已批准的预算内合理安排和使用经费以完成项目而进行的管理工作，通常包括以下主要步骤：

1. 资源规划

确定用于项目活动的各种资源（人力、设备、材料）的种类和数量，以与经费估算相协调。资源规划的输入包括：工作分解结构，范围说明，资源说明，组织原则。资源规划应用的工具和技术包括：项目组成员的技能和知识，历史资料。资源规划的输出是关于资源类型与数量的要求。

2. 经费估算

估算涉及确定完成项目活动所需资源的费用的近似值，为定价提供依据。经费估算的输入包括：资源要求，资源消耗率，时间估算和经费核算图。经费估算所需使用的工具和技术包括：历史结果，参数模型，自下而上估算法，类比估算和计算机方法。经费估算的输出为：经费估算结果，支持性细节（支持经费估算的假设和约束条件的说明文件），经费管理计划（管理经费变化的正式或非正式的计划）。

3. 经费预算

将全部经费估算按任务或工作进行分配，建立经费基线，用于评估项目执行情况。经费预算的输入包括：经费估算，工作分解结构，项目进度。经费预算的输出为：经费基线，支出计划。

4. 经费控制

监控经费使用情况，确保所有的适宜的更改在经费基线中记载下来，并将已批准的更改通知有关部门。经费控制的输入包括：经费基线，进展报告，更改申请和经费管理计划。经费控制所使用的方法与技术包括：经费更改控制系统，进度度量方法，补充的附加规划，度量项目经费执行情况的挣值法等。经费控制的输出为：已修正的估算，纠正的措施，经验总结文件。

（四）装备项目质量管理

装备项目质量管理是指为确保装备项目能达到所提出的质量要求而进行的管理工作，通常包括：装备质量规划，质量控制，质量保证和质量改进等。

1. 质量规划

确定质量标准，并决定如何达到这些标准的要求。质量规划的输入包括：质量政策，范围说明，产品描述，标准和条例等，所采用的方法与技术包括：成本效益分析法，标杆（类似的其他项目可作为比较的标杆），流程图，试验设计（常用于产品的分析）。质量规划的输出为：质量管理计划，术语说明，检查表（作为验证步骤或活动的一致性的结构化工具）。

2. 质量控制

监控特定项目结构，以确定它们是否与相关质量标准一致，并找出确保质量符合要求的方法。质量监控的输入包括：工作结果，质量管理计划，术语说明，检查表。质量监控采用的方法与技术包括：检验，控制图，帕累托图。质量监控的输出为：质量改进措施，验收决策，返工决定，已完成的检查表，过程调整措施。

3. 质量保证

在质量系统内实施的所有计划的系统性活动，以使项目达到相关质量标准。质量保证的输入包括：质量管理计划，质量控制度量结果，术语说明。质量保证采用的方法与技术包括：质量规划（预先备有质量控制措施）、检验。质量保证的输出为质量改进措施。

（五）装备项目人力资源管理

装备项目人力资源管理是指为最有效地使用参加项目的各类人员以确保装备项目的高效完成而进行的管理工作，通常包括下列主要环节。

1. 组织规划

对装备项目任务、职责和报告关系的规定、成文和分配。任务、职责和报告关系可能分配到个人或组织。组织规划通常与通信规划紧密相连。组织规划的输入包括：明确的项目接口（含组织接口、技术接口和人事接口），职员配备要求。组织规划采用的方法与技术包括：组织规划样板，组织理论。组织规划的输出为：

任务和职责分派，职员配备计划，组织图，保障计划（含组织评估、任务说明、培训需求）。

2. 职员招募

招募所需人力资源。职员招募的输入包括：职员配备计划，人员库说明等。职员招募采用的方法与技术包括：谈判，预分配，采购（指通过采购管理物色特定的人员）。职员招募的输出为：项目职员的确定，项目管理组名册。

3. 管理组组建

组建管理组，增强各主管个人的能力和整个管理队伍的能力。管理组组建的输入包括：项目职员，项目计划，职员配备计划，进展报告，外部反馈（项目外部工作的反馈意见）。管理组组建采用的方法或技术包括：管理组建设方法，一般管理技能，奖励和表彰系统，人员配置方法，培训。管理组组建的输出主要为经过改进的项目执行情况。

（六）装备项目信息管理

装备项目信息管理是指为保证正确及时地收集和分发项目信息以满足项目建设的信息流转要求而进行的管理工作，通常包括以下环节。

1. 通信规划

确定主管人员的信息和通信要求，如谁何时需要什么样的信息，以及如何将这些信息传递给他们。通信规划的输入包括：通信要求，通信技术，约束和假设（指影响通信的限制项目管理组选择余地的因素）。通信规划采用的方法与技术主要是对主管人的分析方法，通信规划的输出为通信管理计划。

2. 信息分发

把需要的信息及时分发给项目负责人，包括执行通信计划并负责提出未想到的信息的申请。信息分发的输入包括：工作结果、通信管理计划、项目计划。信息分发采用的方法与技术包括：通信技能，信息检索系统，信息分发系统。信息分发的输出为项目记录（收集和保存项目进展中发布的信息）。

3. 进展报告

向项目负责人提供的包括项目目前状态和执行情况的报告。进展报告的输入包括：项目计划、工作结果。进展报告采用的方法与技术包括：信息分发技术，综合报告方法，进度报告方法，费用报告方法。进展报告的输出为进展报告和在此报告基础上提出的项目更改申请。

4. 管理收尾

对项目或其中的某个阶段的成果确认并成文。管理收尾的输入包括：进度度量文件，项目产品文件。管理收尾采用的方法与技术是项目实施后的审查与分析方法（项目进展计量和报告过程中使用的分析方法以及信息管理方法在此仍然适用）。管理收尾的输出为项目完整的项目记录和正式接收（分发接收）文件。

（七）装备项目风险管理

装备项目风险管理是指为尽量降低项目风险而开展的针对项目不确定性因素的管理工作，通常主要包括以下环节。

1. 风险确认（或辨识）

确定风险源和对项目产生不利影响的风险事件。风险确认的输入包括：产品说明，约束和假设（如范围说明、工作分解结构、人员配备计划、采购管理计划等）。风险确认采用的工具和技术包括：检查单，历史结果，会谈。风险确认的输出为：风险源清单，潜在的风险事件，风险征兆等。

2. 风险量化

用量化方法评价可能产生风险的结果范围及其发生的可能性。风险量化的输入包括：风险源，潜在的风险事件，相关者风险容忍程度。风险量化使用的工具和技术包括：风险事件的量化方法、概率统计分析方法、进度仿真（利用项目网络图作为模型进行仿真）、决策树法。风险量化的输出为：应寻求的机遇和应对的威胁的清单，可放弃的机遇和可接受的威胁的清单。

3. 风险对策

确定避免风险、减轻风险及保留可接受的风险的对策。风险对策的输入是可放弃的机遇以及可接受的威胁的清单。风险对策使用的方法和技术包括：签定合同，预先提出的应急规则，备选方案策略，引入保险等。风险对策的输出为：风险管理计划，应急计划，调控进度风险的储备金，合同协议（引入有关保险、服务和其他有关项目合同等）。

4. 风险控制

执行风险管理计划以应对在项目进程中的风险事件。风险控制的输入包括：风险管理计划，实际风险事件，其他风险确认（可能会出现未曾确认过的风险事件）。风险控制使用的方法和技术包括：随机处理方法，制定其他对策。风险控制的输出为：纠正措施，更新的风险管理计划，增加新装备。通常选择的措施：首先应是改进现有装备；其次是研制新的装备。即使是研制新装备，其部件仍应尽可能多地与现行装备通用（如通用底盘、发动机、变速箱、弹药、炮架等），以提高保障资源的通用性。在保证需要的前提下，减少新型装备的品种型号均可降低使用与维修的难度和减少保障费用。型号相近的装备尽量集中使用。当装备品种、型号已经较杂时，作为过渡性的措施可将型号相近的装备集中于少数部队，以便于集中使用保障力量，这样可以减少保障费用，提高完好率。

第三节 装备项目管理发展历程

一、国外装备项目管理的发展

装备项目管理涉及的领域非常广泛，但是最具代表性、最能反映整个装备项目管理发展进程的是国防高技术装备项目管理，它既是现代项目管理的发源地，同时也是现代装备项目管理最具成效的应用领域。国防高技术装备项目的项目管理，是指为适应国防高技术装备项目发展需要而建立的特定的组织形式和管理方式，要求按照系统工程的思想，对高技术装备项目实行全系统全寿命管理。国外高技术装备项目管理的发展历程主要有以下三个阶段。

1. 装备项目管理的形成阶段

项目管理最早由美军创立，是随着第二次世界大战时致力于作战任务的军事战术特编组织的出现而诞生的。到 20 世纪 50 年代，这种方法以海军的"特种计划办公室"和空军的"西方发展部"的面貌，在国防项目管理的舞台上崭露头角，并由于其效果良好而很快在军内外普遍推广应用，被誉为"美国国防部对当代管理科学与实践的 13 项重大贡献"之一。美国海军的"北极星计划"和美国国家航空航天局（NASA）的"阿波罗计划"是装备项目管理的早期典型成功例子。

20 世纪 50 年代，美国海军在"北极星计划"中，利用计算机技术，开发出计划评审技术（PERT），同时美国军方在其他项目中还开发了武器系统效费分析方法等技术。20 世纪 60 年代，美国国家航空航天局在"阿波罗计划"中，通过立项、规划、评价、实施，开发出著名的"矩阵管理技术"，同时工程管理人员还将风险管理运用于装备项目管理中，采用失效模式和关键项目列表等方法对"阿波罗"飞船进行风险管理，取得了巨大成功。

20 世纪 60 年代初，为克服 50 年代美国陆、海、空"三军"各自为政的混乱状况，时任美国国防部部长麦克纳马拉提出了"集中指导与分散实施相结合"的管理原则，实施了统一的"规划、计划和预算编制制度"（PPBS）。采用系统工程的理论方法，统筹规划国防和武器装备建设，极大地减少了资源的重复浪费。此后，英、法、德等国也仿效制定了相应的规划计划预算制度，对国防资源进行系统配置。在 20 世纪 60 年代中期以前，国防项目超概算和拖进度的现象十分普遍，而且数额十分巨大。1967 年，美国国防部在借鉴非国防项目成本进度控制成功经验的基础上，总结了多年来管理国防项目的成功经验和失败教训，编制了"成本进度控制系统"的基础性文件——"成本/进度控制系统准则"，并在 1967 年以国防部指令 DoDI 7000.2 的形式正式执行。此后，该方法在英、法、澳大利亚、日本等国得到推广，成为成本进度控制的广泛法则。

2. 装备项目管理的发展阶段

20 世纪 70 年代初期，为适应重大国防项目管理的需要，美国国防部颁布了国防采办领域的 5000 系列文件，将整个国防采办周期分为三个阶段。在随后的 30 多年中，该文件经过了多次修订和完善，目前已经成为指导美国国防项目管理人员工作的重要指南。随后，很多西方国家也制定了类似的文件，对国防项目进行阶段划分，并制定了相应的里程碑制度。进入 20 世纪 80 年代，项目管理作为一种新兴的管理技术在装备项目中得到了迅速的发展。1983 年，美国国防部国防系统管理学院系统总结装备项目管理实践经验，组织编写了《系统工程管理指南》。从 1986 年起，根据帕卡德委员会的建议，美国国防部建立了以国防采办执行官为首的项目管理体系，该体系根据国防项目特点设置，实现了对国防高技术项目的专业化管理，提高项目管理质量和效益。

3. 装备项目管理的完善阶段

进入 20 世纪 90 年代，由于国防项目的复杂性和综合性大大提高，从 90 年代中期开始，美国开始提倡在项目办公室中采用一体化项目小组的管理方式。英国根据《战略防务审查》提出的"精明采办"要求，在国防采购局中组建了若干个一体化项目小组，每个一体化项目小组负责一个或几个项目的全寿命管理。法国在项目管理的实践中，探索出了项目管理与技术管理相结合的矩阵式组织形式，建立了跨学科的一体化项目小组，实行对项目的全面管理。

近年来，随着以信息技术、智能技术为代表的高新技术的迅猛发展，各国对国防项目管理制度都进行了不同程度的改革，以适应国防高技术项目管理的需要。美国先后提出了渐进式和螺旋式采办的概念，注重对装备的不断更新，以适应装备技术发展的需要，大大提高了装备项目管理的效率。

二、我国装备项目管理的发展

与我国装备采购制度的发展轨迹过程一致，我国装备项目管理也经历了以下四个发展阶段。

改革开放以前，我国理论意义上的项目管理萌芽于华罗庚提出运筹法和优选法的时期。随后，钱学森提出要用复杂巨系统的思想来考察国家和国防经济建设的问题，推广系统工程的理论和方法，重视重大科技工程的项目管理，这是国内对项目管理思想的最早贡献。在 20 世纪 60 年代的导弹研制项目中，我国引进了国外的网络评审技术、规划计划预算系统、工作分解结构等项目管理计划，形成了极具我国特色的项目组织管理理论。20 世纪 70 年代中期，我国的国防项目管理中陆续引入了全寿命管理、一体化后勤管理等方法，并在一些大型工程中使用系统工程管理方法。总体而言，与当时我国装备采购实行指令性计划下的多部门分散分阶段管理相适应，几乎所有的装备项目都是计划任务，由工业主管部门对项目进行全面管理。这种高度的计划性在保证对项目实施有效的行政管理的同时，整个项目管理主要是围绕项目生产过程的技术管理进行，对整个项目过程进行的质量控制不足，对项目成本、进度的管理也重视不够。

改革开放后，我国普遍实行指令性计划下的合同制，对进度、成本和质量的要求促使国防项目管理进入了多维管理的阶段，为在时间进度、保障条件、资金运筹等方面进行及时有效的协调平衡，在装备项目的研制过程中全面引入了项目管理的方法。在一些航空项目中推行系统工程，实行矩阵式管理，并引进了《武器装备研制管理译丛》等国外的装备项目管理研究成果。在系统总结以往装备研制过程规律的基础上，制定了主要装备类型的研制程序，将整个研制过程分为若干个阶段，通过分阶段推进和管理，确保项目低风险、有计划、按步骤地从一个阶段过渡到另一个阶段，从而使项目沿着高效、经济、快速的轨道运行。

解放军总装备部成立后，随着装备建设发展的需要和市场经济环境的逐步建立，越来越多的科学管理方式被引入到武器装备建设的管理中，其中项目管理作为一种按工期、预算和要求去优质完成任务的技术与方法，对于具有投入大、难度高、周期长等特点的武器装备项目非常合适。1998年，解放军总装备部和国家国防科学技术工业委员会成立；1999年，中核集团、航天科技、航天科工、航空工业、中国航发、中国船舶、中国兵工、中国兵装、中国电科、中国电子十大军工企业集团组建，伴随我国装备采购市场相互独立的交易主体的逐步确立，我国装备研制项目逐步开始全面实行合同制。此后，我国的装备项目管理陆续引进国外的先进管理思想，试行全系统全寿命管理，装备管理部门对一些重大项目设立型号办公室，加强对装备的研制和生产的全寿命管理。各部门都开始对装备项目管理理论进行全面的研究，并在实践中不断完善。

2016年，新一轮国防和军队改革开始，中央军委装备发展部正式成立。通过总结改革前对项目管理制度的长期探索和实践经验，改革后的我军装备建设全面实行项目管理制度。

三、我国装备项目管理的主要经验

武器装备项目涉及航空、航天、电子和兵器等诸多行业，各军工企业在装备项目实施过程中对项目管理也进行了不断探索，总结出了不少有益的经验，丰富了我国装备项目管理的理论体系，有力地促进了装备项目的顺利实施。

1. "三坐标"论证和"四坐标"管理

"三坐标"论证是在项目总体方案的基础上，按照系统的网络图进行分工，从技术、进度和经济"三要素"进行论证，是从"技术、进度、经济"三个维度进行论证。"三坐标"论证方案一经确定就要实施，即从行政、技术、经济、质量"四坐标"管理。"四坐标"管理是在项目研制管理过程中，针对行政、技术、质量和经济"四条线"，相应建立行政总指挥、总设计师系统/总质量师、总会计师（简称"三师"）系统。行政总指挥是项目的总负责人，对全型号负责，并指挥全型号的管理；总设计师作为总指挥在技术方面的助手，是型号工程系统的技术负责人，总指挥应支持他在技术上的决策，并积极创造条件，以保证其得以实施；总会计师在总指挥的领导下，做好经费的管理和控制工作；总质量师在总指挥领导下，在总设计师的指导下，严把质量关。

2. 开展了矩阵管理

在职能机构里，设立了以型号和预研项目为龙头的办公室，负责对工程项目实施技术抓总、协调、检查和督促等综合性工作。该组织形式不打破原有纵向职能，只突出工程的横向协调作用，这种矩阵管理从机关延伸到基层，并向左右、内外扩延，形成不同层次的全方位交叉网络组织。

3. 建立了总体设计部

在型号研制中，创建了总体设计部，并通过它进行强有力的技术抓总协调，取得了明显的成效。总体设计部是型号研制的技术总参谋部，是总设计师的直接助手和办事机构，承担技术"抓总"、技术协调和技术配套等重要技术工作。其主要职责有以下几点：① 综合应用现代化最新科学技术成果于一体。国防技术之所以称为尖端技术，主要表现在大规模的技术综合上。例如，型号设计是从型号实际出发，解决各种科学技术成果用在型号上的相容性，没有这种总体的综合，就难以保证整体功能的实现。② 从整体目标优化去考虑、处理问题，而不是追求某一系统、某一单机、某一部件的单项指标先进。当然，也不可能要求什么指标都先进，而必须从现实的可能，合理地选择与组合，力求整体性能最佳。③ 保证技术协调。由于装备项目具有技术复杂性和研制过程各种因素的多变性，因此适时进行技术协调与控制就显得尤为重要。这种协调与控制涉及各种专业技术，只靠总设计师与几位副总设计师去处理难以应对，这就需要有一支熟悉各分系统专业的技术队伍来承担这一工作。

<u>4. 在型号研制中创立了"三结合"</u>

"三结合"包括：引进、消化、创新三结合；设计、生产和使用三结合；技术人员、工人和干部三结合；技术工作、管理工作和思想政治工作三结合。"三结合"对我国武器装备项目的研制发展起了重要的作用。

引进、消化、创新"三结合"从指导思想上解决了我军装备项目的发展道路问题，引进、消化、创新"三结合"是指在引进装备的同时，更要注重引进技术，并加以消化吸收，进行模仿创新，然后推陈出新，设计生产出更好的装备。设计、生产、使用"三结合"体现了我军装备项目的管理思想，其根本是让设计人员在设计阶段就充分了解使用部门的需求和生产部门的生产能力，充分了解上上下下各方面对型号的考虑，把需求同可能相结合，最大限度地寻求最优方案。干部、工人、技术人员"三结合"，是研究、设计和生产等关键阶段决策的重要方法，充分体现了管理人员、工人和技术人员作为管理主体的作用，对调动人的积极性，全面了解和认识事物，实现科学决策具有重要意义。技术工作、管理工作和思想政治工作"三结合"是我军装备项目管理的又一个特色，它把政治思想工作融入技术工作和管理工作之中，在某种程度上为项目创造了良好的政治思想和人际关系环境。

<u>5. 按项目的研制程序，实行分阶段管理</u>

建立了项目的研制程序，将整个研制过程分为五个阶段：论证阶段、方案阶段、工程研制阶段、设计定型阶段和生产定型阶段。每一个阶段结束后，要经过严格的评审，只有评审通过后，才能进入下一阶段。通过分阶段管理，降低项目研制风险，促进项目有计划、按步骤地从一个阶段过渡到另一个阶段。

第四节 装备项目管理与系统工程管理

一、系统工程与装备项目管理

（一）系统工程概述

"系统工程"概念在 20 世纪 40 年代被首次提出，在第二次世界大战期间及其后被广泛应用，最为典型的是在"曼哈顿计划"中的成功应用，并于 20 世纪 60 年代初步形成体系。虽然系统工程发展至今已有较长时间，但由于研究视角的差异，学术界对系统工程还未形成公认的定义[33]。

美军在 2011 年 5 月发布的《国防采购手册》认为：系统工程是采用跨学科的方法，管理装备研制、验证和维持过程中的技术活动，实现装备、人员和过程的集成并在全寿命周期内保持平衡，最终满足用户需求；系统工程是一种技术综合的机制，涵盖了装备各构成要素和装备寿命周期内各个过程的技术工作和技术管理工作。美军国防系统管理学院编著的《系统工程概论》（2000）认为：系统工程包括两大科目：系统工程师从事工作的技术知识领域和系统工程管理。《NASA 系统工程手册》（2012）认为：系统工程是用于系统设计、实现、技术管理、运行使用和退役的专业学科方法论；是在通常有相反作用的约束下，开发满足系统需求的可行系统的科学和艺术；系统工程方法是在不同利益和多样化甚至冲突的约束下，寻找安全平衡的设计方案。

郁滨等（2009）认为[34]：系统工程是以系统为研究对象的工程技术，它涉及"系统"与"工程"两个方面，系统工程立足整体，统筹全局，整体与局部的辩证统一，有机结合分析和综合，运用数字方法和计算机工具，使系统达到整体最优的方法性学科。在系统总结钱学森系统工程思想后，陶家渠（2013）认为[35]：系统工程是一门处理系统的工程技术，是组织管理系统的规划、研究、设计、构造、试验和使用的技术，是一种对所有系统都具有普遍意义的科学方法。

综合上述分析可以看出，各方对系统工程的理解存在差异，但对于系统工程的基本组成还是有一定共识的,那就是系统工程实际至少包括系统工程技术和系统工程管理两个方面。系统工程技术是完成系统工程任务的各类专业技术本身;系统工程管理主要是指对上述技术开展的管理工作。《系统工程与分析》(2014)指出[33],要想成功实施系统工程和分析,需要在技术和管理两方面努力。

(二)项目管理与系统工程管理

现代项目管理与系统工程几乎产生于 20 世纪同一时期。从两者施行于任务的根源和产出看,它们的目标是一致的,都是为了获得满足用户需求的产品或服务。但是,在两者的具体运用过程中存在不同的侧重。从狭义上概括地讲,系统工程更多是从技术的角度考虑用户需求的实现,并组织相应的技术活动,对项目的技术实现负责;而项目管理则是从项目整体的角度综合考虑各方约束,科学构建项目组织,统筹调度各种资源,确保项目的最终成功,包括技术上的成功。从这个层面讲,项目管理是包含系统工程管理的,也就是项目技术层面的管理。当然,不可否认的是,任何项目都可以看作一个系统[36],因此项目管理和系统工程中都必然会用到系统的思想以及系统工程的方法技术,特别是对于大型工程计划项目(称为 Program 的项目)。具体而言,项目管理和系统工程之间大体存在以下差别:

1. 指导思想不同

系统工程强调从顶层到底层的设计开发方法,贯彻的是系统的思想,在结构上整体是由部分组成的,但在功能上整体具有部分所不具备的功能,整体并不能由部分简单叠加而成。总体设计是系统工程的重要工作内容,而项目管理虽然也强调整体的概念,但却强调整体工作可以是由部分叠加而成,表现为经过工作任务分解后,每个工作包的完成结果叠加在一起就等同于整个项目的完成。事实上,从实际的工作对象看,系统工程面对的是产品的实现,而项目管理面对的是工作本身的完成和任务的成功。

2. 关注点和成功判据不同

系统工程关注的重点是被研制的复杂技术"系统"本身,也就是说系统工程是"产品导向"的。系统工程成功的标志是研制出的系统是否达到了功能和性能的指标,而且满足用户的期望与需求;而项目管理是"工作导向"的,项目管理致力于项目的全面成功。除了产品功能、性能技术指标外,项目的成功还需要考察投入成本、研制进度以及客户满意度等关键成功要素。在此基础上,甚至还要进一步关注与外部的竞争合作关系、对内部战略规划的支撑作用、组织治理和文化等其他绩效指标。

3. 运行过程不同

系统工程过程是从需求定义开始,经系统设计到系统验证。系统工程过程的各个阶段是紧接的、连续的、融合的,并有差别而不是模糊不清的。系统工程过程是反复迭代的,而项目管理过程是从项目启动开始到项目收尾,实施的是计划与执行的过程。项目不同阶段的管理过程是离散的,由决策点或评审点来中断项目执行的逻辑。当设计和建造由不同的单位来承担时,表现尤为明显。

4. 能力要求不同

系统工程偏向于技术技能;而项目管理偏向于管理技能。从事系统工程工作需要拥有技术方面的专业知识,但并不需要太强的技术专长。从事项目管理需要拥有管理方面的专业技能。

5. 责任者的角色不同

系统工程的首要责任者是首席系统工程师或者系统工程总设计师(如我国的型号总设计师),他对项目的技术成功与否负全部责任;项目管理的首要责任者是项目主任,他对项目的成功与否负全部责任;首席系统工程师是项目主任在技术方面的助手。

二、我国型号项目管理机制

我国在处理装备项目管理与系统工程管理的关系上,开创性地建立了技术指挥线和综合计划管理行政指挥线(简称"两条指挥线")和总指挥、总设计师/总质量师、总会计师(简称"三师")系统,多年来有效地支撑了我国装备型号建设。

1962 年 3 月 21 日,我国第一枚自行设计研制的东风二号导弹首飞试验失败。事后承制单位分析失败原因认为[37],试验失败与承制单位的组织管理体制及总设计方案有关，在研制中没有认识到地面试验的重要性，在组织管理上没有按研制程序办事。事后，在系统总结和全面梳理的基础上，承制单位实施了一系列改进措施，包括将总体设计部设为总设计师的办事机构，实行项目技术"抓总"；实行"两条指挥线"，即建立以总设计师系统为核心的技术指挥线和以计划调度为中心的综合计划管理行政指挥线等。

1. 总设计师以总体设计部为办事机构，负责项目技术的"抓总"

总设计师是装备研制任务的技术总负责人，是设计技术方面的组织者、指挥者，重大技术问题的决策者。总体设计部由熟悉相关武器系统的各方面专业人员组成，总设计师负责领导。根据武器系统的总体目标要求，总体设计部设计系统总体方案，决定整个系统的技术途径。总体设计部把系统作为它所从属的更大系统的组成部分进行研制，对它的所有技术要求都首先从实现这个更大系统的技术协调来考虑。总体设计部又把系统作为若干分系统有机结合的整体来进行设计；对每个分系统的技术要求首先从实现整个系统技术协调的角度来考虑。对于研制中出现的分系统之间的矛盾以及分系统与系统之间的矛盾，总体设计部首先从总体目标的需要来考虑，运用系统方法并综合运用有关学科的理论与方法；然后对武器系统的结构、环境与功能进行总体分析、总体论证、总体设计、总体协调，包括系统建模、分析、优化、试验与评估，以追求满意的系统方案。

2. 建立技术与行政"两条指挥线"

组织武器系统的研制工作，技术指挥线和行政指挥线的紧密配合和协调动作十分重要。技术指挥系统负责技术协调，行政指挥系统负责计划协调，这两种协调相互交叉又相互渗透。计划协调以技术协调为基础，而技术协调又通过计划协调来实现，行政指挥系统要采取各项强有力的措施，保证技术指挥系统实现技术决策；技术指挥系统要把技术决策建立在现实的基础上，以避免给行政指挥系统造成不必要的困难。我国技术与行政"两条指挥线"体制的基本形成，标志着我国在处理项目整体工作与系统工程的关系上步入了科学的轨道。

随着上述体制的全面推广，国防工业系统内以"两条指挥线"为基础又逐步建立了具有我国特色的装备研制"三师"系统[38]机制，即在国防型号项目管理过程中针对行政、技术/质量和经济建立的相应的行政总指挥系统、总设计师/总质量师系统和总会计师系统。行政总指挥是项目的总负责人，对型号研制负全责，指挥型号研制整体过程；总设计师作为总指挥在技术上的助手，是型号工程系统的技术负责人，总指挥应支持其在技术上的决定，并积极创造条件，以保证其得以实施；总质量师在总指挥领导下，在总设计师的指导下，严把质量关；总会计师在总指挥的领导下，做好经费的管理与控制工作。

第三章

装备项目过程管理

装备项目过程管理是装备项目实施过程中所进行的具体管理工作,是装备项目管理的主要过程,根据施管主体的不同可以区分为装备项目军方过程管理和承制方过程管理,两者相互衔接配合,共同确保装备项目按照规定的项目要求和科研程序,科学高效地展开和圆满完成。我军装备项目过程管理主要包括装备项目合同管理,以及在合同履行过程中对项目技术状态、质量、进度、费用、风险等要素实施的综合管理。

第一节　装备科研程序

装备项目管理过程是为确保装备项目按照规定的要求圆满完成而实施的综合管理过程。目前,将高新技术融入装备、投入战场的需求不断提高,装备科研项目比重越来越大。对于装备科研项目,项目管理过程与装备科研程序紧密相连,成功的项目管理可以有效支撑装备项目按照科研程序高效顺利推进,而科学的装备科研程序可以为装备项目管理的开展奠定坚实的基础。事实上,自20世纪七八十年代,中外相继分别推出体现其装备科研程序的国防采办程序和装备研制程序,在此基础上对装备项目管理过程的探索和完善逐步深入。

一、装备科研程序的发展沿革

装备科研工作的开展受当时科技水平、经济条件以及装备市场环境等诸多因素的影响，在经贸、科技深度全球化的当下，还应考虑国际形势的影响，因此装备科研程序必定具有较为鲜明的时代特征。国内外装备科研程序的发展时间大体相当，但是发展过程却因各自所处内外环境差异而表现出明显的不同。

（一）国外装备科研程序发展

西方国家通常将其装备科研程序放在采办程序中进行规范和研究，以美国为代表的西方国家一直都在致力于对其国防采办程序进行评估和调整，以使其更好地适应国家的军事战略调整和装备市场环境的变化。美国国防采办程序始于20世纪70年代，此后主要经历了以下六个发展阶段。

1. 初步建立阶段（20世纪70年代）

为适应重大武器装备采办项目管理的需要，进一步规范和加强重大装备采办管理，1971年美国国防部发布首份指令——1971年版DoDD 5000.01《重大国防系统采办》，将国防采办程序划分为项目启动、全面研制、生产与部署三个阶段，并在各阶段中设置阶段审查点，开始装备采办项目的程序化管理工作，对武器装备实行分阶段管理、逐段推进的项目管理。1977年，为加强采办项目前期研究与管理，在1971年版DoDD 5000.01之外，美国国防部发布了1977年版DoDI 5000.02《重大系统采办程序》，将项目启动阶段拆分成方案探索、验证与确认两个阶段，以进一步强化采办前期的方案论证工作，从而使国防采办程序阶段划分变为方案探索、验证与确认、全面研制、生产与部署四个阶段。

2. 全寿命管理阶段（20世纪八九十年代）

随着大量新式装备投入战场，装备交付部队后的使用和保障显得越来越重要。为此，着眼于武器装备的作战能力，美军开始强调项目管理办公室对重大武器装备"从生到死"的管理，并提出装备综合保障必须从武器装备研制初期抓起，关注装备的战备完好率和持续作战能力，把装备的保障性要求与可靠性、维修性放在同等重要的位置，从而在国防采办程序上加强了对使用和保障的一体化、全寿命管理。1987年2月，美国国防部修订1977年版DoDI 5000.02，将重大武器装备采办项目（包括重大自动化信息系统）划分为方案探索、验证确认、工程与制造开发、生产与部署、使用与保障五个阶段，设里程碑决策点0、Ⅰ、Ⅱ、Ⅲ、Ⅳ，如图3-1所示。其中，里程碑决策点Ⅳ用于在必要时进行重大改进决策。1996年3月，美国国防部再次修订国防采办程序，取消了在生产部署后进行重大改进的里程碑决策点Ⅳ，从而使里程碑决策点减为四个（里程碑决策点0、Ⅰ、Ⅱ、Ⅲ），采办过程也简化为方案探索，确定计划与降低风险，工程与制造开发，生产、部署、使用与保障四个阶段，如图3-2所示。

图3-1 美国1993年版国防采办程序

图3-2 美国1996年版国防采办程序

3. 灵活快捷运行阶段（2001—2007年）

2001年1月，美国国防部颁布新的武器装备采办指令，将采办程序调整为方案与技术开发、系统开发与演示验证、生产与部署、使用与保障四个阶段，里程碑决策点进一步减为里程碑决策点A、B、C，将采办全过程分为系统采办前期、系统采办、持续保障三类活动，如图3-3所示。新的采办程序有两个重大变化：① 新的采办项目允许从里程碑决策点A、B、C（或者在各阶段中间）进入采办程序。为鼓励采取成熟的民用技术和现货产品，新采办程序规定，成熟的技术或产品可以直接从里程碑决策点B或者里程碑决策点C进入采办程序，以期缩短采办周期，适应高新技术快速发展的节奏。② 允许采用渐进式采办或者一步到位的采办方式。2003年，为加强项目风险控制，尽量在采办项目早期就把各种潜在的风险问题解决，美国国防部调整国防采办程序阶段为方案精选（方案论证）、技术开发、系统开发与演示验证、生产与部署、使用与保障等五个阶段，以进一步加强方案论证阶段的工作,并分别在第二、第三、第四阶段前设三个里程碑决策点 A、B、C,如图 3-4 所示。与 2001 年版国防采办程序相比,2003 年版国防采办程序大幅删除了规范采办项目管理的具体内容,同时修订了国防采办政策和原则,更加强调灵活性、快捷性、创新性、纪律性和管理高效性。

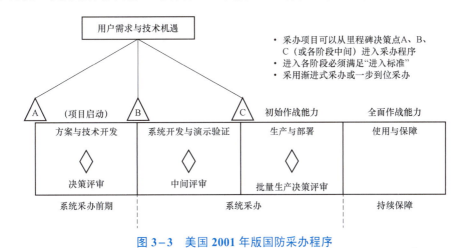

图 3-3 美国 2001 年版国防采办程序

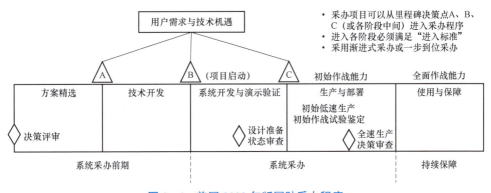

图 3-4 美国 2003 年版国防采办程序

4. 强化过程管制阶段(2008—2012 年)

2003 年版国防采办程序以"放权"和增强采办灵活性为主线,简化了采办程序,扩大了采办人员和承包商自主权。从其实施效果来看,2003 年版国防采办程序能较好地调动各级采办人员和承包商的积极性,但由于削弱了对采办过程的管控力度,加之采办需求变化频繁、技术管理和项目管理不够完善等,导致装备采办项目"拖降涨"的情况日益加剧。美国政府问责办公室在 2008 年 5 月中的报告称，美国 2007 财年重大装备采办项目总体成本超概算 26%，其中研发成本超支 40%，72 个重大采办项目成本超支多达 2 950 亿美元，研制进度平均推迟 21 个月。究其原因，很大程度上是由于国防采办程序已不能适应当时的国防采办管理需要，必须针对形势和任务的要求，对国防采办程序及其运行过程进行调整。鉴于此，2008 年，美国国防部以"收权"和强化采办过程管控为主线，发布了 2008 年版 DoDI 5000.02，明确了新的国防采办程序（图 3-5）。2008 年版采办程序包括装备方案分析、技术开发、工程与制造开发、生产与部署、使用与保障五个阶段，在技术开发、工程与制造开发、生产与部署阶段前分别设里程碑决策点 A、B、C。此外，2008 年版国防采办程序还在里程碑决策点 A 之前增设装备开发决策点，在里程碑决策点 B 和 C 之间增设关键设计后审查，在生产与部署阶段中间增设全速生产决策审查点。

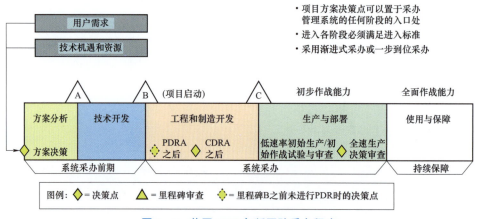

图 3-5 美国 2008 年版国防采办程序

在采办程序的具体细节上主要作了如下调整：

（1）调整了国防采办程序阶段内涵。将装备需求生成中的"解决方案分析"纳入"方案精选"阶段，将其拓展为"装备方案分析"阶段，从而使采办工作与需求生成工作联系更为紧密；将原来的里程碑决策点 B 之后进行的样机研制工作前移到"技术开发阶段"，从而加大了此阶段的经费投入；原"系统开发与演示验证"阶段中的样机演示验证工作提前后，该阶段改为"工程与制造开发"阶段，其中心任务也转为了完善样机设计方案，改进制造工艺，为进入小批量生产做好准备。

（2）优化了装备需求与方案论证机制。明确赋予装备部门论证装备建设方案的职权，而作战部门审核论证的结果，确保装备方案满足作战能力需求，从而既加强了装备部门对需求论证过程的参与度，又提高了作战部门与装备部门的工作协调性，提高了装备需求生成的科学性和有效性。

（3）加强了技术成熟度管理。样机演示验证工作的前移，使技术开发阶段的投入力度加大，提高了采办项目的技术成熟度和技术牵引的有效性。过去装备采办项目一般在研制阶段制造样机，以便验证技术的成熟度。这样做的问题在于发现重大技术问题的时间晚，解决起来难度大，容易导致性能达不到要求，进度拖延和费用超支。

（4）改进了项目评审方式。2008年版国防采办程序拓宽了里程碑决策评审范围，增设里程碑节点以外的评审，加强对装备全寿命过程的管控力度。按照规定，美军装备采办项目全寿命过程要通过国防部或军种的多次审批，对具体项目要进行阶段性审查把关，以扭转2003年国防采办"放权"以来，审批方对项目实际情况了解不清、监管不足，导致"拖降涨"状况加剧的问题。

5. 多样化管理阶段（2013—2019年）

随着信息技术的飞速发展和多样化应急作战任务的日益增多，软件密集型项目和应急作战项目在装备采办中占比越来越高。主要针对硬件的传统国防采办程序，难以满足信息技术和应急作战项目采办持续改进、灵活快捷的采办需要。此外，国防预算也在不断减少，为提高采办效益，美国国会于2009年颁布《2009年武器系统采办改革法》，美国国防部也先后于2010年、2012年、2014年发布"更优购买力"倡议。为与相关法规协调，使国防采办程序适应新的采办环境，2013年11月25日，美国国防部常务副部长签署命令，发布过渡版DoDI 5000.02，其正式版文件于2015年1月7日发布。2015年版国防采办文件有以下特点：① 在采办程序数量上，将原来一种国防采办程序改为六种采办程序；② 在经费管控上，突出强调了装备经济可承受性分析，加强装备采办全寿命成本控制；③ 在采办策略上，强调竞争、风险管控和知识产权保护策略，进一步加大竞争力度；

④ 在试验鉴定上，进一步强化和细化研制试验鉴定和作战试验鉴定管理；⑤ 在信息技术管理上，强化网电安全策略，整合国防部数据中心资源，强调数据保护和安全保密要求，最大限度地降低信息和技术风险。

为体现不同类型装备采办的特殊性，新版采办文件设置六种国防采办程序。

硬件密集型项目采办程序，也称通用型国防采办程序，主要运用于航空母舰、飞机等武器系统和平台，主要由装备方案分析、技术成熟与风险降低、工程与制造开发、生产与部署、使用与保障五个阶段构成，其间含三个里程碑决策点（A、B、C）和四个决策点，如图3-6所示。

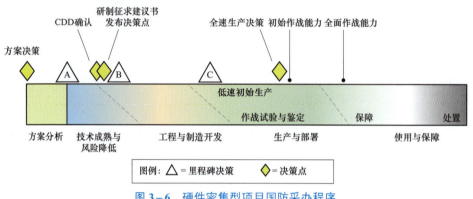

图 3-6　硬件密集型项目国防采办程序

国防专用软件密集型项目采办程序适用于军事专用指挥控制系统、战术飞机作战系统升级等软件为主的项目，主要由装备方案分析、技术成熟与风险降低、工程与制造开发、生产与部署、使用与保障五个阶段构成，其间含三个里程碑决策点（A、B、C）和四个决策点，如图3-7所示。与通用型国防采办程序相比，国防专用软件密集型项目采办程序在工程与制造开发阶段，开发不断升级的多个软件版本；在生产与部署阶段，主要开展有限部署工作，减少生产环节；在生产与部署阶段中间，设立全面部署决策点，而不是全速生产决策点。

渐进式部署软件密集型项目采办程序适用于软件现货产品项目，该程序按照渐进式采办策略，由多个递增升级的小程序组成：第一个小程序由装备方案分析、风险降低、开发与部署、使用与保障四个阶段构成，其间设两个里程碑决策点（A、B）和五个决策点，如图3-8所示。

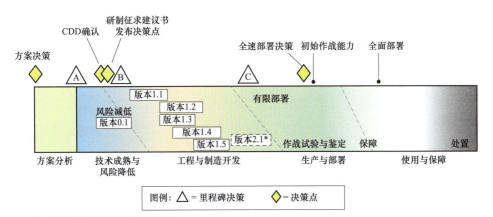

*实际版本编号和类型由系统类型决定。

图 3-7 国防专用软件密集型项目采办程序

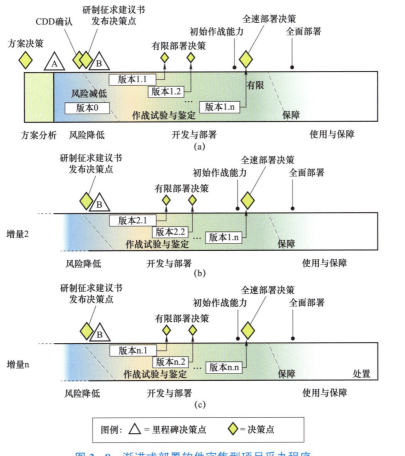

图 3-8 渐进式部署软件密集型项目采办程序

偏硬件的混合型项目采办程序适用于采办装备硬件为主、并行开发软件的项目，主要由装备方案分析、技术成熟与风险降低、工程与制造开发、生产与部署、使用与保障五个阶段构成，其间设三个里程碑决策点（A、B、C）和四个决策点，如图 3-9 所示。国防采办程序在运行过程中，在技术成熟与风险降低阶段研发软件的 1.0 版本，在工程与制造开发阶段软件不断升级为多个更新的版本，在里程碑决策点 B 和 C 决策时，同步对软件功能能力开发成熟度进行审查。

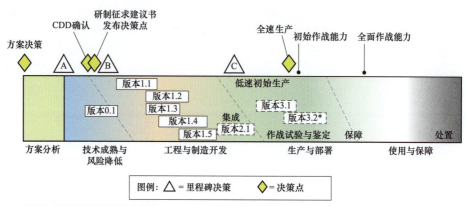

图 3-9　偏硬件混合型项目采办程序

偏软件的混合型项目采办程序适用于软件开发为主、需要与硬件集成的项目，按照渐进式采办策略，该程序由两个递增升级的小程序组成。第一个小程序由装备方案分析、技术成熟与风险降低、工程与制造开发、生产与部署、使用与保障五个阶段构成，其间设三个里程碑决策点 A、B、C 和四个决策点；第二个小程序自技术成熟与风险降低开始，在技术增量目标牵引下推进后续阶段程序，如图 3-10 所示。该采办程序要求高度关注软件与硬件集成所带来的风险。

快速采办程序适用于战时急需采办项目、对抗潜在对手技术突袭的高技术采办项目，主要由装备方案分析，并行技术成熟、风险降低与开发，并行生产与部署，使用与保障四个阶段构成，其间设两个里程碑决策点 A/B、C，还在里程碑决策点 A/B 之前设有装备开发决策点，如图 3-11 所示。快速采办程序在运行过程中，针对四种快速需求，采用五种快速采办方式，可大幅缩短采办周期。

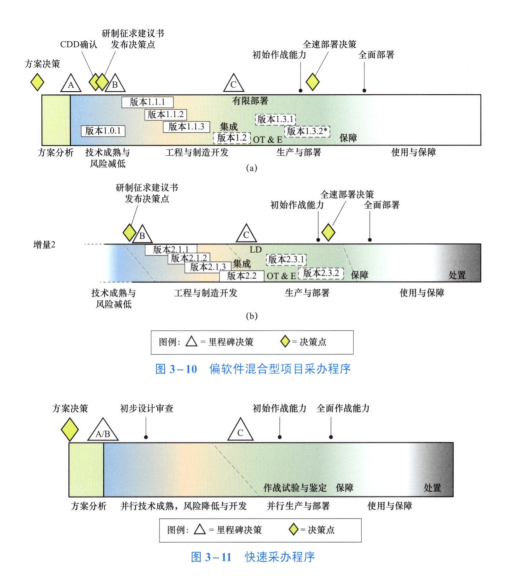

图 3-10 偏软件混合型项目采办程序

图 3-11 快速采办程序

2015 年以来，美国国会通过各委员会、政府问责局、国会研究服务处等，以调查研究、专题研讨、听证会等多种方式，对国防采办管理体系进行了系统评估，认为采办体系仍存在机构臃肿、程序复杂、效率低下等问题，无法满足国防科技创新发展和一体化联合作战的需要。此外，各军种认为，军种参谋长/作战部长作为军种作战和需求的主要负责人，被排除在国防采办指挥线之外，存在着权责不清问题。在此背景下，美国国会、美国国防部、军种、智库和专家等方面分头研究论证，分别提出采办改革思路和措施。最终，国会在综合各方意见的基础上，于 2016 年、2017 年和 2018 财年国防授权法中，制定了国防采办改革相关条款；美国国防部也在 2017 年分三次对 2015 年版 DoDI 5000.02 进行修订，上述修订对六种采办程序的主体流程未做调整，主要是对采办组织管理体系调整后的责权进行重新确定，并调整优化部分节点审批权限，以期提高采办效益。

6. 适应性管理阶段（2020 年以后）

从 2019 年末到 2020 年初，美国国防部在总结近两年各项采办改革实践经验教训的基础上，对 5000 系列采办政策再次进行了大幅调整，按照精简、灵活、快捷、安全的改革思路，构建了"1+M+N"的 5000 系列采办政策体系。这是美军采办程序和业务领域政策的重大变革。其中，1 是指 1 个核心政策，当前为 2020 年发布的新版文件 DoDI 5000.02《适应性采办框架的运行》；M 是指具体采办程序的规范性文件；N 为针对采办要素与管理活动的多项采办业务领域指示。美国国防部采取总分结合方式，以 2020 年版 DoDI 5000.02 为核心，以系列配套指示、临时文件为支撑，构成 5000 系列采办文件族，更具体地明确了国防采办路径和业务管理要求，从而为国防采办提供更专业化的分类指导。

2020 年版 DoDI 5000.02 明确了国防采办宏观政策、采办过程中各部门的职责以及项目管理权限，并在整合原有六种采办程序和近年改革经验基础上，明确推行"适应性采办框架"，针对不同采办对象，由采办决策人员或者管理人员根据军事需求、技术成熟度、采办对象等灵活在六种采办路径中进行选择，如图 3-12 所示。

应急能力采办，是为满足战场紧急需求或其他非战争突发需求，针对在 2 年内可形成初始作战能力、直接交付部队使用的应急采办项目，主要是沿袭 2015 年版 DoDI 5000.02 的快速采办程序。紧急的作战需求以及其他快速反应能力由指定机构确认和审批，这类需求审批一般只需几天到十几天的时间。采用应急能力采办时，单一装备的研发费用以及试验与鉴定费用不得超过 5.25 亿美元，或以 2020 财年定值美元计，采购费用不超过 30.65 亿美元。根据作战紧急状况，可大幅精简采办、产品保障、评审、文件等流程。在应急能力采办项目管理中，项目主任直接向顶层一体化小组领导的联合快速采办办公室报告工作，不需再经过常

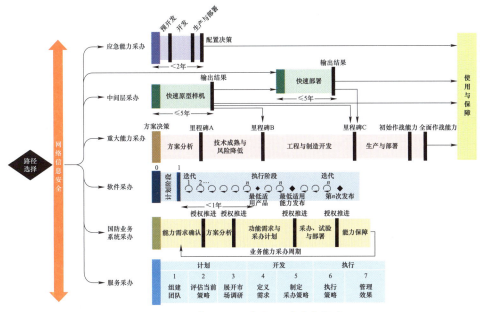

图 3-12 美国 2020 年版国防采办程序

规项目管理专业指挥线中的部门采办执行官和计划执行官，使得项目管理层级和决策链条大幅缩短。应急能力采办项目在运行程序上突出多阶段并行特点，目标就是在几周内完成项目计划，在数月之内完成开发和生产，及时向作战人员交付有用的能力。

中间层采办最初是 2016 财年《国防授权法》第 804 节授权美国国防部实行的一种临时性采办方式，主要针对可以在 5 年内形成初步作战能力或完成部署的项目，可以不必遵守美国国防部 2015 年版 DoDI 5000.01《国防采办系统》和联合能力集成与开发系统（JCIDS）的制约，通过快速原型样机和快速部署两种途径来实现快速采办。由于前期出色的实践效果，中间层采办由美国国防部在 2020 版国防采办文件中明确为正式采办路径之一。快速原型样机是指开发出能够在作战环境中进行演示的原型机，并在 5 年内提供作战能力。快速部署的目标是在中间层采办计划启动的 6 个月内开始生产，在 5 年内完成部署。中间层采办的目标是将先进技术快速转化为作战能力，提升对竞争国家的战略威慑，技术的快速转化是其着重考虑的因素。在需求确认上，中间层采办通常由美国国防部业务局与军种部根据战略要求和前沿技术发展状况提出需求，与作战部门对接之后，由美国国防部业务局与军种部采办执行官批准即可，不走传统的联合能力集成与开发系统审批程序。在项目管理上，对于经费超过重大国防采办项目限额的项目，如果要使用中间层采办程序，经美国国防部采办与后勤部副部长书面批准后由美国国防部业务局与军种部实施，其余项目均由部门采办执行官确认后直接实施；中间层采办项目不再设立计划执行官，重要事项由项目主任直接向部门采办执行官汇报后做出决策，重大事项由部门采办执行官同决策咨询委员会商议后做出决策。因无须上报国防部审批，决策链条大为缩短，中间层采办项目的各种解决方案能够快速推进。在采办程序上，中间层采办程序不设里程碑决策点，从而可进一步加快采办进程。

重大能力采办，即传统硬件密集型装备采办，沿袭了 2015 年版硬件密集型采办程序，遵循结构化的分析、设计、开发、集成、测试、评估、生产和保障程序，适用于重大国防采办项目、大型系统和其他复杂项目的采办，是美军国防采办的主干程序和获取主要作战能力的基本途径。重大能力采办沿用原有"五大阶段+三个里程碑节点"的采办流程，通过局部调整采办项目管理权限范围和重点，在重大能力采办上构建起了国防部更加侧重顶层统筹协调、军种作为项目实施主体更多履行采办项目决策的采办管理制度，细化完善了全寿命综合保障工作，推动了模块化开放系统结构、独立技术风险评估等各种采办策略方法的落地应用。

软件采办是针对迭代发展的敏捷采办，是为了促进向用户快速且迭代地提供软件能力的采办。该采办路径集成了现代软件开发实践，包括敏捷软件开发、"开发、安全和运行"理念和精益实践等。包括作战用户、开发和作战测试人员、软件开发人员以及网络安全专家在内的小型跨职能团队，利用企业服务快速、迭代地交付软件，以满足最高优先级的用户需求。这些以任务为中心的政府与工业部门合作团队利用自动化工具迭代完成对软件的开发、构建、集成、测试、生产、认证以及在作战环境中的部署。

国防业务系统采办，突出为国防部业务运行提供能力保障，支持国防部业务操作的信息系统的采办。其中包括：财务和财务数据报送系统、合同签订系统、保障系统、计划和预算系统、设备管理系统、人力资源管理系统、培训和准备系统。同时，也可用于业务系统以外的非开发性软件密集型项目采办。该路径可评估商业环境并确定现有的商业或政府解决方案是否满足国防部的需求。美国国防部审查其业务流程并对其进行修订,使其与商业或政府信息技术最佳实践更加保持一致。美国国防部使用已在商业市场中成功验证的现成商业软件来降低风险并使收益最大化。

国防服务采办主要是指从私营部门获取的服务,包括基于知识的服务、建筑、电子和通信、设备、设施、产品保障、后勤、医疗、研究与开发以及运输服务。该路径主要工作包括确定所需服务、研究潜在的承包商、签订服务合同以及管理绩效。该路径的七个步骤可分为计划、开发和实施三个阶段。

2020年版采办程序相对于2015年版采办程序最大的差异是新增了中间层采办,调整了软件采办程序,并对服务采办作出更加明确的规范。总体而言,纵观美国国防采办程序的发展轨迹可以发现,美国国防采办程序自形成后,就受到来自多方面的持续评估和监督,政府、国会、军队、智库、承包商和新兴技术力量等各方为提高国防采办效益而密切合作,为国防采办程序的改进完善提供建议。美国国防部则在综合评估权衡的基础上,根据采办形势的变化而不断调整修订采办程序。特别是随着信息化、智能化时代的到来,美国国防采办程序修订的频率也越来越高,对高新技术发展、市场环境变化等均响应迅速,特别是在2017年仅一年之中就修订了三次,随后又在2020年初对采办程序进行了更大幅度的调整,以使国防采办程序能更好地适应武器装备发展趋势,及时引入高新技术,满足新形势下军队的多样需求。

(二)我国装备科研程序发展沿革

我军一直以来将装备科研中的研制阶段作为获取性能先进、质量可靠武器装备的关键环节。自20世纪70年代开始,国家有关部门根据装备研制的规律,分别对常规武器装备等三类装备制定了研制程序,把研制过程分为若干阶段,并对各阶段的目标、工作内容、军队(使用部门)和研制单位及各有关部门的任务做了规定。我国装备研制程序总体上反映了系统工程过程的要求,也是我国长期武器装备研制实践经验的总结。长期建设实践表明,按照科学、合理的研制程序进行装备研制是保证研制质量、确保研制进度、提高研制费用使用效益的重要条件。总体上,我国装备研制程序发展主要经历了以下三个时期。

1. 初步建立

20世纪80年代，在系统总结新中国成立后我国武器装备研制经验教训，充分借鉴美、苏相关经验，并考虑我国武器装备管理体制和国防科技工业当时实际情况的基础上，为规范武器装备研制过程，军地"四部委"联合颁发了分别针对"三类武器装备"的"三套研制程序"。以常规武器装备研制程序为例，其研制过程被划分为论证阶段、方案阶段、工程研制阶段、设计定型阶段、生产定型阶段五个阶段。其中：① 论证阶段主要是由装备使用部门组织有关部门开展战术技术指标论证，形成战术技术指标和相应论证报告，经上报审批后再下达使用部门和研制主管部门。② 方案阶段主要是由按规定要求选定的研制单位会同装备使用部门及有关单位，根据批准的战术技术指标进行研制方案论证，同时进行原理性样机研制和试验，形成研制任务书和研制方案论证报告，经装备使用部门和研制主管部门审批下达后，成为后续各项工作的依据。③ 工程研制阶段主要是由研制单位根据研制任务书和有关合同进行装备的设计、试制以及必要的科研试验，经鉴定性试验后，在征得装备使用部门同意后提出设计定型申请。④ 根据装备定型相关要求对武器装备开展设计定型和生产定型。当时，我国装备采购实行国家指令性计划下的合同制，在国家行政指令任务安排下，装备使用部门和研制单位在形式上初步建立了合同甲乙方关系。

2. 调整修订

1995年，在系统总结"三套研制程序"多年的使用经验后，军地"四部委"对原有"三套研制程序"进行了联合修订和下发。修订后的装备研制程序并未改变原程序主要阶段的划分，但对各阶段的具体工作有所调整。同样以常规武器装备研制程序为例，在论证阶段，装备使用部门初步论证确定战术技术指标后就可邀请持有相应研制许可的研制单位进行多方案论证及研制经费、保障条件、研制周期等方面的预测，而后装备使用部门会同研制主管部门综合权衡后选出或优化组合出最佳方案，并选定研制单位。装备使用部门将选定的方案与前期论证提出的战术技术指标一同形成武器系统研制总要求和论证报告，上报审批后再下达装备使用部门和研制主管部门。至此，论证阶段原来的战术技术指标和相应论证报告被更为全面的武器系统研制总要求和论证工作报告所取代，使待批的立项论证文件中不仅包含对装备战术技术指标要求的论证，同时还包括分析装备技术实现可行性的初步技术方案的论证。伴随初步技术方案确定的还有研制单位选定时机的提前。方案阶段工作与以前差别不大，主要是研制单位根据批准的武器系统研制总要求进行研制方案论证、验证，形成研制任务书和研制方案论证报告，并报装备使用部门和研制主管部门审批下达。工程研制阶段的主要变化是，明确除大型武器装备平台外，样机研制一般都要进行初样和正样两轮研制，而且都需要研制主管部门会同装备使用部门组织鉴定评审，具备条件后提出设计定型申请。设计定型阶段与以前的主要区别在于明确了经认定达到设计定型试验要求的科研试验项目在设计定型试验中可不再进行。生产定型阶段的主要变化是明确生产批量很小的产品可不进行生产定型，由研制主管部门会同使用部门组织生产鉴定即可。

3. 逐步形成

1998年，我军装备管理体制启动重大调整，成立总装备部统筹管理国防科研、装备购置和装备维修工作。此后，武器装备研制程序围绕新的装备管理体制进行了适应调整，上述调整对研制程序的阶段划分未作改变，主要是对阶段内的工作内容进行了局部调整。在论证阶段，形成的阶段文件由原来的武器系统研制总要求和论证报告调整为装备研制立项综合论证报告以及由此而形成的装备研制立项申请。论证工作的组织模式相较之前变化不大，但是明确立项批复后方能通过招标等形式择优选择研制单位并签订研制合同。方案阶段的主要变化是原研制任务书和研制方案论证报告更新为装备研制总要求和装备研制总要求综合论证报告，并由总装备部审批，总装备部对装备研制总要求综合论证报告组织评估。同时，允许在研制过程中对研制总要求内容按权限进行调整，对于特定项目甚至允许将研制立项与研制总要求工作合并开展。工程研制阶段的主要变化是更加强调军方对研制单位研制过程的各项审查工作，并进一步明确研制过程中开展各类试验工作的要求。在设计定型阶段，强调必须进行设计定型试验，为突出考核装备的作战使用性能和部队适用性，明确设计定型试验包括试验基地试验和部队试验。特别是为适应我国社会主义市场经济建设需要，武器装备研制明确实行合同制。至此，以1995年颁布施行的"三套研制程序"为基础，以总装备部成立后对装备研制程序的微调为补充的我军装备研制程序架构正式确立。2016年国防与军队改革后,为深化我军装备试验领域改革,研制程序中的"设计定型"和"生产定型"分别调整为"状态鉴定"和"列装定型",从而形成了当前我国武器装备研制程序的基本结构,如图3-13所示。

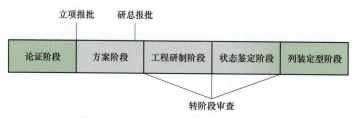

图3-13 我国装备研制程序基本结构

二、我国装备科研程序的发展趋势

我国装备研制程序自20世纪80年代初步确立后,前后长达30多年未作较大调整,一直沿用至今,在我军装备建设历史进程中发挥了重要作用。但反观我国武器装备研制程序颁布之初与当前我国在装备能力需求、装备管理理论、装备管理体制、国防科技工业基础以及装备采购市场形势等诸多方面已具有很大变化,武器装备研制程序面对新时代装备发展的新特点、新要求时已渐显不相适应,亟需对其进行改革创新。

(一)目前装备科研程序发展的时代要求

1. 贯彻我军装备发展战略

为支撑新时代我国国家安全战略,要求我军高度重视高新技术武器装备发展,强调适应科技革命发展趋势,积极吸纳先进科学技术为装备建设服务,要求推进以效能为核心的军事管理革命,提高装备管理科学化、专业化水平。为适应上述要求,装备发展就必须要突出分类指导、多模式创新,对重大核心装备的科研管理,更要以效率效能为核心,开通加快推进装备建设发展的快车道。

2. 适应新时代装备管理体制机制

目前,按照军委管总、战区主战、军种主建的总原则[39],我军装备管理体制发生了重大变化。装备科研程序必须适应新的装备管理体制机制,综合运用多种手段进行自我调整，固化改革成效，健全和完善装备科研运行机制，明晰在新的体制机制下的权责配置，充分发挥新型装备管理体制的优势，更好地释放装备科研活力。

3. 解决装备科研领域出现的现实问题

现代科技迅猛发展，高新技术快速迭代，国际军事斗争形势愈加复杂，给武器装备的战术技术指标提出了更加多样的苛刻要求。现已运行数十年的装备研制程序，已难以适应装备机械化信息化智能化复合发展的特点规律，成为制约我军装备建设整体质量效益和发展速度的重要因素之一，突出表现在以下几个方面。

（1）动态更新缓慢。自 20 世纪后期我国武器装备研制程序基本确立以来，即使装备建设的内外环境变化巨大，但研制程序的总体结构和使用要求基本没变，研制程序至今未在同等或更高法规层面明确予以更新，已然不能及时应对和解决武器装备研制中出现的新情况、新问题。

（2）类型模式单一。我国现有武器装备研制程序产生于机械化战争时代，主要面向硬件密集型的机械化装备研制，采取以平台为中心固化设计、固化流程、固化考核的模式，总体上采取立项论证严密、定型即定终身的模式，导致研制过程中经常出现立项论证慢、启动实施晚、迭代改进难的情况，既难以满足信息化战争对指挥信息系统、网络攻防等以软件为中心、研用结合紧密、技术快速迭代的信息化智能化装备研制需要，也难以满足大型复杂武器系统能力渐进提升的研制要求。此外，将武器装备研制程序以原来的三类进行区分也已不能完全涵盖和体现当前主要装备类型及其研制特点。

（3）流程机械僵化。我国武器装备研制程序要求装备研制过程必须严格按研制程序逐阶段开展，没有满足转阶段要求的不得转入下一阶段。在机械化战争时代，高新技术更新较慢，上述要求可以确保在有效降低研制风险的同时，又不至于相关技术形成装备后过于落后。但是，进入信息化战争时代，高新技术不断涌现，那些创新性强、能够用于形成战略优势装备的高新技术，完整走完研制程序全流程后，有可能已不再先进，造成装备研制"起个大早、赶个晚集"，难免出现装备建设被动的局面。特别是那些在预研阶段已有验证样机的技术，进入研制阶段仍需从原理样机到试验定型所有程序"重走一遍"，过程复杂，能力形成周期长，难以满足高新技术尽快形成战略能力的需要。

（4）全寿命统筹不足。长期以来，我国武器装备研制程序只涉及研制阶段的各项工作安排，对研制阶段前的预研和装备交付部队后的工作关注很少，与相关阶段衔接反馈的统筹安排不足。但装备研制是以军事需求和技术储备为基础，其最终产品需要交付部队用于军事行动实践，脱离了上述逻辑的装备研制将严重影响研制出的武器装备对作战行动支撑作用的发挥。

4. 全面落实科技强军战略

随着科技强军战略的深入推进，越来越多的地方单位参与到装备科研中。这些单位多数具有技术先进、更新速度快、响应市场需求高效等特点，对装备科研程序提出了多元化的新需求。因此，为更好适应新时代装备发展的特点规律，促进提高装备建设质量效益，需要因时而变、改革创新，对现行装备科研程序进行调整重塑。

（二）装备科研程序创新调整的基本思路

1. 固化改革成果

积极落实军委管总、军种主建、战区主战的战略要求，明确军队装备部门和各级的权限职责；贯彻现阶段立项审批、科研管理、试验鉴定等方面的改革要求，采纳装备体系贡献率试点和现代化管理体系研究最新成果；着眼提高装备科研效率，针对当前工作程序上存在的"淤点""堵点"和"痛点""痒点"，既明确应当执行落实的刚性要求，也提出可供选择使用的快捷举措及相应的时机条件，提高科研程序的"弹性"和"适应性"。

2. 充分继承成功经验

应当充分继承我国既往装备科研程序执行以来的成功经验，同时充分吸纳近年来部分新型装备科研采用的"能力渐进式提升""预研研制一体推进"等先进方法经验，结合新时代装备科研跨越转型时期的特点规律，统筹"破"与"立"，最大程度融合集成经过历史和实践检验且行之有效的程序做法。

3. 坚持高效统筹协调

纵向上，突出科研程序在装备领域法规体系框架中"重在规范工作流程和内容要求"的定位，立足装备科研工作全局，统筹考虑先期技术研发、工程研制、作战试验及列装定型等阶段要求，强化装备科研程序的完整性。横向上，综合考虑装备科研与装备订购、使用管理等工作的衔接配套，与相关法规做好协调对接。

4. 着眼提高研制效益

贯彻装备建设发展基型派生理念，推进武器平台通用化、系列化、标准化和任务载荷的综合化、模块化、组合化；以最少型号、最精设计、最小系统、最短链路实现系统功能性能，在需求、技术、质量、进度、成本之间寻求最佳平衡；大力推行成果共享、产品复用、结论互信，尽最大可能压缩间隔、压减周期，倡导前后阶段搭接开展、两段工作并行安排，高效统筹先期技术研发与型号研制、工程研制与试验鉴定、试验鉴定与部队使用，实现装备科研从需求生成到形成能力的最优最简最短路径。

此外，为适应武器装备发展由机械化向信息化、智能化发展的特点，贯彻系统工程理念和装备全寿命管理思想，着眼适应技术更新快、军事需求不确定性增加等情况，在继承与借鉴的基础上，还应重点考虑以下问题：

（1）贯彻装备全寿命思想。应贯通装备预研、型号研制、试验鉴定，向前延伸至预研背景、演示验证，向后拓展到作战试验、在役考核，基本覆盖装备建设全寿命管理流程。

（2）贯彻装备大科研理念。应着眼建立完善预研与研制衔接机制，在现行研制程序中补充预研关键技术攻关和技术集成验证的内容，并在使用模式和流程机制上进行优化设计，使科研程序既可以按顺序依次完成预研、研制，也可以根据军事需求和技术成熟度情况，在科研立项后按照统一的任务目标同步安排工程研制和预研攻关，根据技术攻关情况及时纳入工程研制，为打通预研成果快速支撑装备研制的渠道、缩短科研周期、加快推动工程研制与技术攻关融合发展提供制度保障。

（3）贯彻精简高效理念。应按照新的领导体制，坚持"少批多放""事中事后监管"的原则下放管理权限，项目过程管理和技术管理职责可以下放至项目管理机构。同时，在确保科研质量的前提下，鼓励符合条件的同类工作内容并行实施，减少审批、审查事项数量，降低层级，大大提高工作效率。

（4）整合优化工程研制阶段内容。目前，随着军工行业数字化设计手段的广泛运用、科研经验的逐步丰富，对技术难度不大的项目再搞两轮样机研制必要性不大，可考虑将初样机研制和正样（试样）机两个环节视情合并，由承制单位根据实际情况决定具体工作量。

第二节 装备项目采购与合同管理

在社会主义市场经济条件下，以合同形式建立起利益相关方相互关系，保证各方利益、协调冲突分歧，推动装备项目按照科学的规范和程序实施，是装备项目管理的主要做法。装备项目采购与合同管理是一项复杂的系统工程，对其进行深入探讨具有重要意义。

一、装备项目采购与合同管理概况

装备项目合同是在装备采购市场中，以法律形式规范协调装备采购各方利益分配关系，从而保证装备采购交易行为顺利实施的经济合同。其主要构成要素包括：合同主体、合同客体、合同法律关系。合同主体是合同法律关系的参加者，享有合同权利、承担合同义务，对于装备项目合同即指军方和承制方。合同客体是指合同主体的权利、义务所共同指向的事物，对装备项目合同而言是指项目的标的。合同法律关系的内容指合同主体享有的权利和义务。

与一般商品合同相比，装备项目合同具有自身的显著特点：

（1）合同订立强调国防效益。装备合同与国防建设密切相关，它关系着国家国防安全,装备合同的订立更多的是追求国防效益。国防效益涵盖两方面的含义：一是装备合同的订立要考虑装备采购方的性价比因素；二是既要注重装备市场的培育，也要重视装备供给方的后续研发能力和经济利益。

（2）合同内容具有保密性。装备采购合同标的的特殊性对装备合同内容提出了严格的保密要求。特别是对新型武器装备的采购，其科研生产的保密要求就更高。因此，装备采购合同的知悉范围在装备项目实施全过程中都有明确的限制，装备合同签订后，要对装备合同进行严格管理。

（3）合同的不确定性大。大型武器装备研制周期可达十几年甚至数十年，合同的时间跨度长，在此期间国内外安全形势、技术发展和物价等因素会发生一些难以预测的变化。此外，通常高新技术总是最先应用于武器装备，但高新技术的开发应用本身具有很大的风险，因此，武器装备采购合同履行中的不确定性较强，合同履行风险也较大。

（4）合同甲方的特殊性。装备采购属国家行为，其经费开支性质属于公共国防消费，军方行为代表国家利益，在装备采购合同中军方占据主导地位。军方负有对合同履行过程进行全程监管的责任，通常采取建立项目管理机构、向承制单位派驻军代表等形式实施。此外，军方可根据军事需求的变化，通过修订武器装备建设规划、计划，对装备采购合同进行变更和终止。

装备项目合同管理是军方在装备项目确定后，为保证装备采购合同签订、顺利履行直至合同履行结束项目验收而采取的管理活动。合同管理是军方对装备采购项目实施管理的重要手段和载体，从某种意义上讲，军方是通过合同管理实现对项目的管理。

二、装备项目采购与合同管理主要内容

装备项目合同管理贯穿于装备项目合同订立、履行、变更、解除与终止以及项目验收的全过程。

（一）合同订立的管理

1. 装备合同订立的原则

装备合同订立活动一般始于装备采购计划的下达，直至装备合同的签订生效。装备合同订立应坚持公平公正、程序规范、质量优先、注重效益、诚实信用的原则。在装备合同订立中，应注意以下问题：① 注意合同订立的合法性。任何人不得通过签订合同进行非法活动，不得损害军队和社会公共利益，不得违反国家和军队相关法律要求。合法性原则包括合同的主体资格合法、合同的形式和内容合法、合同签订的程序合法、合同的履行过程合法等。② 合同订立的公平合理性。装备合同的公平合理原则除了体现一般意义上的社会公德要求外，还要体现维护国防整体建设的要求。公平即利益均衡，装备合同公平合理原则要求公

平、对等地配置双方的权利和义务，同时也要公平地处理合同履行中的问题，公平地确定合同责任。这样才能既有利于国防力量的增强，也有利于国防市场的培育，对未来国防力量的提升打下坚实的基础。③ 合同订立的可操作性。在装备合同文本中对质量要求、履行程序进行严格的约定，是保证装备合同目的实现的有效手段。装备合同条款的约定是否便于装备合同当事人在履行过程中实施控制，是装备合同操作性方面需要考虑的问题之一。过于复杂、僵硬的条款约定既绑住了对方的手脚，同时也绑住了自己的手脚。④ 合同订立的可控性。签订装备合同的目的是排除装备建设过程中的不确定性，忠实记录双方所达成的利益平衡。但如果双方对履行期限比较长或者履行程序十分复杂的装备合同内容约定得过于刚性将会给合同履行带来麻烦。如果装备合同缺乏相应的约定就可能导致装备合同处于不可控的状态。因此，在装备合同起草过程中，要针对具体装备的特殊性设计相应合同条款，使装备合同具有可控性。例如，将装备合同履行分项或分期，将部分装备合同条款设置解除权、指定履行人员或联系人措施等，可以提高装备合同的可控性。

2. 装备采购的方式

装备合同的订立与国防建设密切相关，因此，装备合同订立前的装备采购方式的选择主要根据装备采购的保密性、采购金额、可选承制单位数量、装备通用性等因素而确定。

（1）公开招标

公开招标是指以招标公告的方式邀请不特定的单位或者个人投标；装备采购招标主要适用于已经批准立项或者已列入装备建设计划安排的装备预先研究背景和演示验证、研制、试验、订购、维修保障等项目及相关装备工作服务项目。采购方式明确为竞争性采购，采购金额达到一定金额，同时具备下列条件的，应当进行招标：① 作战使用性能、技术指标、服务要求明确的；② 所需招标时间能够满足采购任务时限要求的；③ 所需招标费用占项目预算比例预计不超过一定比例；④ 潜在投标人不少于 3 个的。符合上述招标条件的项目，一般不得将项目拆分或者以其他任务方式规避招标。

(2) 邀请招标

邀请招标是指以投标邀请书的方式邀请特定的单位或者个人投标。通常符合下列情形的，可以采用邀请招标方式：① 技术复杂或者敏感，只有少量潜在投标人可供选择的；② 有较高等级保密资格标准要求的武器装备科研生产，并且只有少量潜在投标人可供选择的；③ 有特殊应用环境或者受自然环境限制，只有少量潜在投标人可供选择的；④ 潜在投标人在装备预先研究项目先期测试验证中技术优势明显的；⑤ 采用公开招标方式的费用占项目合同金额比例超过一定比例的；⑥ 需要保持装备技术状态稳定或者便于部队使用和维修保障的。

(3) 竞争性谈判

装备采购竞争性谈判是指军队装备采购单位以公告或者邀请函方式，邀请不少于两个符合条件的候选供应商进行谈判，依据谈判结果确定成交供应商的采购方式。因技术复杂或者性质特殊，不能确定详细规格或者具体要求的装备项目及相关服务项目，应当采用竞争性谈判采购。

(4) 询价

装备询价采购是指军队装备采购单位向有关承制单位发出询价单让其报价，在此基础上进行比较并选定承制单位。通常适用于已批准立项或者列入装备建设计划安排，装备采购金额较小，具备3家以上候选供应商的项目，一般具备军民通用性强，技术规格、标准统一，供应充足的，且价格变化幅度较小的特点。

(5) 单一来源

对于只能从唯一装备承制单位采购或紧急情况下不能从其他装备承制单位采购或为保证原有采购项目的一致性及服务配套要求必须从原装备承制单位采购的装备，可以采用单一来源方式选定承制单位。

对于实施竞争性采购的项目，由军方项目管理机构会同招标机构、审价机构等有关单位，拟制竞争性采购方案及采购文件，通过评审后报主管部门审批。而后，招标机构会同军方项目管理机构、审价机构等，根据批准的竞争性采购方案及采购文件，组织开展竞争性采购。对于实施单一来源采购的项目，由军方项目管理机构负责与装备承制单位进行合同谈判，审价机构按照有关规定进行价格测算、价格审核等工作。

3. 装备合同订立的程序

明确装备合同订立程序，有助于提高装备合同的签约效率。一般来讲，装备合同订立要经过发布装备采购信息、选择承制单位、谈判起草并审批合同文本草案、签订装备合同、装备合同备案等步骤。

（1）发布装备采购信息

目前，主要军事强国都建立了相对固定的装备采购信息发布机制。装备采购信息主要分为采购需求信息、采购公告信息、采购交互信息等。我军装备项目采购信息主要在全军武器装备采购信息网进行发布，公开类装备采购信息通过平台互联网端（或其他信息发布渠道）发布，涉密类装备采购信息通过该平台的涉密端发布。

（2）选择承制单位

选择装备承制单位是装备合同订立的关键环节，也是订立装备合同的基本前提。根据装备项目的特点，合理选择装备项目采购方式，按照不同装备采购方式规定的采购程序确定承制单位。

（3）谈判起草与审批合同文本

无论采取何种采购方式，都要涉及合同谈判的问题，以竞争性谈判、单一来源采购、询价采购进行采购的，合同谈判过程比较严格；以公开招标、邀请招标采购方式采购的，也要经过后续谈判明确指标文件尚未写清的问题。装备合同通常由军方项目管理机构会同承制方按照规定的格式和内容起草，经评审报批后签订。此时，军方还应同步做好对承制方合同履行的监督安排，主要是协调明确军事代表机构的监督任务。

（4）签订合同

经批准的装备合同文本，由军方授权机构（通常为项目管理机构）代表采购方与装备承制方签订。同时，军事代表机构的合同监督任务以监管协议的形式得以确认。

（5）合同备案

签订的合同按规定程序和要求报送备案。

（二）合同履行的管理

装备合同履行管理是装备合同管理的核心，主要是军方按照合同约定组织合同履行过程监督、项目节点评审、处理合同履行中发现的问题，并依据合同节点考核意见、装备承制方提交的付款申请和装备项目年度计划及预算等，按照规定程序办理付款有关事宜。

1. 合同履行过程监督

军方项目管理机构，通过与军事代表机构签订合同监管协议的方式，委托军事代表机构监督承制方严格履行合同中的产品质量、进度和经费等要求。同时，项目管理机构通过军事代表机构以及承制方定期提报的项目信息对装备合同履行情况进行及时跟踪掌握。

2. 项目节点评审

在装备项目实施过程中，军方项目管理机构根据合同等要求组织开展项目重要节点评审。比如在装备研制过程中，项目管理机构根据立项综合论证报告、装备研制总要求、研制合同等，组织开展装备研制总体方案、初步技术设计方案、原理样机研制或试验方案、方案转工程研制、工程研制转鉴定定型以及具有标志性的大型性能验证试验等的评审工作。当评审节点与合同约定的考核节点重合时，由军方项目管理机构会同军事代表机构统一组织并分别实施节点评审和合同节点考核。

3. 合同付款

在每个合同约定考核节点考核结束后，军事代表机构会将合同节点考核意见反馈军方项目管理机构。同时，装备承制方也会向军方项目管理机构提交节点付款申请，此时项目管理机构可根据军事代表机构的合同节点考核意见以及承制方的付款申请，结合装备项目年度计划及预算等，按规定程序办理付款手续。

（三）合同变更与解除管理

合同变更是指对已经签订生效的合同进行修改或者补充。合同变更的原因主要有需求发生变化或规划计划发生调整、科学技术的发展、因技术困难需调整战技指标、经费预算的增减等。装备合同订立后一般不得擅自解除。但由于各种突发变化引发装备合同的法定解除或协议解除的情况除外。装备合同解除的原因一般有装备采购计划被取消或修改、继续履行装备合同将严重损害国家和军队利益、因不可抗力致使装备合同目的完全不能实现、装备承制单位违约行为致使装备合同的目的不能实现、装备合同履行条件发生重大变化使主要条款无法履行等。

项目的变更或解除，有关装备部门首先应当组织项目管理机构、论证机构等相关单位进行论证评估，提出相应对策措施，并征求相关部门意见；然后再根据项目的类型按照规定的程序报批备案。项目的变更可以结合年度计划、研制总要求、建设方案等一并办理。项目的解除通常按照项目立项审批权限和程序办理。

（四）项目验收管理

装备项目执行完毕后，军方将组织开展项目验收，有财务验收要求的还要同步进行财务验收，同时还应对项目成果及技术资料等进行总结存档，按照规定格式形成验收报告。验收发现问题的，装备承制方应进行相应整改。

第三节 装备项目要素管理

装备项目要素管理主要包括装备项目合同履行过程中对项目技术状态、项目进度、项目质量、项目经费以及项目风险等要素进行的管理。

一、项目技术状态管理

技术状态管理是美国在20世纪50年代初期与前苏联间的军备竞赛中为发展宇航运载工具和武器装备而发展起来的一门工程管理和质量控制技术，之后又广泛应用于国防和民用工程项目中[21]。20世纪末，我国分别在民用和军用领域先后建立起了技术状态管理标准。实行技术状态管理的主要目的是全面反映产品当前的技术状态及其需要满足的物理和功能方面要求并形成文件，确保参与项目工作的所有人员在项目寿命周期内的任何时候都能够使用正确和准确的文件。

技术状态管理的主要内容包括技术状态标识、技术状态控制、技术状态纪实和技术状态审核。技术状态标识是指确定技术状态项及其所需技术状态文件，标识技术状态项及其技术状态文件，发放和保持技术状态文件，建立技术状态基线的活动。技术状态控制是指技术状态基线建立后，对提出的技术状态更改申请、偏离许可申请和让步申请所进行的论证、评定、协调、审批和实施活动。技术状态纪实是指在产品寿命周期内，为说明产品的技术状态所进行的记录和报告活动。技术状态审核是指为确定技术状态项与其技术状态文件的一致程度而进行的正式检查，包括功能技术状态审核和物理技术状态审核。技术状态管理的基本过程是：① 选定所有技术状态项，并明确其功能特性和物理特性；② 控制这些特性的更改，使其始终处于受控状态；③ 报告和记录更改处理过程及验证实施情况，保持技术状态的可追溯性；④ 对每一个技术状态项进行功能技术状态审核和物理技术状态审核，据此确定技术状态项与其技术状态文件的一致程度。

1. 技术状态标识管理

技术状态标识为技术状态控制、技术状态纪实和技术状态审核建立并保持了一个确定的文件依据。装备的技术状态是通过技术状态的逐步标识确定的。军方应监督承制单位进行技术状态标识，为技术状态控制、技术状态纪实和技术状态审核建立并保持系统的文件依据。

（1）选择技术状态项目。选择功能特性和物理特性能被单独管理的项目作为技术状态项目，一般选择装备系统、分系统级项目和跨承制单位、分承制单位研制的项目，或者在风险、安全、完成作战任务等方面具有关键性作用的项目，或者采用了新技术、新设计或全新研制的项目，或者与其他项目有重要接口的项目和共用分系统，或者使用和维修方面需着重考虑的项目等。经批准的技术状态项目应在合同中规定。

（2）建立技术状态基线。应要求承制单位在论证阶段，编制功能技术状态文件，形成功能基线，功能基线应与装备战术技术指标协调一致；在方案阶段，编制分配技术状态文件，形成分配基线，分配基线应与装备研制总要求的技术内容协调一致；在工程研制阶段，编制产品技术状态文件，形成产品基线，产品基线应与研制合同中的技术要求协调一致。在编制技术状态文件时，应确保其满足装备主要作战使用性能要求、装备研制总要求以及研制合同的要求。此外，承制单位应规定装备系统和技术状态项目的接口要求,在研制期间,按照合同规定将控制的接口要求纳入功能技术状态文件或分配技术状态文件,同时确保所设计的各种硬件和软件之间的兼容性。

2. 技术状态控制管理

技术状态控制是技术状态管理的核心,也是最重要的管理内容。技术状态控制一般应包括对所有技术状态项目及其技术状态文件更改的控制,制定有效控制技术状态文件更改、偏离许可和让步的程序与方法,确保已批准的更改得到实施。按对装备的影响程度不同,技术状态文件更改通常分为以下三类:Ⅰ类技术状态文件更改是影响装备战术技术性能、结构、强度、互换性、通用性、安全性等的更改;Ⅱ类技术状态文件更改是对不涉及装备性能、结构、强度、互换性、通用性、安全性等的更改和其他一般性修改、补充;Ⅲ类技术状态文件更改是勘误译印、修正描图等不影响装备质量的更改和补充。其中,Ⅲ类技术状态更改申请和状态鉴定前的Ⅱ类技术状态更改申请,应当要求装备承制单位审批,并报项目管理机构备案,军事代表机构负责监督并提出意见;Ⅰ类技术状态更改申请和状态鉴定后的Ⅱ类技术状态更改申请,应当要求装备承制单位报项目管理机构处理,军事代表机构负责监督。技术状态文件更改应坚持以下基本原则:① 纠正缺陷;② 满足装备使用需要,主要是指增加或修改接口和共用性要求等需求;③ 提高装备质量,降低装备成本;④ 确保图样与资料的完整、正确和统一;⑤ 偏离许可、让步不得进行技术状态文件更改。此外,状态鉴定前的偏离许可、让步申请,应当要求装备承制单位按照有关规定和国军标要求处理,军事代表机构负责监督。状态鉴定后的偏离许可、让步申请,军事代表机构监督装备承制单位提出处理意见建议,项目管理机构会同有关单位审核后,报有关装备部门处理,军事代表机构负责监督实施。

3. 技术状态纪实管理

应监督承制单位进行技术状态纪实,以准确记录每一技术状态项的技术状态,保证可追溯性。技术状态纪实一般应包括:① 标识各技术状态项目的已批准的现行技术状态文件,给出各有关技术状态项目的标识号;② 记录并报告技术状态文件更改建议提出及其审批情况;③ 记录并报告技术状态审核的结果,包括不符合的状况和最终处理情况；④ 记录并报告技术状态项目的所有偏离许可和让步的状况；⑤ 记录并报告已批准更改的实施状况；⑥ 提供每一技术状态项目的所有更改对初始确定的基线的可追溯性。应检查承制单位技术状态状况记录是否准确、及时，记录内容是否符合要求，审查承制单位下述不同类型的报告：技术状态项目及其技术状态基线文件清单、当前的技术状态状况、技术状态文件更改、偏离许可和让步状况报告、技术状态文件更改实施和检查或验证的报告。

4. 技术状态审核管理

按合同或有关要求，对每个技术状态项目进行功能技术状态审核和物理技术状态审核。还应根据合同要求对整个装备系统进行功能技术状态审核和物理技术状态审核。功能技术状态审核应在状态鉴定前根据拟正式提交状态鉴定的样机或装备的试验情况进行。物理技术状态审核应在完成功能技术状态审核之后，或与功能技术状态审核同时，根据正式生产工艺制造的首批（个）生产件的试验与检验情况进行。

二、项目进度管理

任何项目成功的核心条件是科学合理的项目计划和严密的项目进度管理。项目进度管理是指在项目的实施过程中，为了确保能够在计划的时间内实现项目目标，对项目活动的进度及日常安排所开展的一系列管理过程，包括项目的活动定义、活动排序、活动持续时间估计、进度计划编制和进度计划控制。项目进度管理首先在规定的时间期限内，编制出合理、经济的项目进度计划；然后在该项目进度计划的执行过程中，检查项目实际进度是否与计划进度相一致，若出现偏差，应及时找出原因，采取必要的补救措施。如有必要，还要调整原项目进度计划，从而保证项目按时完成。即装备项目进度管理主要就是制定项目进度计划，实施项目进度过程监督，及时预警并采取措施消除进度偏差，实现项目预定进度目标。

1. 项目进度计划编制[36]

项目进度计划是在工作分解结构的基础上对项目中各项工作的开展顺序、开始及完成时间及其相互衔接关系作出的一系列时间计划，包括活动定义、活动排序、活动时间估算以及项目进度计划。活动定义就是对为完成工作分解结构中规定的可交付成品或半成品所进行的具体活动进行定义，并生成输出文档。通过项目活动定义可以给出项目的活动清单，以及有关活动清单的支持细节和更新后的工作分解结构。活动排序是指识别项目活动清单中各项活动间的相互关联和依赖关系，并据此对项目各项活动的先后顺序进行安排和确定。为了制定项目的进度计划，必须准确合理地安排和确定项目各项活动的顺序、依照这些顺序排列和构成的项目活动路径，以及由这些项目活动路径构成的项目活动网络。活动时间估算是根据项目范围和资源的相关信息为进度表设定时间输入的过程。对一个项目所需要的时间进行估算时，首先需要分别估计项目包含的每一种活动所需的持续时间；然后根据活动的先后顺序估计整个项目所需的时间。项目进度计划就是在工作分解结构的基础上，根据项目进度管理过程的活动定义、活动排序及活动持续时间估算的输出结果和所需的资源，对项目所有活动进行的一系列的进度计划安排，其主要工作是要确定项目各活动的开始时间和结束时间、具体的实施方案和措施。在装备项目正式实施前，军方项目管理机构应当会同军事代表等相关机构在项目工作分解结构的基础上，参考装备项目科研程序，综合运用甘特图、里程碑计划法、网络计划技术等估算工作周期，划分工作阶段确定项目主要节点时间安排，并监督装备承制单位分级编制项目进度计划。

2. 项目进度控制[36]

项目进度计划的编制为项目的实施提供了科学、合理的前提和依据，从而为确保项目按期完成提供了基础。但是，由于项目进度计划是对未来项目活动做出的事先确定和安排，必然带有一定的假设性和预测性。在项目进度计划的执行过程中，由于外部环境和条件总是处于不断变化之中，项目的实际进度与计划进度会发生偏差，如果项目管理者不能及时发现并纠正这些偏差，就会导致整个项目延期，严重的会导致项目的失败，因此就需要项目进度计划控制。进度计划控制就是在项目正式实施后，根据项目进度计划与项目实际进展情况不断进行跟踪、对比、分析和调整，从而确保项目目标的实现。按照不同管理层次对进度计划控制的要求，可将进度控制分为项目总进度控制、项目主进度控制、项目详细进度控制3类。项目计划控制的主要内容包括确定进度是否已发生变化；对造成进度变化的因素施加影响，以保证这种变化朝着有利的方向发展；在变化实际发生和正在发生时，对这种变化实施管理。在项目实施过程中，项目管理机构应当根据军事代表机构以及装备承制方等反馈的装备进度执行情况及意见建议，及时掌握、评估装备项目进度执行情况，分析军事需求、技术状态调整等对项目进度的影响，在组织项目关键节点评审时对项目进度进行审查，对进度拖期或者存在拖期风险时采取相应措施。

三、项目质量管理

装备项目质量管理就是按照国家、军队质量管理政策法规和有关要求，对装备质量特性的形成、保持、恢复和改进等过程实施管理和监督，保证项目实施质量和产品质量持续受控[40]。装备质量的形成过程包括装备以及用于装备的产品的论证、研制、生产、试验等过程，装备质量的保持过程包括装备以及用于装备的产品的运输、贮存和使用过程；质量恢复过程包括装备以及用于装备的产品的维修和技术服务过程。装备项目质量管理主要是制定项目质量方针和质量目标，进行质量策划、质量控制、质量保证和质量改进。

1. 项目质量策划

装备项目质量策划的内容包括质量目标策划、运行过程策划、确定相关资源、编制质量保证程序等。装备项目质量目标策划是以装备的性能指标要求为依据，根据装备军事应用需求，确定装备质量的总目标，然后根据装备任务的分派形式，对装备项目相关单位的质量职责、方法和分目标的确定过程。装备的性能指标要求越高，其质量目标必然越高。装备项目质量运行过程策划是对质量管理工作的计划、执行、检查和调整（Plan，Do，Check，and Act，PDCA）循环过程的一系列活动、环节的策划，力求质量管理工作每循环一次都有新的内容和目标，工作就得到一次改进，质量就提高一步。装备项目质量策划要建立相应的质量管理机构，做好经费、人员、材料、试验试制设施等资源的配置。质量保证程序是针对装备项目建设而建立的具体工作程序，包括按装备质量运行过程指定某类活动的质量体系程序，也包括详细的可独立操作的活动程序，是装备项目质量体系文件的核心内容，通常由承制单位编制、军方确认。

2. 项目质量控制

质量控制致力于满足装备质量目标。主要通过不间断监控项目实施过程、准确识别产生问题的原因、利用各种控制手段来减小偏差，从而增加项目实施效率。质量问题的识别和评价是开展质量控制的基础。同时，质量评价也是对质量策划效果的闭环反馈，在节点评审、节点考核以及项目验收等环节，应根据国家、军队质量管理法规制度要求和装备合同组织开展项目质量评价工作，并将评价结果作为确定相关工作结论的基本依据。质量控制的措施主要包括技术措施和管理措施。技术措施是指建立一套技术方法和程序来保证装备项目在实施中的每一步都符合设计的技术标准。管理措施则要保证质量管理机构有效运行、资源配置合理优化、技术方案切实实施等。装备项目实施的动态性要求装备项目质量控制也应采用动态控制的方法和技术。

3. 项目质量保证

质量保证是为了提供足够的信任表明实体能够满足质量要求，而在质量体系中实施并根据需要进行证实的全部有计划和有系统的活动，其主要目的是提供质量信任。质量保证所要提供的质量信任来源于质量体系的建立和运行（包括技术、管理、人员等方面的因素均处于受控状态），建立减少、消除、预防质量缺陷的机制，如此方能表明具有质量保证能力。产品的质量要求（产品要求、过程要求、体系要求），必须反映使用方的要求才能获得其足够的信任。事实上，对于装备项目的质量保证要求，早已在军工产品质量管理的相关条例中做出规定，装备项目主管部门必须对承制单位的质量保证体系进行考核，以验证其是否具备提供相应质量信任的能力。通常，建立质量保证体系包括机构设立、责任确定、管理手册编制和质量保证大纲编制等工作。

4. 装备质量改进

质量改进是装备项目质量管理的重要环节之一，也是改进质量体系、促进质量体系有效运行的重要措施和手段。装备质量管理要贯彻全面质量管理的思想，质量改进就是要通过改进装备项目的实施过程质量来实现装备质量的提高，它实质是一种以追求更高的过程效果和效率为目标的持续的质量活动。质量改进与质量控制相互关联，两者不能分开。质量改进应遵循积极预防的原则，应积极主动地寻找改进的机会，而不是消极地等待问题出现后再去被动改进。质量改进的工作主要包括质量改进的组织、质量改进的策划、质量改进的测量以及质量改进的评审。

四、项目费用管理

项目费用管理是指为保障项目实际发生的经费可控而开展的项目资源计划、项目成本估算、项目预算编制和项目经费控制等方面的管理活动。装备项目费用管理应以寿命周期费用为核心，实行寿命周期费用管理，主要包括项目寿命周期费用分析和项目各阶段费用管理两方面。前者的主要目的是逐步明确并控制项目总费用，后者主要目的是对项目各阶段经费的使用加以控制。装备项目实施过程中的费用管理就是按照国家、军队装备经费管理有关要求，实施项目经费管控和监督，控制装备寿命周期的总费用，确保项目经费专款专用和持续受控，提高项目经费使用效益。

在装备项目实施的各阶段，按照事先拟定的计划和标准，采用各种方法将所发生的实际费用与计划费用指标进行对比、检查、监督，随时纠正发生的偏差，使项目的实际费用控制在计划费用指标的范围内，保证项目目标的实现。随着装备采购市场化的深入，装备项目实施中的不确定和不可预见因素增多，装备费用将依然是制约装备项目完成的主要矛盾之一。加强装备项目费用的总概算编制与管理，审核研制经费的预、决算和强化成本核算，并对研制费用使用情况进行科学的检查和监督，有利于装备费用的有效控制。在项目经费筹划时，应在细化项目工作分解结构的基础上确定经费安排方案，综合采用各种费用估算方法，明确项目全寿命周期费用、阶段费用分配、费用管控节点、目标值及门限值等费用管控要求；同时，将上述费用管控要求和管控措施明确在项目合同中，督促装备承制单位落实。军方机构在组织项目节点评审、节点考核等环节时，应督促装备承制单位估算分析寿命周期费用，并将分析结果和项目经费使用总体情况作为评审考核内容之一。

五、项目风险管理

从装备项目管理的角度，风险是指装备在规定的费用、进度和技术的约束条件下不能实现项目目标的可能性的一种度量[41]。装备项目要实现费用、进度和性能目标，必然会面临多个方面的风险，如技术风险、保障性风险、计划风险、性能风险、费用风险和进度风险等[42]。衡量风险的大小必须综合考虑风险事件发生的概率和后果的严重程度，一般将风险等级划分为"低、中、高"三级。其中，低风险是极少或不可能出现费用增长、进度中断或性能降低的情况，而且只需在计划的项目范围内采取行动，进行正常的管理工作即可将风险控制在可接受的水平上；中风险是可能导致某种费用增长、进度中断、性能下降的情况，同时可能需要采取专门的措施和专门管理活动才能将风险控制在可接受的水平上；高风险是会导致明显的费用增长、进度中断和性能下降的情况，而且需要另外采取稳妥措施，需要管理方面的特别关注才能将风险控制在可接受的水平上。

从本质上讲，项目风险管理是应用一般的管理原理去管理一个组织的资源和活动，并以合理的成本尽可能减少意外事故发生可能性及其产生的损失，以及对组织及其环境造成的不利影响。从系统和过程的角度，装备项目风险管理是指项目管理组织对装备项目可能遇到的各种风险进行规划、识别、估计、评价、应对、监控的过程，再以科学的管理方法实现最大安全保障的实践活动。项目风险管理的目标是控制和处理项目风险，防止和减少损失，减轻或消除风险的不利影响，以最低成本取得对项目安全保障的满意结果，保障项目的顺利实施。

项目风险管理的基本过程是首先掌握风险的来源、性质和发生规律，然后对其进行评估，最后采取必要的措施降低风险，即一般要经过项目风险识别、项目风险评价、项目风险应对、项目风险监控四个过程。风险识别是对未发生的、潜在的以及客观存在的各种项目风险进行系统的连续性识别，对项目所处的内外环境进行综合分析，找出影响项目实施的风险因素，并全面、详细地描述风险因素的特征。项目风险评价是在风险识别的基础上，综合考虑损失概率、损失程度以及其他因素，分析风险可能对项目造成的影响，进行风险等级排序，确定项目整体风险水平的过程。总体而言，项目风险评价就是在风险识别和风险分析的基础上，通过定性和定量的技术和方法，对风险发生的可能性以及风险发生后对项目的影响程度进行的评价和衡量。项目风险应对是在风险识别、风险评价之后，依据前面过程的结果，设计抵御和防范风险的主要措施和方案，并选择确保对项目风险管理最有效的方案付诸实施的过程。风险应对过程必须强调以风险管理成本最小化为目标来择优选择风险管理的措施和方案，并保证在风险发生之前降低风险发生的可能性，在风险发生之后将对项目目标的影响程度降到最低。风险监控就是对项目的风险进行监督和控制：一方面跟踪已识别的风险、监视残余风险、识别未知风险；另一方面保证风险管理计划和风险应对计划的正确执行与实践。风险监控主要的任务是在风险管理措施和方案实施后，评价各项措施对项目实施的影响，并对其有效性进行全过程的监控，随时检查分析项目内外环境所发生的变化，便于采取有效措施及时调整风险管理的措施。此外，在项目风险监控过程中，还要结合风险发生的规律，不断根据项目所处内外环境发生变化的情况，及时发现影响项目实施的新的风险因素，为项目顺利实施提供支持。

第四章

装备项目管理组织结构

装备项目管理组织结构是实施装备项目管理的组织基础,是实现项目管理成功的重要保证,项目管理的创新之处和优势特点都需要有效的组织制度予以保证才能发挥其应有的作用。

第一节 装备项目管理组织结构概述

准确界定装备项目管理组织结构的基本内涵是对其展开深入研究的基础。

一、装备项目管理组织结构的概念

装备项目管理组织结构是指为了提高装备采购的质量和效益,按照项目管理的特点和要求,建立的组织机构、责权分配和相互关系框架。装备项目具有影响大,技术复杂、先进,周期长,经费规模庞大,涉及部门和人员众多,保密性强等特点。因此,装备项目管理组织结构体现出与企业和政府不同的特征:

（1）相对严格的层级结构。现代装备发展具有明显的体系特征,任何一个装备项目都是装备体系建设的一部分,必须服从于整体的发展需求。因此,从宏观上看,装备项目管理组织是一个高度集中统一领导、逐级分散实施的体制,必须从管理决策的最高层次上,把握装备体系建设的全局,并逐级落实。

（2）相对固化的组织结构。装备项目由于规模庞大、技术复杂,通常周期较长，装备的全寿命周期通常需要数十年的时间，此外，军队人员的进出控制也更加严格。因此，装备项目管理组织，无论管到项目的哪个阶段，通常人员和组织结构都相对固定。

（3）相对大的外围力量。装备项目尤其是大型武器装备项目往往需要对航天、电子、材料、化工等各项专业技术力量进行整合，涉及的部门和人员众多，通常需要调动装备使用、国防工业等各个部门，组织军内外的技术专家、试验人员、法律顾问、合同管理人员、财务审计人员等大量非固定编制人员，协助履行质量管理、经费控制、进度控制、风险管理等职能，具有庞大的外围支持力量。

（4）相对高的规范化程度。装备项目数量多，项目的实施通常要跨越若干部门、广泛协作，项目管理组织需要频繁地与多个业务部门和工业部门接触。因此，装备项目管理组织必须建立高度规范的工作和沟通程序，使装备项目管理组织结构与整个装备管理体制相融合，做到组织严密、分工具体、职责分明、相互关系和接口明确。

（5）相对高的人员要求。装备项目不仅规模庞大、技术复杂，而且涉及国家安全和军事机密，对于项目管理人员的思想道德、工作作风、管理才能、技术水平、保密意识等要求更高、更全面。

二、装备项目管理组织结构的基本原理

1. 管理宽度与组织层次

组织通常在横向上由若干部分组成，在纵向上还分为若干层次。由于管理者的精力能力和可利用的技术条件的限制，每一个管理者所能直接指挥和监督的下属数量总是有限的，这个限度称为管理宽度，管理宽度的限制促使组织层次的产生。如图 4-1 所示，组织规模相当于三角形的面积，管理宽度相当于三角形的底，组织层次相当于三角形的高。两个面积相同的三角形，底边宽，则高短；底边窄，则高长。与此类似，具有相同人数规模的组织，管理宽度大，则组织层次少；管理宽度小，则组织层次多。

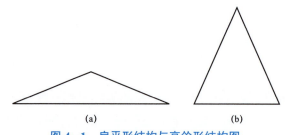

图 4-1 扁平形结构与高耸形结构图
(a) 扁平形；(b) 高耸形

事实上，组织层次是一种不得已的产物，层次多就必然导致费用、沟通难度和复杂性的增加。但是，层次少就要求管理宽度增大，而过大的管理宽度将造成管理的失效。因此，组织管理宽度和层次必须根据各种因素的实际情况合理设置。许多学者对有效的管理宽度进行了研究，但并没有一致的意见，普遍的观点是高层管理宽度宜小，为4~8人；基层的管理宽度可大，达4~30人。

实际上，管理宽度没有最佳值，其取决于特定条件下各种因素的综合作用。装备项目管理组织的管理宽度主要受以下因素的影响：

（1）上、下级双方的素质与能力。一般来说，上级的素质高、能力强，则能够有效管理的人数就多，反之则少；下级的素质高、能力强，也能够减少上级的工作负担，增加上级的管理宽度；反之，则需要上级更多的督导，减少上级的管理宽度。

（2）项目实施计划的完善程度。通常，为实现项目目标而制定良好的组织工作计划和工作分解结构，有助于明确组织成员所承担的任务，理顺与组织中其他成员之间的工作关系，可有效地减少管理者用于事务性指导的时间从而增加管理宽度；反之，则减小有效管理宽度。当然，计划的实施还与所面临变化的强弱有关。一般来说，面临变化较小、较慢的组织，其需要对实施计划进行的调整就小，其管理宽度就可以较大。

（3）授权的情况。管理者如果对一些事务性工作进行适当授权，则可以减少精力分散，从而增大管理宽度；反之，管理者的时间和精力被大量事务性的工作占用，管理宽度必然减小。

（4）沟通的手段和方法。先进的沟通手段和方法有利于提高工作效率，使组织成员在短时间内了解组织的最新动向和目标,有利于增加管理宽度;而组织若主要以书面或口头传达进行沟通,则管理者大量的时间被用在会议和协调上,同时能够得到的用于支持决策的信息不完全,其管理宽度受到限制。

（5）面对问题的种类。装备项目通常系统庞大、技术复杂、风险高、涉及人员和部门的数量众多,项目管理人员必须协调方方面面的关系、处理复杂的技术和管理问题,管理宽度相对较小。

（6）其他因素。除以上因素外,影响装备项目管理组织管理宽度的因素还包括下级的空间布局、下属人员承担责任的意愿以及面对风险的态度等,这些因素因装备项目中的具体情况和个体特质的不同而不同。

项目管理提倡采用扁平型的组织结构,即要促使纵向管理层次简化,削减中层管理者,扩大横向管理的宽度。因此,建立装备项目管理组织,需要通过专业培训提高人员素质,通过明确职责促进工作落实,通过使用先进的项目管理工具和方法提高工作效率,通过科学的工作绩效评价体系加强人员激励,通过逐步解决影响装备项目管理信息化建设的现实问题,促进装备项目管理信息系统的建立,加快信息反馈速度,从而增加管理宽度,为建立扁平型的项目管理组织创造环境。

2. 责权分配

组织划分部门和层次后,需要将完成组织目标所需的责权在部门和层次上进行配置。同时,组织的部门和层次划分,也要以责权分配的需要为依据。责权分配是责任和权力在组织中的分布,在责权配置中,合理授权和形成健全的指挥链非常重要。

所谓授权,就是管理者将自己的部分决策权或工作负担转授给下属的过程。授权产生集权与分权两个相对的概念,当决策权保持在最高层级时,组织是集权的;若决策权授予了较低的组织层次,则可认为组织是分权的。

所谓指挥链,就是职权从最高管理层出发,途经各个管理层次,一直贯穿到组织的基层而形成的由上至下的权力线。健全的指挥链要满足两条原则:① 统一指挥原则,要求组织中的每一个成员只同一个上级建立起一种明确的报告关系;② 连续分级原则,即从组织的最底层到最高层之间的每一条职权线都明确而不间断,职权线越清晰,责任也就越明确,组织中的每一项决策最终都必须有人为之负责。

项目管理强调充分的授权,包括:① 对项目负责人的授权,项目负责人应该拥有对项目所有基本要素的广泛职权,其职权应足以保证其顺利完成项目所要求的所有必要的管理和技术活动。例如,在装备项目管理中,项目主任由于直接接受决策层的任务分配,对项目结果负责,对项目的目标和要求有最为深刻的理解。同时,由于代表军队直接与承包商接触,对承包商的情况有比较全面的认识。因此,应对承包商的选择最具权威性。② 对项目成员的授权,项目主任要激励项目成员,让项目成员安排自己的工作,促使项目组织成员自我管理、自我控制,以提高管理效率。项目主任在对项目成员进行授权后,还需要实现组织整合和协调,通常采取的方法和过程有组织等级链的相互配合、标准化的工作程序、目标管理、工作技术标准化、直接接触和信息沟通、建立专门的整合机构或人员等。

3. 委员会决策与个人决策

委员会决策是一种集体决策形式,一般来说,委员会是由两个以上的人员组成的行使组织最高决策权的集体。与个人决策相比,委员会决策的优点:① 集思广益,通过集体讨论、集体决策,可以避免个人知识和经验所造成的判断错误;② 加强沟通联络,受共同问题影响的各方,通过委员会,可同时获得准确信息,并了解和接受所做出的决策,因此也是一种非常有效的沟通联络方式;③ 保持政策的连续性和稳定性,参加委员会的各方既是政策的制定者,也是政策的执行者,由委员会做决策,可避免因个体差异造成的政策间断和不稳定;④ 避免权力过于集中,委员会通常要做重大决策,通过委员会一方面可平衡各方利益,另一方面可避免个人偏好、独断专行、以权谋私等问题。缺点是经费和时间成本较高,容易出现妥协折中和责权分离的问题。所以,委员会决策要与个人负责相结合,对于委员会的会议过程要做详细的会议记录,以防止委员会成员发表意见和做出决策的随意性。委员会决策还要做到明确职权,保持适当规模,精心挑选委员会的会议主席和委员,精心选择会议的主要议题,保留会议记录,以免责任不清。

西方发达国家在装备项目管理的决策层,较多地运用了委员会决策的形式。

美国参与国防项目管理决策的主要支持机构是三个委员会，即国防采办委员会、重要自动化信息系统审查委员会、联合需求监督委员会。英国于 2007 年 4 月成立了国防武器装备与保障总署，其委员会是国防装备与保障总署最高领导机关，负责布置一切事务。我军装备项目也广泛采用委员会的形式，主要有科技委员会、定型委员会和各种专家咨询委员会。科技委员会和各种专家咨询委员会主要提供咨询建议，没有最终的决策权；定型委员会负责武器装备的设计和生产定型，具有决策权。

从委员会管理方式的应用来看，由于装备采购组织规模庞大，业务活动复杂，绝非一个人的时间和精力所能应对，在具体的装备项目管理中，应实行组织重大决策的委员会制和项目执行中的个人负责制。

三、装备项目管理组织结构的基本类型

目前，世界主要国家的装备项目管理组织结构可归结为三种类型：项目管理办公室、专业采购中心和一体化项目小组。

1. 项目管理办公室

项目管理办公室采用独立的项目式组织结构，如图 4-2 所示，它把项目从职能组织中分离出来，作为独立的单元，项目管理办公室随着项目的立项而建立，并随着项目的结束而解散，人员相对固定。

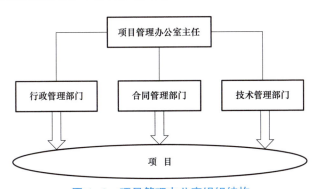

图 4-2 项目管理办公室组织结构

项目管理办公室类型能够实现最为理想的项目管理效果，其优点是对项目实施的管理非常有效：① 由于项目管理办公室主任对项目的结果负责，同时对项

目资源有较大的控制权，因而项目管理层的决策能够得到迅速有效地执行；② 管理层次清晰，指挥链健全，组织中的每一个成员只对一个上司负责，从最底层到最顶层的每一条职权线都明确而不间断，因而项目人员的职责、职权和利益清晰，项目沟通渠道顺畅；③ 项目管理办公室有固定编制，工作比较稳定，项目管理工作连续，在全寿命阶段内，项目的进度、费用和性能等方面易于进行优化；④ 项目管理办公室内部各部门在统一指挥下工作，上层摆脱了一些日常工作，有更多的时间去进行决策、监督和指导。

项目管理办公室类型的最大缺点就是占用资源：① 人员、设施、设备等资源共享率较低，项目管理办公室的固定人员必须等项目结束后才能参加其他项目，在项目任务不忙时则被闲置；② 要实现完整的职能，组织内的一些部门必然要重复建设，维持组织的费用较多；③ 项目管理办公室比较独立，必须处理好与装备业务机关的关系，否则容易被孤立，不利于管理工作的顺利进行。

另外，项目管理办公室内人员的发展机会受到限制。首先，由于没有强有力的业务群体做支撑，项目人员缺乏为装备发展全局着想的能力，专业技术水平和全面管理能力容易弱化，而且项目人员在一个项目中所获得的经验对其他项目不一定适用，缺乏职业的连续性；其次，项目人员对项目结束后的去向心存忧虑，在项目结束后，如果长期不能从事新的项目，就有可能失去发展机会，因此，项目人员为了自身发展，可能会去寻找新的工作机会，从而延迟项目完成时间，造成项目执行的低效。

2. 专业采购中心

专业采购中心属于项目群办公室模式，如图 4-3 所示。将装备项目按照专业划分为若干个项目群，每个项目群由专业采购中心所属的一个专业项目管理部门负责。在专业部门外部是独立的项目式组织结构，在专业部门内部是矩阵式组织结构。

专业采购中心最大的优点是"专业"，部门按专业划分，使人员处于浓厚的专业氛围之中，遇到问题，能够容易地得到专业的指导，得到不断提高专业技术水平的机会。从规模效应上讲，同专业的一类项目具有相当程度的共性，专业的项目管理人员能够熟练地完成所承担的任务，提高效率。另外，专业采购中心部门内资源共享率较高，它不像项目管理办公室那样把人员都集中在一个项目上，而是一群项目，专业采购部门能够从全局出发平衡专业内的各项目资源，而且也不存在项目结束后的人员去向问题，一个项目完成了，能够立刻进入部门内的其他项目。

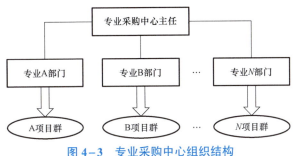

图 4-3　专业采购中心组织结构

专业采购中心的主要缺点是项目间存在着争夺资源的冲突，这是多项目管理的共性，部门主管对所承担的项目群有一个先后排序，对项目的优先权衡可能使一些项目得不到足够的管理资源，从而降低项目群的整体效益。另外，有些大型的项目可能不是一个专业部门就能完成的，在部门之间还存在协调问题，专业部门的严格划分，可能使项目内的协调变得困难。

3. 一体化项目小组

一体化项目（产品、采购）小组是典型的矩阵式组织结构模式，如图 4-4 所示，指从项目有关职能部门抽调人员组成的无编制的临时性工作小组，小组成员由各职能部门人员组成，行政关系不脱离原职能部门，在项目中的任务和职能随项目的结束而自行终结。一体化项目小组的负责人可以根据项目管理的需要做必要的调整，由项目当前所处阶段对应的职能部门人员担任，主要起协调作用。

一体化项目小组是各国普遍应用的一种项目管理组织结构模式，最大的优点就是对资源的充分利用。它是一个临时机构，组织建立快捷灵活，人员都归业务部门管理，因此维持费用低，人力资源能够得到最大的利用。同时，人员在业务部门内可以得到较好的业务指导和支持，具备良好的专业发展环境。

但是，一体化项目小组的缺点也是突出的，项目成员受双重领导，既承担项目任务，又是业务部门的成员，有可能因为业务部门的偏好，而影响在项目中的投入和最终任务的完成。小组负责人要做大量的协调沟通工作，并可能因此而影响项目完成的质量和效率。

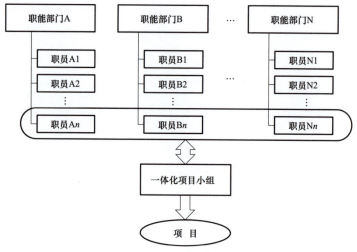

图 4-4 一体化项目小组组织结构

对上述三种装备项目管理组织结构模式进行对比分析，如表 4-1 所示。可以看出，每种装备项目管理组织结构模式都有各自的优点和缺点，从直观上来看，难以选择。普遍适用的、最好的组织结构是不存在的，必须针对项目的特点，选择"适合的"项目管理组织结构。正如哈罗德·科兹纳所说："没有什么好的或坏的组织结构，只有适合的或不适合的组织结构。"

表 4-1 三种装备项目管理组织结构模式对比

组织模式	项目管理办公室	专业采购中心	一体化项目小组
项目权责	明确	明确	存在双重领导问题，易发生权责重叠冲突
沟通与冲突解决	有效	有效	沟通困难，需要更高层次的领导解决冲突
工作效率	高	高	中
用户满意度	高	中	低
灵活适应性	低	中	高
对人员编制要求	高	中	低
项目结束后人员去向问题	需解决人员安置	无	无
资源的有效利用率	低	中	高

第二节 国外装备项目管理组织结构情况

由于国情军情的差异，各国在装备项目管理组织结构的设计和选择上存在差异，应充分借鉴外军经验教训，提高装备项目管理组织构建的科学性。

一、美国装备项目管理组织结构

美军装备项目管理办公室通常有项目式组织结构和矩阵式组织结构两种组织形式。一般来说，大型复杂的装备项目采用项目式组织结构，项目管理办公室自成一体，自主权较大，其经费权和人事权从军种相应司令部中分离出来，自行掌管。人员基本上是专职的，业务关系脱离原单位，只听命于项目管理办公室的领导，工作相当固定。例如，空军的 F-16 战斗机项目管理办公室就是一个大型武器系统项目管理组织，拥有自己的专职项目管理人员，共约 300 人，包括工程师、合同专家、测试人员和后勤保障专家等。到 20 世纪 80 年代中期，它已向美国空军和外国买主交付 1 300 架 F-16 战斗机，价值近 700 亿美元。小型简单的装备项目多采用矩阵式组织结构，其人员根据项目需要从军种采办系统各业务部门临时抽调，专职人员很少，而兼职人员很多，工作不如项目式组织结构那样固定，同时接受项目管理办公室和原单位的双重领导。例如，海军的 F-14 战斗机项目管理办公室，其固定编制不超过 20 人，但兼职人员多达 90 余人，他们都是从海军航空系统司令部所属业务部门临时借调来的。

美军项目管理办公室由项目主任、副主任、各业务部门负责人及各类专业人员组成，他们既有来自本军种装备采办系统各业务部门（如系统分析、费用分析、保障性分析、工程技术、合同、财务、商务、质量保证、试验与评审等部门）的专家，也有来自与装备项目直接有关的军种其他单位（如作战使用、训练、后勤保障部门）的代表，如图 4-5 所示。对于多军种联合协作的项目，其管理人员则包括代表。美军的项目管理在管理层上有两个层次：一是计划执行官管理的项目管理办公室；二是军种装备部管理的各业务部门，计划执行官和军种装备部各业务部门都按专业划分。

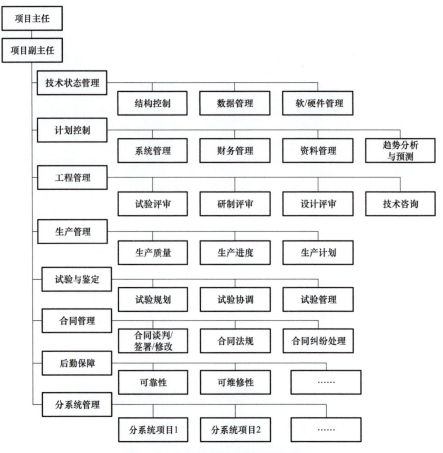

图 4-5 美军装备项目管理组织结构

美军在装备项目管理中采用了一体化产品小组的工作组织模式，一体化产品小组是被授权的跨职能团队，在装备采办管理体系内，由上而下分为三个层次，即顶层一体化产品小组、工作层一体化产品小组和项目层一体化产品小组，如图 4-6 所示。

项目主任是项目管理办公室中的关键人物，作为装备项目管理组织第一线的指挥者，项目管理办公室主任按规定拥有管理其项目所必需的权限，同时也承担相应的项目管理责任。项目主任根据项目的性质、规模、采办策略、管理原则、资源条件和各自的习惯来组建项目管理办公室，一般只向其直接上司计划执行官报告工作，有些重要项目的项目主任有时也可向军种采办执行官主任报告工作。项目主任要承担计划、组织、人员配备、领导和控制等管理职能，项目管理办公室在项目主任的领导下，按国防部或军种规定目标，协调各相关组织，完成某项武器系统全寿命的采办任务。

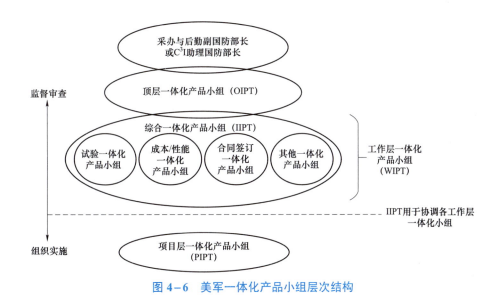

图 4-6 美军一体化产品小组层次结构

二、英国装备项目管理组织结构

英国通过建立一体化项目小组来实现项目管理。英国国防装备与保障总署首席运营官下设 9 个武器系统群，若干一体化项目小组，每个一体化项目小组负责一个大型或几个小项目"从生到死"的全系统全寿命管理。国防装备与保障总署综合服务官、财务总管、参谋长、军种装备主管等管理的 12 个保障群，对项目管理过程提供支撑保障，如图 4-7 所示。

一体化项目小组下设需求、项目工程师、财务和商业管理、质量保证、综合保障、装备保障等机构，分别负责项目管理的相关工作，人员数量根据项目的大小灵活确定，从 6 个人到 200 多人。一体化项目小组工作人员主要分为三类：第一类是核心成员，是指大部分精力为本项目服务的专职人员，包括项目管理、财

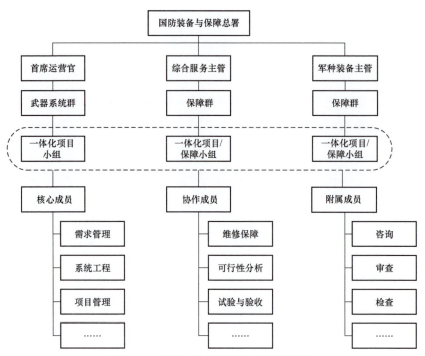

图 4-7 英国一体化项目小组组织结构

务管理等方面的人员,如一体化项目小组组长、需求经理、项目经理、项目工程师、财务和商业管理人员、综合保障经理和装备保障经理;第二类是协作人员,是指少部分工作精力(低于本人工作时间 50%)投入到本项目工作中的兼职人员,包括从事科技、可行性分析、采办服务、试验和验收、专业维修保障等部门的专业人士;第三类是附属成员,是指在里程碑审批决策点进行审批时,由首席科学顾问派出的技术审查人员和国防部资源规划部派出的检查人员。他们在形式上与一体化项目小组保持独立,一方面向一体化项目小组提供技术风险和可行性分析的评估和管理咨询;另一方面对一体化项目小组的工作进行监督。一体化项目小组的成员由来自国防部、各军种或工业部门的专家组成,全面听取各方建议,代表各方利益。一体化项目小组成员和组长都采用聘任制,通过竞争上岗,任期根据项目周期的长短确定,一般至少 4~5 年。这种由多方人员组成的相对稳定的项目管理组织,能够胜任整个项目全系统管理的各项职责,以确保实现装备的全系统管理。

三、法国装备项目管理组织结构

法国的装备项目管理组织采用矩阵式的一体化项目小组结构模式。法国实行项目主任负责制,每个重要项目都设有项目主任,以项目主任为核心的领导小组负责指导一体化项目小组工作。一体化项目小组一般由 10～15 人组成,其成员不仅包括武器装备总署有关业务部门与职能部门的负责人和专家、军种参谋部的项目军官和专家,而且将工业界的代表吸收进来,共同承担定义阶段至装备部队使用等各个阶段项目管理的职责。

从定义阶段开始,一体化项目小组成员正式被任命,并开始接替兵力系统设计师在以后的项目采购过程承担关键的责任。一体化项目小组在项目主任的领导下,负责具体管理设计、研制和工业化过程,实行项目的全过程管理,确保为项目管理制定各项目标(包括费用、进度、质量和战时维修等)的实现。此外,在项目实施期间,有关作战、技术、财政和工业方面的内部协调问题也由它负责具体处理。工业界代表参加一体化项目小组,始终瞄准已确定的成本目标和承担工业合伙人应负的责任,参与项目从设计阶段到工业化阶段和生产阶段的管理工作,在工程项目质量、可靠性、可维修性、研制进度控制和验收方面发挥关键作用。在项目费用管理方面,一体化项目小组坚持把在不改变特性或降低性能指标的前提下减少费用、优化效费比作为中心任务,在设计阶段,正式制定一个有关减少费用方面的文件。该文件列出为减少项目的全寿命费用应采取的措施建议,且这些措施可根据情况进行补充或删除。

建立一体化项目小组,负责项目的全过程管理,有利于克服传统的纯线性管理方法带来的费用高、周期长、协调难、效率低的缺陷,有利于实现高质量、低成本的武器系统。

四、对比分析

美、英、法三国的装备项目管理组织机构具有以下共同点。

(1)装备项目管理组织结构主要采用项目式和矩阵式结构,其中矩阵式组织结构更为常用。美国根据项目的大小分别采用项目式和矩阵式组织结构,对大型复杂项目采用相对稳定的项目式组织结构，对小型简单项目采用更具灵活性的矩阵式组织结构。英国主要采用项目式组织结构，法国则主要采用矩阵式组织结构。

（2）根据装备项目规模确定组织结构的宽度和管理层级。美国的国防系统规模庞大，装备构成复杂，装备采办由国防部和各军兵种分工协作实施，建立了四级装备项目管理指挥链，即国防采办执行官—军种/部门采办执行官—计划执行官—项目主任，项目管理办公室由十几人到几百人组成，管理宽度较大，指挥链从顶层一直贯穿到底层，报告关系非常明确。英国的装备采办由装备能力局、国防装备与保障总署统一组织，一体化项目小组既就项目目标既向能力用户负责，又向国防装备与保障总署的行政上级汇报工作。一体化项目小组独立运行，管理宽度较大，管理层级简单，指挥关系明确。法国的装备采办由武器装备总署统一负责，一体化项目小组由 10~15 个核心成员组成，在兵力系统设计师和作战协调官的监督下工作，一些非常重要和复杂的项目，则由一个指导委员会来监督。

（3）项目管理组织的职责系统内容复杂。从纵向来看，美、英、法三国的装备项目管理都涉及装备项目的整个生命周期，包括方案与项目确定、研制和设计、生产、服役和退役处置，而里程碑一般设置在项目生命周期的前期，并尊重技术发展规律和用户需求。无论是装备项目各个阶段的任务，还是里程碑决策都由确定的组织来承担，因此阶段划分和决策点内容都非常明确，有利于组织明确自己所承担的任务，并做出承诺。从横向来看，美国项目管理办公室专业齐全，人员覆盖合同签订、系统工程、质量管理、价格分析、财务管理、专业技术、试验鉴定、法律事务、后勤保障、安全管理等专业。英国的一体化项目小组根据需要包括需求管理、用户信息管理、项目计划管理、项目工程和技术管理、装备保障管理、商业管理、财务管理、工业管理等职能人员和业务人员，每一职能都贯穿项目的整个过程。法国的一体化项目小组由武器装备总署各局、军种参谋部的项目军官及其专家，以及工业界的人员组成。事实证明，通过不同职能部门人员间的协作，能够提高效率，促进各专业人员的相互协调和沟通，解决项目前后衔接不畅、部门间互相推诿扯皮等低效问题。

（4）项目管理组织实行较充分的授权，强调责权一致。美、英、法三国都对装备项目管理机构赋予了充分的权力。美国的项目管理办公室主任在计划执行官分配任务后，全权负责项目的具体实施，具有人员配备、经费管理、项目管理办公室内部任务计划等权力。英国的一体化项目小组从方案阶段开始，负责一个项目全过程的管理，对该项目负有完全的责任，也相应地享有完全的权力和利益。法国的一体化项目小组从项目进入定义阶段开始，对项目负有完全的责任，小组成员被任命他们的原部门上级赋予决策权，并拥有与成功执行项目相适应的一切必需的能力、手段、方法和工具。职能与权力的统一，使外军装备采办人员的工作积极性得到大大提高，减少了不必要的中间环节，提高了工作效率。

（5）项目管理组织建设充分考虑协调、监督和激励的需要，以保证整体利益的实现。项目管理组织外部需要通过需求组织明确项目需求，通过规划、计划、预算明确项目目标，通过监督组织确保项目目标的实现，通过相关职能部门提供人力资源和专业指导等。美国的项目管理体制与行政管理体制成为两条分离的指挥链，避免权力过分集中到军种司令部，激励了项目管理一线人员的积极性和主动性，提高了办事效率。项目的计划监督与计划实施相分离，由计划执行官制定计划，项目办主任执行计划，相互监督，效果明显。项目管理办公室的合同签订、合同管理部门的合同履行、合同审核部门的合同支付与合同审计分离，既相互密切配合，又相互监督。英国的一体化项目小组与能力用户分别负责项目执行和项目计划，决策管理部门相互监督，工作职能专业。法国的一体化项目小组由武器装备总署、军种参谋部和工业部门的人员共同组成，既代表各自部门的利益，又形成一个整体，有利于部门之间利益的协调和信息传递。

此外，美、英、法三国的装备项目管理组织结构具有以下两个方面的不同。

（1）装备项目管理组织的管理集中程度不同。美国采用集中领导与分散实施的管理体制，装备采办组织机构和地理位置都很分散，各军种分别负责本军种的装备采办，对军事需求的产生和装备采办负有主要责任，同时还负责装备的验收和服役后的技术保障工作，拥有各自的装备预算、计划工作班子和项目管理、试验鉴定机构。国防部拥有合同管理部门、合同审计部门和试验鉴定机构，对重要的计划项目进行集中审批。而英国和法国采用高度集中统一的装备管理体制。英国由国防装备与保障总署统一负责采办事务，包括装备装配部队后的保障与维修，专职为集中用户——中央参谋部——提供武器装备服务，军事需求、计划和资金分配既受到能力用户的影响，又受采办机构的影响。法国建立了强有力的武器装备总署，对装备全寿命费用负责，统一主管装备采办，包括后勤保障工作。在采办队伍中，有各军种参谋部的代表，但武器装备总署对装备采办从确定需求到装备退役的过程起主导作用。

（2）采用的项目管理组织体制结构模式不同。美国对重大项目采用项目式的项目管理办公室模式，对于中小型项目采用矩阵式的项目管理办公室模式，并在项目决策、监督与审查、执行三个层次分别设立一体化产品小组，项目管理办公室对项目来说是一个相对固定的组织，为与项目相关的每个部门提供了一个联系与处理问题的交汇点。而一体化产品小组相对没那么固定，一个项目可能有若干个一体化产品小组，一体化产品小组根据项目需要而成立，每个层次，尤其在监督与审查、执行两个层次都有多个一体化产品小组与项目相关；有时针对项目某个问题的解决，也可能将相关的各部门人员组合在一起，成为一个临时的一体化产品小组。如针对某型飞机的研制生产成立的发动机一体化产品小组、机体一体化产品小组等。英国的项目管理组织采用项目式的一体化项目小组模式，只有一个层次，负责项目执行和项目审批的人员都在一个一体化项目小组中，一体化项目小组在装备采办管理体制中成为一种常态，在项目目标上对装备能力用户负责，在行政上向国防武器装备与保障总署负责，个数相对稳定。项目主任拥有挑选人员、选择承包商的自主权，项目人员根据项目需要而变动。法国的一体化项目小组采用矩阵式结构，将与采办有关的所有职能，包括预算、财务、费用分析、武器装备保障等都融合在一起，并拥着相应的决策权。

从以上分析可以看出，装备项目管理组织结构既要满足装备项目管理组织体制的共性要求，又要根据各国的具体情况，考虑各自的影响因素特点，建立符合装备项目管理组织规律和具体国情、军情的组织结构。

第三节　装备项目管理组织结构的设计选择

选择适合本国国情和军情的装备项目管理组织结构，并根据本国装备项目的特点，依据科学的原则对其进行设计完善，是高效实现装备项目管理的关键。

一、装备项目管理组织结构的设计

（一）装备项目管理组织结构设计原则

项目管理组织应是项目驱动型的，即是按装备项目任务组织起来的。根据装备项目管理组织结构的特点和一般组织原理，装备项目管理的组织结构设计应满足以下原则：

（1）精干有效原则。从提高管理效率、充分利用人力资源的角度出发，结构应尽量精简，部门力求最少，部门间职能避免重叠，以简化内部协调与人力分配，管理层次力求最小，指挥链清晰简洁，缩短信息传递的路径，明确指挥和汇报途径。

（2）部门分立原则。承担监督职能的部门与具体的执行部门要分别设立，承担计划制订、合同订立、合同履行职能的部门要分开，以防止权力过于集中，建立相互监督制衡的组织体制。

（3）多方参与原则。项目的顺利实施需要各方面的倾力合作，外军的经验表明，装备项目管理机构除了专职人员外，还要吸收军队作战部门、装备维修保障部门、国防科技工业部门和研制承包商的代表参加。另外，要依托地方和军队的专业机构，为装备项目管理组织提供强有力的支撑。

（4）全系统全寿命管理原则。项目管理组织应是一个对所承担项目整个过程和各个系统具体负责的组织，协调项目涉及的各个部门的工作，综合考虑装备科研、购置、维修保障和退役报废等各阶段的要求，以保持项目管理的连续性和整体性，保证项目按计划有序进行。项目管理组织视项目的具体情况，成立时间最早可从项目立项批复开始，结束时间可到装备装配部队形成初始作战能力，建立维修线终止。

（5）集体决策和个人负责原则。由于个人能力的限制和责任落实的需要，为了实现决策的科学化和连续性，在项目管理组织的各个层次都应实施委员会决策制。而为了提高工作效率、加强项目管理人员的责任感，对于每个项目，都应有具体的人来负责，实行项目执行中的个人负责制。

（6）柔性和弹性原则。项目管理组织应是一个具有柔性和弹性的组织，弹性表现为组织的相对稳定性和对内外部条件变化的适应性，柔性表现为组织的可塑性。一般来说，组织越稳定，效率越高。但是项目管理组织作为一个动态系统，又必须考虑到环境的变化。当原有的组织结构不再适应实现项目目标的要求时，组织结构就必须进行相应的调整和改变。

（二）装备项目管理组织结构的构成

装备项目管理组织体制通常由三个层次构成，由上至下分别是决策层、管理层和实施层。决策层负责决定项目的重大事项，解决下层提交的重要问题；管理层负责项目的监督、指导和管理，解决实施层提交的问题；实施层负责项目的具体执行和管理，是项目管理的核心，与项目有关的各种组织和事务在这里汇集，并最终得到解决。实施层通常有项目管理办公室、专业采购中心和一体化项目小组三种项目管理组织结构。一般对重大项目成立项目管理办公室，非重大项目由专业采购中心或一体化项目小组对项目进行全寿命一体化精细管理。

1. 项目管理办公室

对于特别重大的或需要跨军种协作的项目，通常由各军种形成联合项目管理办公室进行管理，其他重大项目在军种内设立项目管理办公室。项目管理办公室主任直接对分管首长负责和汇报工作，项目管理办公室的数量不宜太多，否则将超过上一级的管理宽度。对于重大项目多的，可由一个项目主任负责类型相近的多个重大武器装备项目。项目管理办公室人员主要来自其他业务机关、装备科研院所、院校、作战部队和试验基地，项目管理办公室组织构成如图 4-8 所示，主要由计划、工程、合同、分系统、后勤等部门组成，此外，还有技术辅助、试验与鉴定、对外事务等部门。

2. 专业采购中心构成

建立专业采购中心，对本专业的主要项目群和一般项目群进行全寿命管理。其主要构成如图 4-9 所示，主要由负责不同武器系统的项目小组构成。与按过程设置部门相比，按武器系统设置部门可改变各部门分段管理中责任不清、相互扯皮的局面，使项目在纵向上成为连续的整体。另外，即使一个大的项目涉及多个武器系统部门，也可将项目按武器系统分为若干子项目，明确各武器系统部门承担的职责部分。

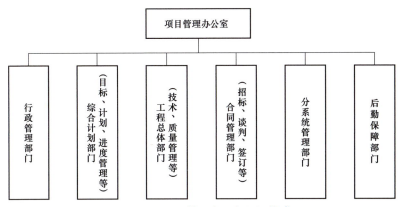

图 4-8　项目管理办公室组织构成

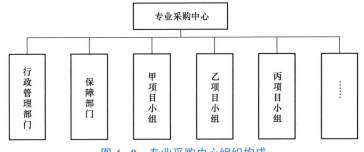

图 4-9　专业采购中心组织构成

3. 一体化项目小组构成

一体化项目小组通常建立在各业务部门的基础上，其构成有多种形式，可在分属不同级的部门之间组织，也可在同一级的部门之间组织，以在同一级组织一体化项目小组为例，其构成如图 4-10 所示。通常，每个主要项目或一般项目都有一个一体化项目小组对其负责，一个一体化项目小组负责一个或多个同类型的主要项目或一般项目。为了加强项目的一体化管理，主要项目的一体化项目小组必须是强矩阵结构，项目小组负责人由综合部门主管在本部门内部指定，或针对项目的不同情况，由管理项目主要阶段的部门人员担任，小组成员在项目寿命期内应保持固定。在需要时，由项目小组负责人召集会议，共同商讨项目执行过程中的问题，并保留会议记录。

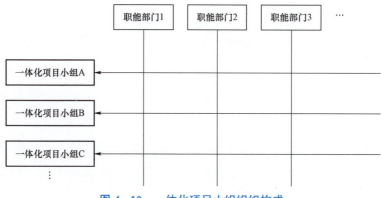

图 4-10　一体化项目小组组织构成

一体化项目小组能够落实全系统全寿命管理的原则,但是小组成员的双重领导问题突出。在实施过程中,可以将业务部门的绩效与项目绩效挂钩,明确项目主任和业务部门领导各自的职责和职权,对负直接项目责任的一方赋予更多的权力,以最大限度地防止责任不清和多头指挥,增强项目人员对项目的责任感和积极性。

二、装备项目管理组织结构的选择

对项目管理组织结构的选择,需要综合考虑多方面的因素,目前还没有国际公认的统一的确定方法,各国的选择多是基于自身历史实践经验的总结。事实上,很多国家都是基于本国项目特点,综合选用多种项目管理组织结构模式,取长补短,以求获得最佳管理效果。下面,介绍一种概略的定量化初步选择方法[43]。

1. 选择指标

根据装备项目管理的特点,遵循指标独立、全面、可操作和优化的原则,确定装备项目管理组织结构的选择指标,主要包括以下几个方面。

(1) 项目规模。美军和英军通常通过项目经费来衡量项目规模,当然衡量项目规模的变量很多,可根据项目的具体情况而定;法军按照军事利益、技术创新、经费考虑、对工业的影响、国际因素五类标准来划分项目。这里,借鉴美军的做法,以项目经费来衡量项目规模的大小。项目经费的多少是相对的,根据有关研究结果,可以这样定义:"多"是指重大项目的经费范围,可以用 1 亿元人民币以上来界定；"中"是指主要项目的经费范围，可以用 1 000 万～1 亿元人民币来界定；"少"是指一般项目的经费范围，可以用小于 1 000 万元人民币来界定。

（2）项目风险。项目的风险和政治、经济、军事影响可通过专家评估来完成。通常在制定装备发展的长期规划和年度计划时，各装备管理部门都要请专家对项目的风险和影响进行评估。项目风险分为高、中、低三个层次。

（3）项目周期。通常项目周期在 10 年以上称为"长"，5～10 年称为"中"，5 年以下称为"短"。

（4）项目的政治、经济、军事影响。项目影响的评定方法与（2）类似，同样分为大、中、小三个层次。

（5）项目的协作范围与层次。项目涉及跨军兵种或需由军委机关管理或授权管理的称为"高"，需要由军兵种直接管理的称为"中"，在军兵种装备部内部管理的称为"低"。

有专家提出，项目未来的应用方向、项目的难易程度、技术复杂程度等也是决定项目管理组织结构模式的因素。这里，项目未来的应用方向可归入项目的政治、经济、军事影响指标内，而项目的难易程度和技术复杂程度可归入项目风险的指标内。

2. 选择模型

当装备采购部门拿到一份项目计划时，对于计划中每个项目到底选择什么样的组织结构来承担，可以采用如图 4-11 所示的组织结构选择流程。

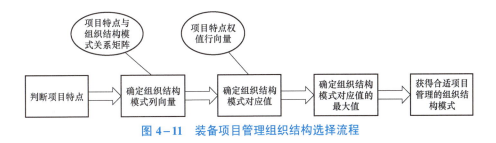

图 4-11 装备项目管理组织结构选择流程

（1）判定项目特点

根据前述定义，判定项目 P_m 的特征行向量。

项目经费用向量 A_m 表示，$A_m = (a_1, a_2, a_3)$，若经费规模为多，则 $A_m = (1, 0, 0)$；为中，$A_m = (0, 1, 0)$；为少，$A_m = (0, 0, 1)$。

同样，项目风险用向量 B_m 表示；项目周期用向量 C_m 表示；项目政治、经济、军事影响用向量 D_m 表示；项目协作范围和层次用向量 E_m 表示。得出项目 P_m 的特征行向量为

$$L_m = (A_m, B_m, C_m, D_m, E_m)$$

（2）项目特点与组织结构模式关系矩阵

通过专家打分，假设有 N_{ji} 人认为对于特征 i，应采用组织结构模式 j。例如，N_{1a_1} 人认为对于项目经费多（$i = a_1$），应采用项目管理办公室模式（$j=1$）；N_{2a_1} 人认为应采用专业采购中心模式；N_{3a_1} 人认为应采用一体化项目小组模式，则认为项目管理办公室模式与项目经费多的关联度为 $N_{1a_1} / (N_{1a_1} + N_{2a_1} + N_{3a_1})$，依此类推，即

$$f_{ji} = N_{ji} / \sum_{j=1}^{3} N_{ji}$$

由此得出的项目特点与组织结构模式的关联度矩阵 F，如表 4-2 所示。

表 4-2 项目特点与组织结构模式关联度矩阵

模式	经费			风险			周期			政治、经济、军事影响			协助范围和层次		
	多	中	少	高	中	低	长	中	短	大	中	小	高	中	低
1	f_{1a_1}	f_{1a_2}	f_{1a_3}	f_{1b_1}	f_{1b_2}	f_{1b_3}	f_{1c_1}	f_{1c_2}	f_{1c_3}	f_{1d_1}	f_{1d_2}	f_{1d_3}	f_{1e_1}	f_{1e_2}	f_{1e_3}
2	f_{2a_1}	f_{2a_2}	f_{2a_3}	f_{2b_1}	f_{2b_2}	f_{2b_3}	f_{2c_1}	f_{2c_2}	f_{2c_3}	f_{2d_1}	f_{2d_2}	f_{2d_3}	f_{2e_1}	f_{2e_2}	f_{2e_3}
3	f_{3a_1}	f_{3a_2}	f_{3a_3}	f_{3b_1}	f_{3b_2}	f_{3b_3}	f_{3c_1}	f_{3c_2}	f_{3c_3}	f_{3d_1}	f_{3d_2}	f_{3d_3}	f_{3e_1}	f_{3e_2}	f_{3e_3}

项目管理办公室模式与项目经费的关联行向量为

$$f_{1a} = (f_{1a_1}, f_{1a_2}, f_{1a_3})$$

与项目风险的关联行向量为

$$f_{1b} = (f_{1b_1}, f_{1b_2}, f_{1b_3})$$

与项目周期的关联行向量为

$$\boldsymbol{f}_{1c} = (f_{1c_1}, f_{1c_2}, f_{1c_3})$$

与项目经济、政治、军事影响的关系行向量为

$$\boldsymbol{f}_{1d} = (f_{1d_1}, f_{1d_2}, f_{1d_3})$$

与项目协作范围和层次的关联行向量为

$$\boldsymbol{f}_{1e} = (f_{1e_1}, f_{1e_2}, f_{1e_3})$$

相应的有专业采购中心的关联行向量 $\boldsymbol{f}_{2a}$、$\boldsymbol{f}_{2b}$、$\boldsymbol{f}_{2c}$、$\boldsymbol{f}_{2d}$ 和 $\boldsymbol{f}_{2e}$，一体化项目小组的关联行向量 $\boldsymbol{f}_{3a}$、$\boldsymbol{f}_{3b}$、$\boldsymbol{f}_{3c}$、$\boldsymbol{f}_{3d}$ 和 $\boldsymbol{f}_{3e}$。

（3）确定组织结构模式列向量

由以上公式，可以得到项目办公室的组织结构模式列向量为

$$\boldsymbol{f}_1 = \begin{pmatrix} f_{1a} \times A_m^T \\ f_{1b} \times B_m^T \\ f_{1c} \times C_m^T \\ f_{1d} \times D_m^T \\ f_{1e} \times E_m^T \end{pmatrix}$$

同理，可得专业采购中心和一体化项目小组的组织结构模式列向量分别为

$$\boldsymbol{f}_2 = \begin{pmatrix} f_{2a} \times A_m^T \\ f_{2b} \times B_m^T \\ f_{2c} \times C_m^T \\ f_{2d} \times D_m^T \\ f_{2e} \times E_m^T \end{pmatrix}$$

$$\boldsymbol{f}_3 = \begin{pmatrix} f_{3a} \times A_m^T \\ f_{3b} \times B_m^T \\ f_{3c} \times C_m^T \\ f_{3d} \times D_m^T \\ f_{3e} \times E_m^T \end{pmatrix}$$

（4）项目特点权值行向量

通过专家打分，得到项目特点决定项目管理组织重要性的判断矩阵 $\boldsymbol{U}_{5 \times 5}$，通过层次分析法，得到项目特征权值行向量为

$$\boldsymbol{\varepsilon} = (\varepsilon_1, \varepsilon_2, \varepsilon_3, \varepsilon_4, \varepsilon_5)$$

其中，$\varepsilon_i = \overline{W}_i / \sum_{i=1}^{5} \overline{W}_i$，$\overline{W}_i = \sqrt[5]{M_i}$，$M_i = \prod_{j=1}^{5} U_{ij}$，并进行一致性验证。

（5）确定组织结构模式对应值

由此可得项目管理办公室模式的对应值为

$$I_1 = \boldsymbol{\varepsilon} \times \boldsymbol{f}_1$$

专业采购中心的对应值为

$$I_2 = \boldsymbol{\varepsilon} \times \boldsymbol{f}_2$$

一体化项目小组的对应值为

$$I_3 = \boldsymbol{\varepsilon} \times \boldsymbol{f}_3$$

（6）确定组织结构模式对应值的最大值

组织结构模式对应值的最大值为

$$I^* = \max(I_1, I_2, I_3)$$

其中，I^* 对应的项目管理组织结构模式就是该项目的最佳模式。

（7）获得适合项目管理的组织结构模式

从具有项目管理权限和专业技能的组织中选取具有最佳组织结构模式的组织，或按最佳组织结构模式组建项目管理组织来承担该项目。

3. 应用与例证

根据 12 个装备管理和研究单位的 53 位专家反馈的调查问卷数据，得出项目特点与组织结构模式的关联度矩阵为

$$F = \begin{bmatrix} 0.527 & 0.217 & 0.172 & 0.609 & 0.213 & 0.108 & 0.667 & 0.179 & 0.121 & 0.727 & 0.122 & 0.121 & 0.638 & 0.191 & 0.143 \\ 0.182 & 0.587 & 0.241 & 0.217 & 0.638 & 0.243 & 0.222 & 0.536 & 0.273 & 0.159 & 0.592 & 0.242 & 0.234 & 0.553 & 0.229 \\ 0.291 & 0.196 & 0.586 & 0.174 & 0.149 & 0.649 & 0.111 & 0.286 & 0.606 & 0.114 & 0.286 & 0.636 & 0.128 & 0.255 & 0.629 \end{bmatrix}$$

项目特征权值行向量为

$$\boldsymbol{\varepsilon} = (0.261, 0.190, 0.156, 0.200, 0.192)$$

由军委机关直接管理的某工程，项目经费预算为 30 亿元，项目经费为"多"；立项之初，由于需要采用大量的新技术，专家判定项目风险为"高"；预计项目要持续 10 年以上，项目周期为"长"；项目政治、经济、军事影响为"大"；项目涉及军委机关、大型企业和有关研究院所，协作范围和层次为"高"。因此，

得出 $I_1 = 0.63$、$I_2 = 0.20$ 和 $I_3 = 0.17$，则 $I^* = I_1$。所以，该项目的最佳组织结构模式为项目管理办公室模式。

影响组织结构模式选择的因素很多，通过上述的组织结构选择模型，根据所获取数据的特征可以看出，存在三种典型情况：① 经费多、风险高、周期长、影响大、协作范围和层次高的装备项目应采用项目管理办公室模式；② 经费规模较大、风险较大、周期较长、影响较大、协作范围和层次较高的装备项目应采用专业采购中心模式；③ 经费少、风险低、周期短、影响小、协作范围和层次低的装备项目可采用一体化项目小组模式。而当装备项目的特征不属于以上三种典型情况时，可以根据上述方法，通过建模计算得到合适的项目管理组织结构模式。

从这三种装备项目管理组织结构的定性对比来看，项目管理办公室相对稳定，但组织刚性较强，弹性与柔性不足；专业采购中心专业性强，但资源分配不平衡；一体化项目小组灵活机动，但双重领导问题无法避免。实际上，这三种组织结构模式在应用中并没有绝对的界线，如在美国，计划执行官是按专业划分的，每人负责监督 5~6 个项目计划的完成，军种司令部内部也是按专业划分的，而计划执行官之下是项目管理办公室，项目管理办公室内部包含若干个一体化项目小组。所以，三种组织结构模式在应用中往往相互交叉，相互包含。项目管理办公室可以说是一个存在时间相对较长、较具有刚性的一体化项目小组，专业采购中心可以说是由同类一体化项目小组组成的相对固定的一体化项目小组群。

第四节 装备项目管理组织资源配置优化设计

装备项目管理组织结构选定后，在组织间的业务流程是装备项目管理运行机制的具体体现，而业务流程的顺畅运行很大程度上取决于相关资源的适量配置支撑，其中又以人力资源最为基础和关键。我军在装备领域推行项目管理制度以来，陆续组建了项目管理相关专业机构，并逐步形成了装备项目管理的组织架构和业务流程。但是，由于该组织架构和业务流程在我军新的装备管理体制下运行时间较短，项目管理相关机构的人力配置仍需优化。本节借鉴基于模型的系统工程方法[44]，对我军装备项目管理业务流程进行模型构建，并基于该模型开展动态仿真分析，定量优化出合理的项目管理相关机构人力配置方案。本节方法可作为装备项目管理资源量化、配置优化的一种参考。

一、装备项目管理典型环节业务流程

在各类装备项目中，研制项目管理业务流程链路最长，涉及机构最多，而研制立项批复后的项目管理起始阶段是整个项目管理业务工作中工作量最大、机构间工作衔接最密集，同时也是对项目管理后续工作影响最大的阶段。通常，研制项目管理启动后，首先制定项目管理实施方案，该方案获批后启动采购工作，根据采购工作的结果开展合同签订工作；研制总要求通常是结合承制单位开展的总体设计方案论证形成。因此，在研制项目管理起始阶段中，项目管理实施方案环节、竞争性采购环节、合同签订环节、研制总要求环节可认为是串行相继展开的。本节研究主要集中在上述四个项目管理典型环节串行构成的业务流程段上。

1. 项目管理实施方案环节业务流程

项目管理实施方案是对具体项目管理工作的总体筹划，一般在项目管理正式启动后即着手拟制。项目管理实施方案的拟制，通常由项目管理机构牵头负责，其他相关专业机构参与，拟制完成后，交由上级装备科研管理部门组织评审，评审通过后报上级装备部门审批，审批通过后由上级装备科研管理部门发有关单位，用于指导并规范项目管理后续工作开展。

2. 采购环节及合同签订环节业务流程

项目立项后，项目管理机构依据立项批复批准的采购策略组织采购。为简化模型构建，这里的仿真假设所有项目均采用竞争性采购。首先由项目管理机构会同招标、审价等机构，拟制竞争性采购方案及采购文件；拟制方案和文件完成后，由项目管理机构报上级装备科研管理部门组织评审，评审通过后报上级装备部门审批，审批通过后由上级装备科研管理部门发有关单位。根据上述批复要求，通常由招标机构会同相关机构，具体组织开展竞争性采购工作。竞争性采购结束后，招标机构将竞争性采购结果送上级装备科研管理部门和项目管理机构，作为后续工作开展的依据。

项目管理机构收到竞争性采购结果后，随即与装备承制单位进行合同谈判，并按照要求拟制装备采购合同草案，同时会同军事代表机构拟制合同监管协议。合同草案拟制完成后，项目管理机构组织合同草案评审，军事代表机构参加并提出意见建议。合同草案评审通过后，由项目管理机构报上级装备科研管理部门审核，而后呈报上级装备部门审批。合同草案批准后，项目管理机构与装备承制单位签订装备采购合同，同步与军事代表机构签订合同监管协议。

3. 研制总要求环节业务流程

研制总要求是对立项批复的深化和细化，并与之一起作为开展工程研制及试验考核的基本依据，通常在工程样机研制前完成报批。研制总要求的论证制定主要由项目管理机构牵头，论证研究机构、试验鉴定机构等参加。研制总要求拟制完成后，报上级装备科研管理部门组织评审，评审通过后区分重要项目和一般项目分别报军委装备管理部门和军种审核确定，而后由上级装备科研管理部门发有关单位。

二、装备项目管理典型环节业务流程建模

鉴于 ARIS 软件在业务流程建模仿真中的优势[45]，选用其对上述典型环节进行业务流程建模，同时将其串行连接为装备项目管理典型环节业务流程模型段，如图 4-12 所示。

1. 项目管理实施方案环节业务流程模型

基于 ARIS 的项目管理实施方案环节业务流程模型见图 4-12 右侧顶部模型。参照业务流程中各业务活动的工作实际，模型中各功能活动的完成主体及其处理时间参数设置如表 4-3 所示。此外，设置项目管理实施方案评审通过的概率为 95%，其审核通过的概率为 99%。需要说明的是，表 4-3 中处理时间设置是考虑了每天工作时长而换算所得，如单个项目的"拟制项目管理实施方案"活动假设需要 24 个工作日左右可以完成，而项目管理机构人员每个工作日的工作时长设

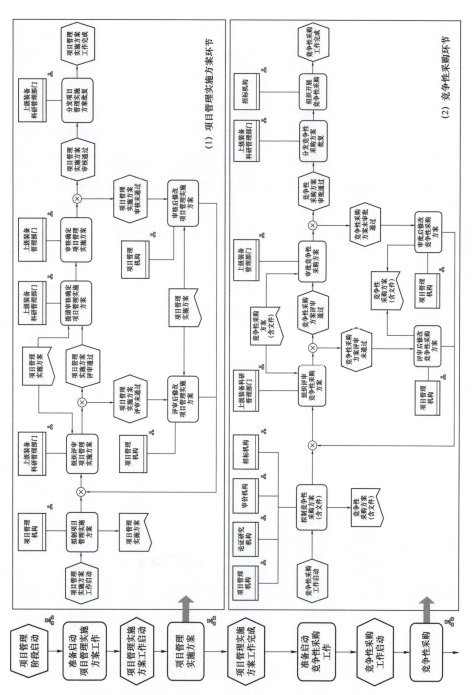

图 4—12 装备项目管理典型环节业务流程模型段

第四章 装备项目管理组织结构　147

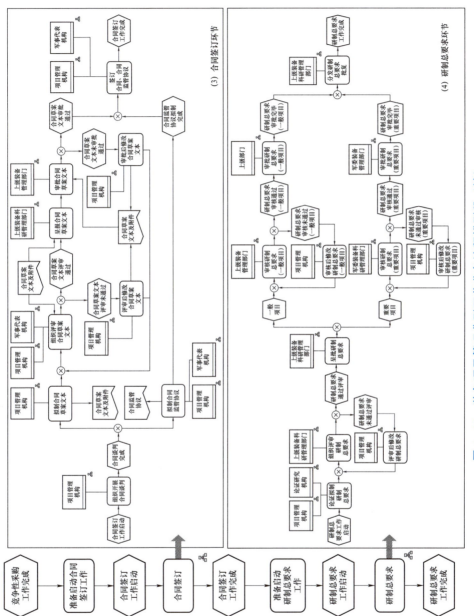

图 4-12　装备项目管理典型环节业务流程模型段（续）

为 7 h，因此完成该项活动的总用时为 24×7＝168 h，将其换算成天则需 168/24＝7 天，即约为 7 天。此后的活动处理时间设置将均作此换算。

表 4-3 项目管理实施方案环节业务流程模型中的功能活动参数设置

功能活动名称	完成主体	处理时间	可中断
拟制项目管理实施方案	项目管理机构（完成）	（mu＝0007:00:00:00，sigma＝0002:00:00:00）正态分布	√
组织评审项目管理实施方案	上级装备科研管理部门（完成）	（0000:04:00:00）常数	
评审后修改项目管理实施方案	项目管理机构（完成）	（mu＝0000:50:00:00，sigma＝0000:10:00:00）正态分布	√
提请审核确定项目管理实施方案	上级装备科研管理部门（完成）	（0000:01:00:00）常数	
审核确定项目管理实施方案	上级装备管理部门（完成）	（0000:00:30:00）常数	
审核后修改项目管理实施方案	项目管理机构（完成）	（mu＝0000:50:00:00，sigma＝0000:10:00:00）正态分布	√
分发项目管理实施方案批复	上级装备科研管理部门（完成）	（0000:04:00:00）常数	√

2. 竞争性采购环节和合同签订环节业务流程模型

基于 ARIS 的竞争性采购环节和合同签订环节业务流程模型分别见图 4-12 右侧第（2）个、第（3）个模型。参照业务流程中各业务活动的工作实际，上述两模型中各功能活动的完成主体及其处理时间参数设置分别如表 4-4 和表 4-5 所示。此外，设置竞争性采购方案（含文件）评审通过的概率为 95%，其审批通过的概率为 98%；合同草案文本评审通过的概率为 95%，其审批通过的概率为 99%。

表 4-4 竞争性采购环节业务流程模型中的功能活动参数设置

功能活动名称	完成主体	处理时间	可中断
拟制竞争性采购方案（含文件）	项目管理机构（完成）招标机构（有贡献）审价机构（有贡献）论证研究机构（有贡献）	（mu＝0010:00:00:00，sigma＝0002:00:00:00）正态分布	√
组织评审竞争性采购方案（含文件）	上级装备科研管理部门（完成）	（0000:04:00:00）常数	

续表

功能活动名称	完成主体	处理时间	可中断
评审后修改竞争性采购方案（含文件）	项目管理机构（完成）	（mu＝0000:50:00:00，sigma＝0000:10:00:00）正态分布	√
审批竞争性采购方案（含文件）	上级装备管理部门（完成）	（0000:00:30:00）常数	
审核后修改竞争性采购方案（含文件）	项目管理机构（完成）	（mu＝0000:50:00:00，sigma＝0000:10:00:00）正态分布	√
分发竞争性采购方案（含文件）批复	上级装备科研管理部门（完成）	（0000:04:00:00）常数	√
组织开展竞争性采购	招标机构（完成）	（mu＝0020:00:00:00，sigma＝0003:00:00:00）正态分布	√

表 4-5　合同签订环节业务流程模型中的功能活动参数设置

功能活动名称	完成主体	处理时间	可中断
组织开展合同谈判	项目管理机构（完成）	（mu＝0000:50:00:00，sigma＝0000:10:00:00）正态分布	√
拟制合同草案文本	项目管理机构（完成）	（mu＝0000:50:00:00，sigma＝0000:10:00:00）正态分布	√
拟制合同监管协议	项目管理机构（完成）军事代表机构（有贡献）	（mu＝0000:50:00:00，sigma＝0000:10:00:00）正态分布	√
组织评审合同草案文本	项目管理机构（完成）军事代表机构（有贡献）	（0000:04:00:00）常数	
评审后修改合同草案文本	项目管理机构（完成）	（mu＝0000:50:00:00，sigma＝0000:10:00:00）正态分布	√
呈报合同草案文本	上级装备科研管理部门（完成）	（0000:01:00:00）常数	
审批合同草案文本	上级装备管理部门（完成）	（0000:00:20:00）常数	
审批后修改合同草案文本	项目管理机构（完成）	（mu＝0000:50:00:00，sigma＝0000:10:00:00）正态分布	√
签订合同、合同监管协议	项目管理机构（完成）军事代表机构（有贡献）	（0000:04:00:00）常数	

3. 研制总要求环节业务流程模型

基于 ARIS 的研制总要求环节业务流程模型见图 4-12 右侧第（4）个模型。参照业务流程中各业务活动的工作实际，模型中各功能活动的完成主体及其处时间参数设置如表 4-6 所示。此外，设置研制总要求评审通过的概率为 90%，参与研制总要求报批的重要项目和一般项目比例为 1:9，重要项目和一般项目研制总要求审核通过的概率均设为 95%。

表 4-6 研制总要求环节业务流程模型中的功能活动参数设置

功能活动名称	完成主体	处理时间	可中断
论证拟制研制总要求	项目管理机构（完成） 论证研究机构（有贡献）	(mu=0000:400:00:00，sigma=0000:100:00:00) 正态分布	√
组织评审研制总要求	上级装备科研管理部门（完成）	(0000:04:00:00) 常数	
评审后修改研制总要求	项目管理机构（完成）	(mu=0000:50:00:00，sigma=0000:10:00:00) 正态分布	√
呈批研制总要求	上级装备科研管理部门（完成）	(0000:01:00:00) 常数	
审核研制总要求 （重要项目）	军委装备科研管理部门（完成）	(0000:04:00:00) 常数	
审核后修改研制总要求 （重要项目）	项目管理机构（完成）	(mu=0000:50:00:00，sigma=0000:10:00:00) 正态分布	√
审批研制总要求 （重要项目）	军委装备管理部门（完成）	(0000:00:30:00) 常数	
审核研制总要求 （一般项目）	上级装备管理部门（完成）	(0000:00:30:00) 常数	
审核后修改研制总要求 （一般项目）	项目管理机构（完成）	(mu=0000:50:00:00，sigma=0000:10:00:00) 正态分布	√
审批研制总要求 （一般项目）	军种（完成）	(0000:00:20:00) 常数	
分发研制总要求批复	上级装备科研管理部门（完成）	(0000:04:00:00) 常数	

4. 组织机构模型参数设置

对于装备研制项目的相关审核（审批）决策，仿真中假设各级决策部门均在每周一或每周五的 8:30 至 12:30 集中进行，并假设上述时间段全部用于项目研究和决策。此外，设置项目管理相关单位（机构）的正常工作时间为工作日（周一到周五）的 8:00 至 17:00，其中，12:00 至 14:00 为午休时间。考虑到本节主要关注研制项目，仿真中初步设置各单位（机构）的人员数量如表 4-7 所示。

表 4-7 典型环节业务流程涉及单位（机构）的人力配置设置

单位（机构）名称	人数	单位（机构）名称	人数
军委装备科研管理部门	2	上级装备科研管理部门	4
项目管理机构	10	招标机构	10
审价机构	10	军事代表机构	10
论证研究机构	80		

三、模型计算及分析

1. 仿真全局参数设置

仿真中假设每年下达研制项目管理任务量为 40 个，而且要求在每年初两个月内均匀启动当年全部项目管理工作。为便于分析跨年任务接续下达叠加对项目管理业务工作的影响，将仿真周期设为 2022 年 1 月 1 日至 2025 年 12 月 31 日，并在每月底进行仿真数据采样。此外，有两个结果参数在后续分析中将用到。

流程（或环节）任务完成率为

$$R_{jc} = \frac{c}{t_0 + \sum_{i=1}^{j} t_i}$$

式中：R_{jc} 表示建设规划周期的第 j 年采样时的任务完成率，通常越高越好；j 表示采样时处于当前建设规划周期的第 j 年，其取值范围为 $(1,5]$；c 表示采样时在当前建设规划周期中的累计任务完成量；t_0 表示上一建设规划周期的遗留任务量，在本节中设为 0；t_i 表示当前建设周期中第 i 年的下达任务量，在本节中均设为 40。

单位（机构）的人员使用率为

$$u = \frac{\sum_{h=1}^{m} n_h u_h}{\sum_{h=1}^{m} n_h}$$

式中：u 为人员使用率，应保持在一个适当的范围，通常为（50%，80%）[46]；$h=1$，2，…，m 为下级机构编号，若无下级机构时则为机构内人员编号；n_h 为下级机构（或人员）h 的人员数量；u_h 为下级机构（或人员）h 的人员使用率；采样时正从事业务活动的个人的人员使用率为 100%，否则为 0。

2. 结果分析

在业务流程模型的初始参数设置下，不考虑研制总要求环节之后的项目管理业务工作的影响，仿真得出的各环节任务完成率变化情况如图 4–13（a）所示。由图可见，在初始参数设置下，除项目管理实施方案环节在前两年底完成了当年下达的全部任务外，该环节的后续年份任务完成率显著下降；其他环节各年底的任务完成率虽在逐年上升，但相对其各年的累计任务总量，任务完成量均很低。特别是后三个环节的任务完成率，在前两年的大部分时间都低于 10%；到第四年年底，三个环节中任务完成率最高的竞争性采购环节的任务完成率才接近 50%。由此可见，在初始参数设置下，各环节任务积压较多，而且随着每年下达任务的叠加，各环节任务积压的情况愈发严重，导致整个业务流程段任务完成率很低。

在初始参数设置下的项目管理四个关键机构的人员使用率变化情况如图 4–13（b）所示。由图可见，项目管理机构的人员使用率随着项目管理业务的展开，率先迅速超过了 90%，整个仿真周期中保持在上述高位。这主要是由于项目管理工作启动后的首个业务环节是由项目管理机构牵头完成，任务的大量、集中下达，以及项目管理机构人数的不足，使该机构的人员使用率迅速攀升并持续保持在高位。此外，随着时间的推移，招标机构的人员使用率也稳步上升，并在第三年也达到 80%以上的高位。由图 4–13（a）可见，随着越来越多的项目完成项目管理实施方案环节工作而进入竞争性采购环节，该环节工作的主要承担者招标机构的任务量随之越来越大，其人数不足的问题也逐渐显现。对比分析图 4–13（a）和图 4–13（b）可进一步发现，随着仿真后期新下达任务的叠加，业务流程前三个环节任务量积压愈发严重，自仿真的第三年以后各环节均不同程度地存在等待处理的积压项目任务，这主要是项目管理机构以及招标机构人员配置紧张、人员使用率过高所致。

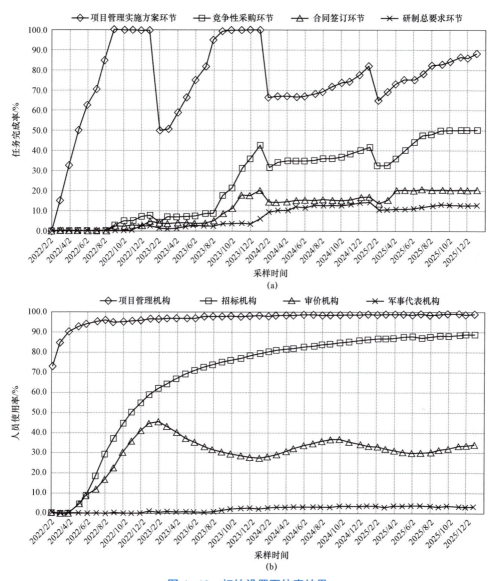

图 4-13 初始设置下仿真结果
(a) 各环节任务完成率变化情况;(b) 人员使用率变化情况

四、模型优化

1. 初步优化方案

为缓解项目管理机构以及招标机构人力配置严重不足导致项目管理业务工

作任务积压严重、流程运行不畅的问题，仿真中将两个机构的人数均调整为 20 人，作为机构人员配置的初步优化方案，其仿真结果如图 4-14 所示。

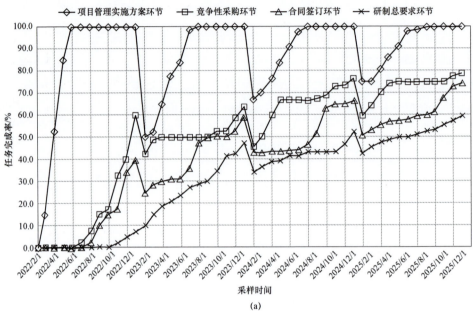

(a)

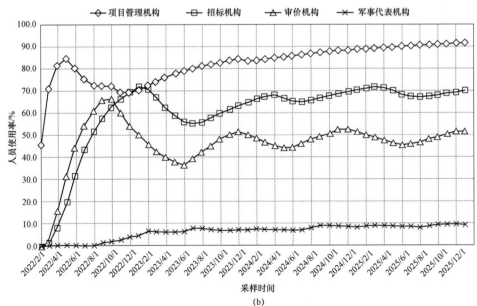

(b)

图 4-14　初步优化方案下仿真结果
（a）各环节任务完成率变化情况；（b）人员使用率变化情况

对比图 4-14 与图 4-13，从任务完成率情况看，在仿真周期中项目管理各环节任务完成率均得到显著提高，各环节的任务积压情况明显改善，到第四年年底，任务完成率最低的研制总要求环节也达到了 60%左右。从人员使用率变化情况看，由于项目管理机构和招标机构人数增加，有更多的人力可投入到业务工作中，从而使上述两个机构的人员使用率均有一定下降，稍微减轻了两个机构的人员工作强度，并提高了各环节的任务完成率。应注意到，上游环节任务完成率的提高，必然会使下游环节的短期任务量增加，进而提出更多的人力需求。由图 4-14（b）也能看出，项目管理机构和招标机构人数增加了 1 倍，但其人员使用率的降低却有限，并有进一步升高的趋势。此外，审价机构和军事代表机构的人员使用率也有一定增加。总体而言，在当前的机构人力配置下，随着仿真的继续，项目管理机构和招标机构的人员使用率分别达到了 90%和 70%以上，并有进一步升高的趋势；考虑到上述两机构在实际工作中还同时担负大量其他类型装备项目的相关工作，其人员工作量过大、工作负荷过重。此外，由图 4-14（a）可见，业务流程后三个环节在 4 年中的任务完成率仍有较大提升空间。因此，本方案还应作进一步优化。

2. 二次优化方案

为进一步提高项目管理业务流程的任务完成率，顺畅流程运行，并适当降低项目管理机构和招标机构人员使用率，同时考虑初步优化方案中两机构人力紧张程度的差异，将项目管理机构和招标机构的人力配置分别增加到 30 人和 25 人，作为业务流程涉及机构人员配置的二次优化方案，其仿真结果如图 4-15 所示。由图 4-15（a）可见，二次优化后，前三个项目管理环节在每年年底的任务完成率都达到了近 90%以上，相对优化前均有明显改善，流程运行效率显著提高。与此同时，随着研制项目管理任务的逐年叠加和业务流程工作的逐年展开，各机构的人员使用率能逐渐稳定在较合理范围内，人员工作强度明显降低。此外，由图 4-15（b）还可以进一步发现，逐渐稳定的各机构人员使用率存在较明显的小幅周期波动，该波动的周期性是项目管理任务周期性的体现，而波动的小幅性则说明在当前业务流程模式下各机构采用相对固定的编制结构是合理可行的。

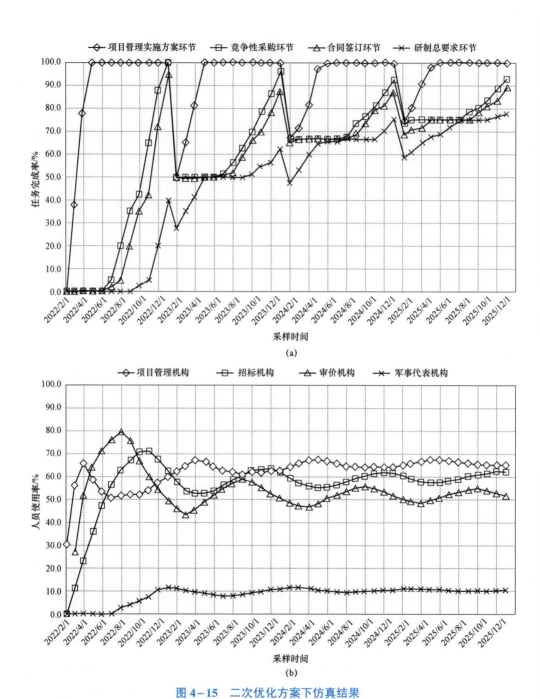

图4-15 二次优化方案下仿真结果
（a）各环节任务完成率变化情况；（b）人员使用率变化情况

在二次优化方案的基础上，如果进一步增加各机构的人员数量，可使业务流程段的任务完成率进一步提高，同时进一步降低各机构的人员使用率。但是，应该注意到，二次优化方案下各环节在每年的任务完成率已经较高，而过低的人员使用率会增加机构的编制负担和管理成本。因此，在当前的年度下达研制项目管理任务量以及项目管理典型环节串行的业务流程模式下，项目管理机构、招标机构、审价机构分别配置 30 人、25 人和 10 人，其他单位人力配置保持预设已是较优的人力配置方案。

第五章

装备项目管理方法、技术与工具

项目管理的方法、技术与工具，是落实与实现项目管理的具体手段。这些方法、技术与工具可以划分为科学范畴的"硬技术"，如网络计划技术、挣值法等国际项目管理专业资质认证标准的"技术能力"；艺术范畴的"软技术"，如人力资源管理、沟通管理等国际项目管理专业资质认证标准的"行为能力"；以及哲学范畴的"理念和思维"，如项目的综合管理、风险管理等国际项目管理专业资质认证标准的"环境能力"。事实上，项目管理发展到现在，其方法、技术与工具有很多，本章只介绍其中常用的内容。

第一节 工作分解结构

工作分解结构（Work Breakdown Structure，WBS）在项目管理中具有非常重要的作用，是最有价值的项目管理工具之一，体现了系统思维、化繁为简、逐个解决的思维方法，是任务和责任层层落实的工作方法。

一、概述

所谓工作分解结构，是指一种与产品有关的硬件、软件、服务、数据及设备的树形结构，并依此结构以组织、确定和用图解方法表示待生产的产品，以及为生产该产品需要完成的工作。通俗地讲，工作分解结构是根据树形图将一个功能实体（项目）先分解为子项目，再逐级分解成若干个相对独立的工作单元，并确定每个工作单元的任务及其从属工作，以便更有效地组织项目管理[24]。

工作分解结构是系统工作过程的结果。因为工作分解结构说明了各种待研制产品间的关系，所以通常称为"面向产品的家族树"。工作分解结构是在项目全寿命周期中使用的一种有效的项目管理方法，它是军方和承包商制定技术计划、编制采办策略、签订合同、进度安排、后勤保障、费用估算及预算、跟踪项目进展及完成情况、报告项目进展及分析存在的问题等的基础。

工作分解结构的最基本目的在于将项目的产品、项目的过程和项目的组织这三种不同的结构，艺术性地综合为工作分解结构的成果。这种分解以项目结构为主要路径，同时将项目的过程和项目的组织进行相应的划分，涵盖了整个项目系统。通过这种综合分解，能较为容易地识别出项目系统内容所有的工作组成及其规律，同时安排相应的组织去实现系统的目标。因此，工作分解结构是项目组织的重要基础。

工作分解结构的基本目的包括以下几个方面：

1. 确定工作内容和工作流程

将整个项目划分成可以进行管理的较小单元，同时确定工作内容和工作流程。只有通过将工作分解成较小的、人们对其具有控制能力和经验的单元，项目管理人员才能对整个项目进行控制。如果某个项目负责人要控制一个项目的进度，他可以将其分解成设计阶段、招投标阶段和实施阶段等。同时，设计阶段又被分解为方案设计阶段、初步设计阶段、技术设计阶段等。项目负责人如果对于这些子阶段的进度也无法控制，自然也就谈不上控制整个项目的进度了。

对项目的分解不仅将其分解成便于管理的单元，而且通过这种分解，项目负责人能清楚地认识到项目实施各单元之间的技术联系和组织联系。同时，只有通过项目分解，项目负责人才有可能准确地识别完成项目所需的各项工作。尤其对于一个新型的、项目负责人缺乏足够经验的项目，经过项目分解，项目负责人能够明确项目的范围，并对项目实施的所有工作进行规划与控制。

2. 细化估算时间、资金等资源

在项目规划阶段，任何一个项目负责人都很难对项目的进度、资金和其他资源做出精确的估算。项目负责人提高估算精度的唯一办法就是对项目进行必要的工作分解。项目负责人往往可以借助自身的经验和类似项目的数据对新项目进行预测，但每一个项目及其所存在的环境都具有其独特性，因此这种预测就有可能发生很大偏离。但是，如果将一个整体项目分解成若干较小的单元时，这些小单元与其他类似项目的小单元具有更多的共性，同时也能更加切合实际地估算不同因素对它的影响，估算的精度也将得到提高。

3. 支撑计划、预算、进度安排和成本控制

项目管理核心的两个职能就是项目规划和项目控制。但是，在日常的项目管理工作中，项目规划和项目控制的对象是明确各项工作单元，项目的目标控制也落实到控制具体工作单元的进度、资金和质量。既然每一项工作单元都是目标的具体体现，是控制的对象，而计划工作、预算工作和进度安排等一般都分别属于不同的工作部门，因此有必要将其进行统一的编码。这个编码过程的基础就来自工作分解结构工作。

二、工作分解结构的组成

工作分解结构有三个基本要素，即结构、代码和报告[24]。

1. 工作分解结构的结构设计

工作分解结构的结构总体设计对于一个有效的工作系统来说非常关键。工作分解结构应是"等级状"或"树状"，底层代表的信息比较详细，而且范围比较大，并逐层向上。工作分解结构的第一层次是管理项目所需的最低层次的信息，在这一层次上，能够满足用户对交流或监控的需要，这是项目负责人、工程和建设人员管理项目所要求的最低层次；工作分解结构的第二个层次将比第一层次要窄，而且提供信息给另一个层次的用户，依此类推。工作分解结构的结构设计原则是有效和分等级，但不必在结构内部构建太多的层次，过多的层次不利于有效地管理。

2. 工作分解结构的代码设计

代码设计对作为项目控制手段的工作分解结构来说很关键。代码对所有的人来说应当有共同的意义。在设计代码时，对收集的信息以及收集信息所用的方法

必须仔细考虑，使信息能自然地通过工作分解结构代码进入应用记录系统。代码设计与结构设计是对应的关系，结构的每一层代表代码的某一位数，有一个分配给它的代码数字。在第一层次，项目不需要代码；在第二层次，要管理的关键活动用代码的第一位数来编。如果要管理的关键活动数目小于9，假设只用数字编码，则代码是一个典型的一位数代码，如果用字母加数字，此层可能有 35 个；下一个层次代表上述每项关键活动所包含的主要任务，这个层次将是一个典型的两位代码，其灵活性范围为 99 以内，如果再加上字母，则大于 99；依此类推。

在一个既定的层次上，应尽量使同一个代码适用于类似的信息，这样可以使代码更容易理解。此外，设计代码时还应考虑到用户的方便，使代码以用户易于理解的方式出现。例如，在有的工作分解结构设计中，用代码的第一个字母简单地给出其所代表的意义，如 M 代表人力，E 代表设备等。

3. 工作分解结构的报告设计

报告设计的基本要求是以项目活动为基础产生所需的实用管理信息，而不是为职能部门产生其所需的职能管理信息或组织的职能报告。报告的目的是要反映项目的进展情况，通过这个报告，管理部门可同时去判断和评价项目各个方面是否偏离目标，以及偏离程度。

三、工作分解结构的优势

工作分解结构可以帮助组织项目工作，并为全面综合管理项目提供框架[47]。特别是工作分解结构可以让项目团队将项目工作划分为更小的单元，从而使之更容易管理，并将其分配给责任人。因为分解结果相对独立，它们对其他结果的影响将降到最小。另外，它们具有完整性，即使为了团队能对整体方案有一个整体视角而对工作分解结构进行提升时，它们依旧是完整的。工作分解结构为项目计划和控制功能的集成提供了框架，因此称为项目管理中最重要的要素。此外，工作分解结构提供了一种超强的视觉效果，把表面上混乱和模糊的工作变得结构层次清晰有序。

第二节　网络计划技术

网络计划技术是把工程或任务作为一个系统加以处理，将组成系统的各项工作的各个阶段，按先后顺序通过网络形式联系起来，统筹安排、合理规划，区分轻重缓急，并研究其发展变化，从而对系统进行控制和调整，达到以最少时间和消耗来完成整个系统预期的目标。因此，网络计划技术是一种系统的技术。它以工序（活动）之间相互联系的网络图和较为简单的计算方法来反映整个工程或任务的全貌，指出对全局有影响的关键工序和关键路线，从而做出切合实际的统筹安排。网络分析技术特别适用于一次性工程或任务。工程或任务越复杂，采用网络分析技术收益越大，也更便于应用计算机进行数据处理，从而加速工作的推进。

网络计划技术是进行时间管理的有效方法，网络计划技术是以网络图为基础的计划模型，其基本思想是用图来表示组成待执行项目的各种活动之间的顺序关系。网络图是网络计划技术的基础。

一、网络图

一个项目的管理可以拆分为多个活动。一个活动用一条箭头（→）来表示，多个活动就有多个箭头。把代表各个活动的各条箭按照各活动间的相互关系和相互制约的联系，按照先后顺序和流程方向，从左到右进行逻辑排列，并画成图，则形成网络图。如果再把相邻活动交接处画一个圆圈（○），表示两个活动的分界点，在圆圈内再编上顺序号，箭尾表示活动的开始，箭头表示活动的完成。最后，再将完成每个活动所需时间标在相应的箭杆上，则画出一张更为完整的网络图，也称工序流程图、箭头图、统筹图，如图 5-1 所示。

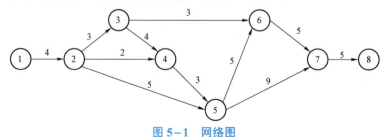

图 5-1　网络图

二、网络计划技术原理

网络图由工序（活动）、事项和路线三部分组成。

1. 工序（活动）

工序是指一项有具体活动内容的，需要有人力、物力参加，经过一定时间后才能完成的活动过程。例如设备的拆卸、清洗、检查、零件的修复、损坏零件的加工、部件装配、总装、高度等都是工序。有些过程虽然不消耗人力、物力，但也需要一定时间才能完成，如铸件的时效、水泥的养生等技术性工作等，也应看作是工序。此外，还有一种虚设的工序，既不需要人力、物力，又不需要时间。但是，通过这种虚设的工序可以表明一工序与另一工序相互依存和相互制约的关系，是属于逻辑性的联系，这种虚设的工序称为虚工序，虚工序在网络图中通常以虚线箭头（-→）表示。工序的完成时间称为工序的长度，以 t 表示。

2. 事项

事项是指工序的开工和完工。一个任务，一般只有一个总开工事项和一个总完工事项。每一个工序只有也只能用两个事项来连接，并表明工序从开工到完工。除了总开工和总完工事项外，其他事项，既是开工事项，又是完工事项。一个事项对前工序来说是完工事项，而对后接工序来说，又是开工事项。

3. 路线

在网络图中，路线是指从起点开始，顺着箭头所指方向，连续不断地到达终点的一条通路。路线有路长，它的长度就是这条路上各工序长度之和。

经过对所有路线路长比较后，可以找到所需工时最长的路线，称为该网络图中的关键路线，或称主要矛盾线。一般用双线（或粗线）把关键路线标出。关键路线的完成，决定着整个工程或任务的总完工期，从时间因素这一角度来说，是完成整个工程的关键。关键路线上各个工序称为关键工序，它的完工时间的提前或者推迟都直接影响着整个工程或任务的总完工期。

关键路线可以不只一条，关键路线有多条说明整个工程或任务组织安排很好。关键路线是变化的，当关键工序完成得很好时，处于非关键路线上的一些次关键工序就可能突出出来，而变成关键工序。因此，网络图应根据实施情况不断进行调整，通过调整使工程或任务进一步缩短总完工期。

为了缩短整个工程的完工期，除了技术革新等积极措施外，在组织管理上还可采取以下措施。

（1）抓住主要矛盾——关键路线。集中力量解决好关键工序的完工期。在关键工序上集中用力，采用先进技术并适当集得力人员、先进装备和优良技术。在人力、物力的调配上优先满足关键工序，当非关键工序与关键工序矛盾时，应统筹安排，集中力量支援关键工序。

（2）尽量多采用平行作业和交叉作业。平行作业是指一道工序分成几道分工序同时平行地进行。如设计一个组件，在总体方案确定后，可以将所属几个部件的设计同时由几个人员进行。这样，要比一个人去设计迅速得多。交叉作业是指相连接的几道工序可以不必等待上一道工序全部做完后再去做下一道工序，而是在技术条件允许的情况下，上一道工序做完一部分后，就可以开始做下一道工序，几道工序交叉进行。

（3）在非关键工序上挖潜力。一般非关键工序由于不处于关键路线上，常常在时间上是有机动的余地的，即有时间潜力可挖。在非关键工序的机动时间内，可以抽调部分人力、物力去支援关键工序，在不影响本工序按时完成的基础上，使关键工序提前完工，从而缩短了总工期。

三、网络计划技术的步骤

网络计划技术的一般步骤可以概括以下几项：

（1）把项目及其所有重要活动分解成任务。

（2）确定活动之间的关系，决定哪些活动必须先完成，哪些活动必须随后完成。

（3）绘制出连接所有活动的网络。

（4）明确每项活动的时间和成本估计。

（5）计算网络中的最长时间路径，即关键路线。

（6）利用绘制出的网络图进行网络优化工作。

（7）运用网络帮助进行项目的规划、排程、监管和控制。

第三节　费用估算

项目管理中的费用控制就是保证完成项目中各项工作的费用在容许偏差范围内进行。采用费用估算方法，得出现役装备、新研装备和在研装备的寿命周期费用的估计值，做到心中有数，是有效地控制与管理项目费用的基础或前提条件[27]。

一、费用估算的作用和过程

寿命周期费用是装备所发生的费用总和，按理只能对大量同型号装备在寿命周期终结时统计所支付的全部费用，才能核算出该型号装备的寿命周期费用平均值。

寿命周期费用一般都是采用预测技术求出其估计值：一是由于统计寿命周期费用时，对于同一种型号不同装备个体存在明显的差异，即使在装备寿命周期终结时也只能求得寿命周期费用的估计值；二是由于控制寿命周期费用的最佳时机是研制的早期，这时已发生的费用仅占寿命周期费用很小一部分，必须根据装备的设计方案或研制的技术状态，估算出寿命周期费用，以从费用的角度对装备设计、研制做出决策。

1. 费用估算的作用

随着研制工作日趋完成和生产计划不断改进，寿命周期费用估算的不确定性范围日益缩小，依次产生三个主要的费用估算值，即费用基线估算值（方案探索阶段）、研制费用估算值（方案确定与降低风险阶段）、生产费用估算值（工程研制与制造确定阶段）。这些费用估算值一方面用于设计权衡以满足里程碑决策需要，另一方面用于费用预算。

2. 费用估算的主要步骤

费用估算的主要步骤包括：① 确定费用估算目标和假设条件；② 选择费用单元（费用分解结构法）；③ 建立费用估算关系式（费用估算法）；④ 采集数据，估算单元费用；⑤ 进行敏感性和不确定性分析；⑥ 提出估算结果。

3. 费用估算的具体程序

第一步：确定估算目标

根据估算所处的阶段及估算的具体任务，拟定估算目标（估算寿命周期费用或某主要费用单元的费用或某分系统、设备的费用等）和估算精度要求。估算的目标能确定和限制费用分析的范围，并将寿命周期费用估算值与工程项目的决策联系起来。估算的目标又往往受数据的不适当性、估算的进度与工作量及准确度的要求、估算结果的应用等因素的限制。

第二步：明确假设和约束条件

凡是不属于估算范围之内但在估算前又必须知道的都应加以假设，一般包括装备研制的数量、进度、部署和使用方案、保障方案和维修要求、使用年限、报废处置要求、利率等。对于所有的假设，都应当清楚地说明，而且要用实际数据加以证明。如果既不能清楚地说明，也不能用实际数据加以证明，那就应说明此假设的理由，准确地指出可能产生偏差的环节。对于关键的假设，还应检验它们的合理性。随着研制、生产与使用的进展，原有的假设和约束条件会发生变化，某些假设可能要转换为约束条件，应当及时予以修正。

第三步：建立费用分解结构

根据估算的目标、假设和约束条件，确定费用单元并建立费用分解结构，建立过程要考虑收集费用数据的可能性与方便性。

第四步：选择费用估算方法

对不同的估算方法，应根据各自的适用时机和条件，以及允许进行估算的时间和费用等，加以选择和使用。有时也可采用不同的方法进行比较，或在一种方法中部分使用另一种估算方法，以提高估算与分析的精度和可信度。

第五步：收集和筛选数据

按费用分解结构收集各费用单元的有关数据。收集过程应注意数据的准确性、系统性、时效性、可比性和适用性。收集和筛选数据的一般步骤包括：① 确定可能的数据来源，如经费及财务记录、所估算装备的费用数据库、费用研究报告、专家的分析判断、类似装备的历史费用数据库等；② 拟定利用数据源的策略，如进行现场收集或通信查询；③ 获得可利用的数据，并提取数据；④ 去伪存真，筛选数据，剔除数据中有明显错误的值；⑤ 补充遗漏的数据或更正错误数据。

第六步：建立费用估算模型并计算

根据估算要求和费用分解结构，选择适用的或建立费用估算关系式来计算费用，该式应能使估算简易、快速。计算费用时，应考虑到费用的时间价值。

第七步：不确定性因素和敏感性分析

不确定因素是指可能与估算时的假设有误差或变化的因素。对重大不确定因素必须进行敏感性分析。敏感性分析主要是指分析某些不确定性因素发生变化时，对费用估算结果的影响程度，以便为决策提供支撑信息。根据每次改变的因素的数目，敏感性分析可分为单因素敏感性分析和多因素敏感性分析。费用不确定性因素包括：① 由于设计要求变化带来的不确定性。装备寿命周期费用的绝大部分在设计阶段就已确定，研制过程中如果设计要求发生变化，必将引起费用的变化。② 由于技术原因带来的不确定性。原材料供应、加工条件和技术水平等原因，可能引起额外的开支，使费用发生变化。③ 费用估算不准确带来的不确定性。在建立数学模型时有些因素被忽略了，或所建立的模型本身不准确，估算时所依据的原始数据不准等，导致费用不确定性。④ 其他原因引起的项目投资超支和建设工期拖长。利率的变化使折算的金额改变，通货膨胀率的变化引起物价的变化等。

第八步：评价估算结果

检查估算结果是否满足估算目标的要求。若不满足，则要分析原因，并按流程重新或从中间环节开始再次估算，直到满足要求。

第九步：输出结果

整理估算结果，按规定编写寿命周期费用估算报告。主要内容包括：① 对估算流程每一步工作的详述和论证；② 将计算结果数据制成表格并绘制费用分布图；③ 初步的分析、评价和建议。

二、费用分解结构

1. 费用分解

将寿命周期费用分解为各个费用单元，分别估算各费用单元的费用，再累加后得到总费用。

2. 费用分解结构

按照寿命周期费用目标，将寿命周期费用逐级分解直至最基本费用单元，所构成的一组费用单元排列组合而成的层次体系。

3. 费用单元

为给定的寿命周期费用分析而确定的具有明确含义的最低一级费用，能够用数学公式进行表述和计算。

4. 费用分解结构的编制原则

寿命周期费用首先分解为若干主费用单元，每个主费用单元又分解为若干子费用单元，如此逐级分解，直至可以单独进行计算的基本费用单元。

5. 费用分解结构的三维分解法

首先，从寿命周期各阶段进行分解；其次，从产品工作分解结构进行分解；最后，从费用类别方面进行分解。

6. 建立费用分解结构的原则

（1）必须考虑全系统、全过程的所有相关费用。

（2）各费用类目可以按照阶段以及工作门类和等级，或按照硬件组成部分来划分。

（3）每个费用单元应有明确的定义。

（4）各费用单元应用特定的符号编码处理。

（5）费用分解结构应与工作分解结构和财会类目协调。

（6）项目进程中，费用分解结构的基本模式不可随意改动。

装备寿命周期费用的各部分存在一定比例关系。费用管理时，保持论证费、研制费、购置费、使用与保障费之间的适当比例，是衡量管理成效的重要方面。

三、费用估算方法

目前，我国进行装备寿命周期费用估算时，较常用的方法有类比估算法、参数估算法、工程估算法、专家判断估算法。其中，以参数估算法和工程估算法应用最为广泛。

1. 类比估算法

用一种或者少数几种相同或相似产品与将要实施的项目进行对比估算。基于过去相似产品和技术的经验进行费用估算，使用历史数据并修正到可反映出费用升级和技术进步的影响。当从整体上找不到相似装备时，可进一步把装备分解至较低层次，找到相似的部分，进行类比。

类比估算法是将待估算装备与有准确费用数据和技术资料的基准比较系统在技术、使用与保障方面进行比较。首先分析两者的异同及其对费用的影响，考虑两者在功能、结构和性能上的差异，对待估装备的费用相对于基准比较系统进行一定的修正；然后计算出待估装备的费用估计值。类比估算法既可以用来对具有同样特征的相似系统进行估算，例如，用已知的民用车辆的费用来估算类似的军用车辆的费用；也可以用于具有相同费用特征的不同系统进行比较并估算，如用已知的飞机的费用估算飞航式导弹的费用。

使用类比法进行费用估算，主要是利用历史数据，然后根据技术进步的影响和价格因子进行修正。这种方法简单易行，通常用于装备系统计划的早期阶段。但是，其估算结果从某种程度上取决于对两种类比系统之间相似性估计的主观程度，因此准确程度相对较差。

2. 参数估算法

利用大量类似产品的统计结论与新产品进行比较，以历史数据的统计结论为依据，推导产品某些物理特性或性能特性与费用之间的关系，从而得出费用估算关系式，它是运用产品重要的参数和变量来开发用公式表示费用估算关系的方法，是根据同类装备的历史费用数据，选取对费用敏感的物理和性能量度作为变量，运用回归分析法建立。

参数估算法是根据多个同类装备的历史费用数据，选取对费用敏感的若干个主要物理与性能特性参数，运用回归分析法等数据处理方法建立费用与参数之间的数学关系式来估算寿命周期费用或某个主要单元费用的估计值。参数估算法的输入为系统的性能参数，因此具有客观性较好、快速、便捷的优点，而且能迅速地估计出装备的性能或其中某些特征量的变化对费用的影响，从而在设计方案的选择及设计方案变更时对费用的影响作出评估。但是，也存在一定的局限性。例如，由于参数法的实质是参考某个或某些已有装备的费用影响因素与规律，而全新系统或新技术含量很高的系统就没法使用参数估算法。

参数估算法适用于研制初期和工程发展早期阶段，而这一阶段的决策对装备整个寿命周期费用有重要影响（根据帕累托曲线，寿命周期费用的 70%～80%已经确定），从而决定了参数估算法的地位与作用，自然地成为研究的重点。国外著名的飞机寿命周期费用模型如 IC 机的研制与采购费用模型（Development and Procurement Cost of Aircraft，DAPCA）、全寿命费用模型（Modular Life Cycle Cost Model，MLCCM）和计划研究公司模型（Planning Research Corp，PRC）等都是利用参数估算法建立的。参数估算法的准确程度主要取决于模型建立的可靠性，因此多数关于寿命周期费用参数估算法的研究都侧重于模型建立方法的研究。

3. 工程估算法

采用自下而上的方式对项目的各个部分的费用进行集成。首先直接按费用分解结构对基本费用单元估算出费用值；然后自下而上逐项累加得出寿命周期费用估算值。某些费用单元可应用其他方法估算费用。在计算每个基本费用单元时，都应考虑费用的时间价值。

工程估算法是利用工程分解结构自下而上地逐项计算费用，将整个装备系统在寿命周期内的所有费用单元累计得出寿命周期费用估计值。进行工程估算时，其输入由各细节费用相关专家提供，具有结果较准确、有利于对各个竞选方案进行比较的优点。但是，它对数据要求高，而且难以对估算结果进行评价与鉴定，某些费用带有一定主观性。工程法通常适用于设计阶段后期和生产阶段，尤其是用来估算使用、保障费用具有明显优势。

4. 专家判断估算法

专家判断估算法即由专家根据经验判断估算出装备的寿命周期费用估计值，是一种经验估算费用的方法。尽量由多个有经验的、无利害关系的专家独立估算，然后累加，以减少主观性。

第四节 挣 值 法

挣值法（Earned Value Management，EVM）[48]作为一项先进的项目管理技术，最初是美国国防部于1967年首次确立的。目前，挣值法已广泛应用于各类项目的费用、进度综合分析控制。

一、挣值法的三个基本参数

1. 已完成工作预算费用

已完成工作预算费用（Budgeted Cost for Work Performed，BCWP），是指在某一时间已经完成的工作（或部分工作），以批准认可的预算单价为标准所需要的资金总额。由于甲方正是根据此数值为承包人完成的工作量支付相应的费用，也就是承包人获得（挣得）的金额，故称赢得值或挣值，其计算公式为

已完成工作预算费用=已完成工作量×预算（计划）单价

2. 计划工作预算费用

计划工作预算费用（Budgeted Cost for Work Scheduled，BCWS），即根据进度计划，在某一时刻应当完成的工作（或部分工作），以预算单价为标准所需要的资金总额。一般来说，除非合同有变更，计划工作预算费用在项目实施过程中应保持不变，其计算公式为

计划工作预算费用=计划工作量×预算（计划）单价

3. 已完成工作实际费用

已完成工作实际费用（Actual Cost for Work Performed，ACWP），即到某一时刻为止，已完成的工作（或部分工作）所实际花费的总额，其计算公式为

已完成工作实际费用=已完成工作量×实际单价

二、挣值法的四个评价指标

在上述三个基本参数的基础上，可以确定挣值法的四个评价指标，它们也都是时间的函数。

1. 费用偏差（Cost Variance，CV）

费用偏差的计算公式为

$$费用偏差 = BCWP - ACWP$$

当费用偏差为负值时，即表示项目运行超出预算费用；当费用偏差为正值时，表示项目运行节支，实际费用没有超出预算费用。

2. 进度偏差（Schedule Variance，SV）

进度偏差的计算公式为

$$进度偏差 = BCWP - BCWS$$

当进度偏差为负值时，表示进度延误，即实际进度落后于计划进度；当进度偏差为正值时，表示进度提前，即实际进度快于计划进度。

3. 费用绩效指数（Cost Performance Index，CPI）

费用绩效指数的计算公式为

$$费用绩效指数 = BCWP/ACWP$$

当费用绩效指数小于1时，表示超支，即实际费用高于预算费用；当费用绩效指数大于1时，表示节支，即实际费用低于预算费用。

4. 进度绩效指数（Schedule Performance Index，SPI）

进度绩效指数的计算公式为

$$进度绩效指数 = BCWP/BCWS$$

当进度绩效指数小于1时，表示进度延误，即实际进度比计划进度拖后；当进度绩效指数大于1时，表示进度提前，即实际进度比计划进度快。

费用（进度）偏差反映的是绝对偏差，结果很直观，有助于费用管理人员了解项目费用出现偏差的绝对数额，并依此采取一定措施，制订或调整费用支出计划和资金筹措计划。但是，绝对偏差有其不容忽视的局限性。如同样是10万元的费用偏差，对于总费用1000万元的项目和总费用1亿元的项目而言，其严重性显然是不同的。因此，费用（进度）偏差仅适合于对同一项目作偏差分析。费用（进度）绩效指数反映的是相对偏差，它不受项目层次的限制，也不受项目实施时间的限制，因而在同一项目和不同项目比较中均可采用。

在项目的费用、进度综合控制中引入挣值法，可以克服过去进度、费用分开控制的缺点,即当我们发现费用超支时,很难立即知道是由于费用超支还是进度提前;相反,当我们发现费用低于预算时,也很难立即知道是由于费用节省还是由于进度拖延。引入挣值法可定量地判断进度、费用的执行效果。

三、挣值法表示方法

在项目管理中,挣值法常用的表示方法有甘特图法、表格法和曲线法。

1. 甘特图法

用甘特图法进行费用偏差分析,是用不同的横道标识已完工作预算费用、计划工作预算费用和已完工作实际费用,横道的长度与其金额成正比例,如图 5-2 所示。甘特图法具有形象、直观、一目了然等优点,它能够准确表达出费用的绝对偏差,而且能一眼感受到偏差的严重性。但这种方法反映的信息量少,一般在项目的较高管理层应用。

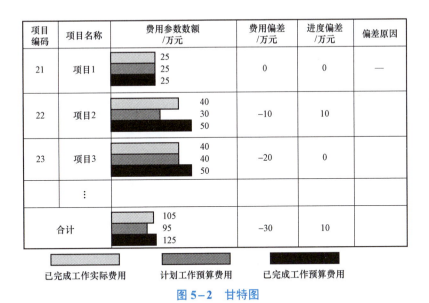

图 5-2　甘特图

2. 表格法

表格法是进行偏差分析最常用的一种方法。它将项目编号、名称、各费用参数以及费用偏差数综合归纳入一张表格中,并且直接在表格中进行比较。由于各偏差参数都在表中列出，使得费用管理者能够综合地了解并处理这些数据。

用表格法进行偏差分析具有以下优点：

（1）灵活、适用性强。可根据实际需要设计表格，进行增减项。

（2）信息量大。可以反映偏差分析所需的资料，从而有利于费用控制人员及时采取针对性措施，加强控制。

（3）表格处理可借助于计算机，从而节约大量数据处理所需要的人力，并大大提高速度。

3. 曲线法

在项目实施过程中，挣值法的三个参数可以形成三条曲线，即计划工作预算费用曲线、已完工作预算费用曲线、已完工作实际费用曲线，如图5-3所示。

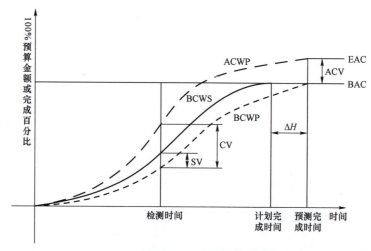

图 5-3 曲线法

采用挣值法进行费用、进度综合控制，还可以根据当前的进度、费用偏差情况，通过原因分析，对趋势进行预测，预测项目结束时的进度、费用情况。项目完工预算（Budget at Completion，BAC）指编制计划时的项目完工费用。预测的项目完工估算（Estimate at Completion，EAC）指计划执行过程中根据当前的进度、费用偏差情况预测的项目完工总费用。ACV为预测项目完工时的费用偏差（At Complement Variance）。

第五节 质量管理方法

一、质量管理

质量管理是为了满足项目利益相关方的需求,确保项目交付成果质量和项目管理过程质量,而进行的质量保证大纲制定、质量工作计划编制、质量技术文件开发、质量成本控制、质量审核等工作[48]。

1. 质量保证大纲

质量保证大纲是质量管理的根本指导,包括制定质量方针、质量目标、质量策划、质量控制、质量保证和质量改进。

质量保证大纲包括强调用户满意、预防重于检查、质量管理全员职责、质量持续改进等内容。

质量保证大纲是对整个项目的质量目标、方向、实施、改进等所作出的指导性文件,是进行项目管理必须遵从的要求。

2. 质量工作计划

质量工作计划的编制就是确定与项目相关的质量标准,以及需要重点控制的环节如何达到这些标准要求的计划,包括对计划、采购、项目实施、检验等质量环节的控制方案。项目团队需要事先识别、了解客户的质量要求,然后制定详细的质量工作计划去满足这些需求。

质量工作计划的主要内容包括以下几项:

(1) 项目总质量目标和具体目标。

(2) 质量管理工作流程,可以用流程图展示各项活动。

(3) 项目各个不同阶段、职责、权限和资源的具体分配。

(4) 项目实施中需要采用的具体的书面程序和指导书。

(5) 有关阶段使用的试验、检查、检验和评审大纲。

(6) 达到质量目标的测量方法。

(7) 随项目进展而修改和完善质量计划的程序。

（8）为达到项目质量目标必须采取的其他措施，如更新检验技术、研究新的工艺方法和设备、用户的监督、验证等。

编制质量工作计划的主要方法有质量功能展开、成本/效益分析、基准比较、流程图、实验设计等。

3. 质量技术文件

质量技术文件是进行项目质量管理中表述保证和提高项目质量的技术支持内容，包括与项目质量有关的设计文件、工艺文件、研究试验文件等。

4. 质量成本

质量成本是指为了达到产品或服务质量标准要求而进行全部活动所发生的所有成本，包括为确保与质量要求一致而进行的所有工作，以及由于不符合质量要求而引起的返工、修补等额外工作。

质量成本主要有以下三种。

（1）预防成本：为提高质量系统和过程与产品质量的预防措施所花费的成本。

（2）鉴定成本：确定质量和过程的成本。

（3）失效成本：纠正和纠正措施所引起的成本。

5. 质量审核

质量审核是确定质量活动及其有关结果是否符合计划安排，以及这些安排是否有效贯彻并适合于达到目标的有系统的、独立的审查。通过质量审查，评价审核对象的现状对规定要求的符合性，并确定是否需采取改进纠正措施，从而达到以下要求：

（1）保证项目质量符合规定要求。

（2）保证设计、实施与组织过程符合规定要求。

（3）保证质量体系有效运行并不断完善，提高质量管理水平。

质量审核的分类包括质量体系审核、项目质量审核、过程（工序）质量审核、监督审核、内部质量审核、外部质量审核。质量审核可以是有计划的，也可以是随机的，可以由专门的审计员或者是由第三方质量系统组织审核。

二、质量控制方法

现代质量控制的方法应用了数理统计的基本原理，在装备项目质量控制的各个阶段起着很重要的作用。常用的数理统计方法有统计表分析、帕累托分析、因果分析、趋势分析、直方图、散点图和质量控制图以及 6σ 质量管理方法[40]。这些基本的工具用于有效的资料收集，可以对资料样式进行辨析，并对可变性作出测量。

1. 统计表分析法

统计表分析法，是利用统计表进行数据整理，并粗略分析原因的一种方法。它的格式有多种多样，一般因调查统计的目的而异。具体包括以下几类：

（1）掌握项目实施质量状况用的数据，如装备项目状况调查表等。

（2）分析质量问题、原因用的数据，如参数超差统计表等。

（3）控制工序质量用的数据，这类数据是为了掌握工序生产状态的稳定性，用以对工序质量做出判断和确定对策，如故障统计表等。

（4）判断装备质量水平的数据，这类数据是为了评判已完成项目的质量状况，作为装备质量合格控制的依据，如元器件使用现场质量反馈表等。

统计表分析法比较简单，可直接从表格中的数字观察分析问题，但是计算分析不够精确，查找原因麻烦，也难以进行控制。不过它可以为下一步利用帕累托分析、控制图等其他统计工具进行分析打下基础。

2. 帕累托分析法

帕累托分析法又称为主次因素分析法或排列图分析法，是把所谓的"关键的少数和次要的多数"关系的帕累托法则应用于质量管理，是寻找影响项目质量主要因素的一种常用的统计分析工具。

帕累托分析的具体做法：按影响程度的大小将影响质量的各个因素从左至右排列在横坐标上，并以左、右纵坐标分别表示频数、累计频率，先按各因素的频数绘制各因素频数直方图，再计算频数做累计频率曲线，得到帕累托分析图，如图 5-4 所示。自频率纵坐标引累计频率为 80%、90%、100%的三条平行于横坐标的虚线。横坐标及三条虚线由下向上将累计频率分为 A、B、C 三个类区。A

类因素对应于频率 0~80%，是影响项目质量的主要因素；B 类因素对应于频率 80%~90%，是次要因素；C 类因素对应于频率 90%~100%，是影响项目质量的一般因素。运用帕累托图，有利于确定主次因素，使错综复杂的问题一目了然。

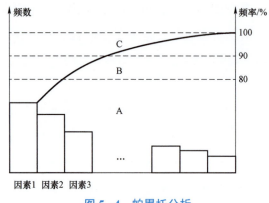

图 5-4　帕累托分析

3. 因果分析图

因果分析图又称树枝图或鱼刺图，也有叫特性因素图，如图 5-5 所示。它在做定性分析装备故障等质量问题时实用价值很大。与帕累托分析图不同，因果分析图不仅可以列出影响装备质量的一切原因，还可以归纳出影响装备质量的原因之间的两种关系，即平行关系和因果关系。因果分析图能同时整理出这两种关系，并逐级分层，从大到小，从粗到细，直至分析出影响装备质量的关键环节和主要原因。对于确定的主要原因，还可以取出来单独画因果分析图，做更深入一

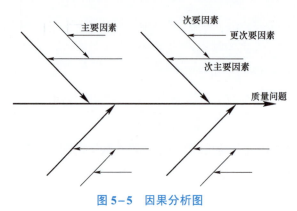

图 5-5　因果分析图

步的分析。一张大的因果分析图，还可以附上若干张小的因果分析图。对画出因果分析图定出主要原因后，很关键的一步是要进行现场调查和验证，确定哪种意见是正确和关键因素。采取提高质量措施后，再用帕累托分析法检验其实际效果。

4. 趋势分析法

趋势分析法是在散点图中确定拟合数据最好的方程的统计方法，如图 5-6 所示。它量化数据之间的关系确定方程，以及测度数据和方程之间的拟合度。这种方法也称曲线拟合或最小二乘法。

趋势分析的最大贡献之一是装备质量问题的预测。回归方程或趋势线方程对自变量或输入变量的每一个增量变化引起的因变量的变化提供了清晰易懂的测度。运用这一原则，我们可以预测项目过程发生变化后的影响。

5. 直方图法

直方图法是装备质量数据整理和分析的常用方法之一。为了能够比较准确地反映质量数据的分布状况，常用横坐标表示质量特征值，纵坐标表示频数或频率值，各组所包含数据的频数或频率的大小用直方柱的高度表示，如图 5-7 所示。这种图形称为直方图，又称为质量分布图、矩形图。

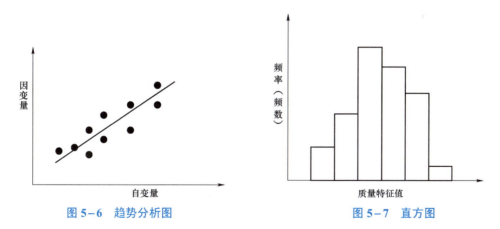

图 5-6　趋势分析图　　　　　图 5-7　直方图

按纵坐标计量单位的不同，直方图分为频数图和频率图，前者直接反映了质量数据的分布情况，而后者其纵坐标值与标准正态分布的概率基本一致，各直方柱面积之和为 1。在同一个图中画出标准正态分布曲线，可以形象地看出直方图与正态分布曲线的差异。直方图法可用来分析、判断和预测装备项目的质量问题，从而采取相应措施。

6. 散点图法

散点图法又称为相关图法。它用来初步分析质量过程中两个随机变量之间的关系。常见的有四种基本的散布图形,如图 5-8 所示。

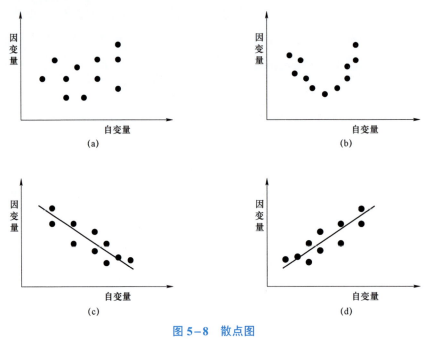

图 5-8 散点图
(a) 不相关;(b) 非线性相关;(c) 负相关;(d) 正相关

7. 控制图法

质量控制图是一种能直接反映随时间(或子样号)变化的动态质量管理图形,如图 5-9 所示。其主要用途是对装备质量数据的波动进行监督、分析与控制。控制图的建立、应用和组合建立在装备质量数据呈正态分布的基础上。控制图的中心线代表数据的平均值 μ,控制图的上下限分别代表均值加减 3 倍的标准差($\mu+3\sigma$,$\mu-3\sigma$)。在装备项目质量管理过程中,如果质量控制特性值点都落在控制线以内并且排列无缺陷,则认为装备质量正常。如果特性值点落在控制线以外,或虽未越出界限,但排列有缺陷,则认为存在异常因素,应查明原因,采取措施。

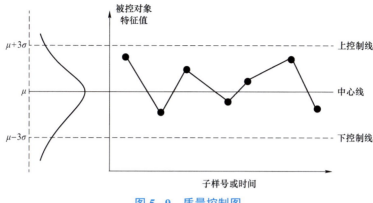

图 5-9 质量控制图

第六节 综合评价法

在项目管理中,需要对项目管理要素的计划、方案、过程和结果等进行评价,并作为进一步决策的基础。项目管理评价方法有很多,这里只介绍综合评价法。

一、综合评价法的概念及步骤

综合评价法是指在项目管理的评价中,从总体和系统的角度,运用多个指标对被评价对象进行评价的方法。构成综合评价的因素如下:

(1)评价者。评价目的的给定、评价指标的建立、评价模型的选择、权重系数的确定都与评价者有关。

(2)被评价对象。被评价对象可能是项目管理中的一个计划,可能拓展到技术水平、社会发展、环境质量、竞争能力、综合国力等方面。

(3)评价指标。评价指标从系统角度反映特定被评价对象数量规模与数量水平。

(4)权重系数。相对于某种评价目的来说,评价指标相对重要性是不同的,因此按评价指标的重要程度确定其权重余数。权重系数确定合理与否,关系到综合评价结果的可信程度。

(5)综合评价模型。所谓综合评价法,就是指通过一定的数学模型将多个评价指标值"合成"为一个整体性的综合评价值。

一般地,综合评价法有以下主要步骤[49]:

(1)明确要综合评价的问题,确定综合评价的目的。

(2)确定被评价对象。

(3)建立评价指标体系,包括收集评价指标的原始数据和对评价指标数据的若干预处理等。

(4)确定与各项评价指标相对应的权重系数。

(5)选择或构造综合评价模型(评价方法)。

(6)计算各被评价对象的综合评价的指标值,并据此做出合理决策(排序或分类选择)。

综合评价的过程不是一个随意的简单问题,而是一个对评价者和实际问题的主客观信息综合集成的复杂过程。综合评价法的一般流程如图5-10所示。

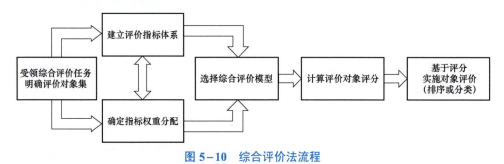

图 5-10 综合评价法流程

二、综合评价的主要方法

综合评价法包括评分法、专家排队法、模糊评价法等。

1. 评分法

评分法是针对评价指标中的各个项目,选择一定的评分标准和计算方法对被评价对象进行定量评价的方法。评分方法有直接评分法和加权系数法,前者各评价指标分值均等;后者按各评价指标的重要程度确定其权重,每个评价指标的分数乘以加权系数后再相加计算总分。

加权系数也称为权数或指标权重,它体现了各项指标的相对重要程度。在指标体系和评分标准的前提下，综合评估结果就依赖于指标权重，因此指标权重确定得合理与否，关系到评估结果的可信程度。

确定加权系数的方法有很多种，最常用的有定性的德尔菲法、定量的统计分析法，以及定性与定量相结合的层次分析法。在使用加权平均法对各个方案进行指标综合之前，各项指标均已数量化，并且已化为统一的计分制。

在应用加权平均法时，应注意以下几点：

（1）列写指标因素应考虑周全，避免重大的遗漏。

（2）指标之间应该互相独立，避免交叉，尤其要避免包含与被包含关系。

（3）指标宜少不宜多，宜简不宜繁。

（4）要考虑收集数据的可能性与方便性，尽量利用现有的统计数据。

（5）对于各项指标因素分配的权重要适当。

（6）根据评估对象实际情况，可以考虑设置特别重要和否决指标。

第（1）（2）（3）点可以概括为"最小覆盖原理"。关于指标因素的周全性，应因具体问题而异，不同的系统，其指标因素是不一样的，第（6）点可以防止不同性质的指标的简单并列。加权平均法也有两种形式，一种是加法规则，另一种是乘法规则。

2. 专家排队法

请若干名有经验的专家，根据其专业经验，对被评价对象按优劣进行排队，最优者得到最高分（一般是被评价对象的个数），最差者得到最低分数（一般是1分），然后将所有专家对各个被评价对象的评分相加，总分最高者为最优。

3. 模糊评价法

模糊评价法的评分标准是将定性评价中的模糊概念，如"不好""不太好""较好""很好"等用某种区间内的连线数值来表达评分值，使评分更精确，综合评价法的结果更准确。

此外，独立—协商评分法、层次分析法也可以作为指标综合的方法。层次分析法是兼有系统分析与系统综合的多功能方法。

除上述这些方法外，可以用于指标综合的方法还有许多，如功效系数法、比率法、乘除法、主次兼顾法、指标分层法等。在进行综合评价时，有时也可将几种方法结合起来运用。

第七节　SWOT 分析法

SWOT 分析法于 20 世纪 80 年代提出，它是战略管理的重要工具，在项目管理中可用于项目战略管理、项目组合管理、项目风险管理等。

SWOT 中几个字母的含义："S"代表"Strength"（优势），"W"代表"Weakness"（弱势），"O"代表"Opportunity"（机会），"T"代表"Threat"（威胁），S、W 是内部因素，O、T 是外部因素，如图 5-11 所示。SWOT 分析法是一种基于自身实力，对比竞争对手，找出自身优势、劣势及核心竞争力所在，并分析外部环境变换带来的机会与挑战，进而制定最佳战略的方法。

	优势 (Strength)	劣势 (Weakness)
内部因素		
外部因素	机会 (Opportunity)	威胁 (Threat)

图 5-11　SWOT 分析法

SWOT 分析法也可做成 SWOT 分析图，将它划分为四个象限，根据 SWOT 分析法结果所处的不同位置，SWOT 分析图提供了四种战略选择。在图 5-11 右上角的组织拥有强大的内部优势和众多的机会，应采取增加投资、扩大生产、提高生产占有率的增长型战略。在图 5-11 右下角的组织尽管具有较大的内部优势，但必须面临严峻的外部挑战，应利用自身优势，开展多元化经营，避免或降低外部威胁的打击，分散风险，寻找新的发展机会。处于图 5-11 左上角的组织，面临外部机会，但自身内部缺乏条件，应采取扭转型战略，改变内部的不利条件。

处于图 5-11 左下角的组织既面临外部威胁，自身条件也存在问题，应采取防御型战略，避开威胁，消除劣势。SWOT 分析法与组织战略如图 5-12 所示。

图 5-12　SWOT 分析法与组织战略

使用 SWOT 分析法，一般按以下步骤进行：

（1）如果实施项目，分析团队内部在哪些方面有优势。

（2）如果实施项目，分析团队内部在哪些方面有劣势。

（3）如果实施项目，分析团队外部在哪些方面会给项目带来机会。

（4）如果实施项目，分析团队外部在哪些方面会给项目带来威胁。

（5）将上述结果进行综合分析，确定项目的特定战略。例如，实施优势项目，放弃劣势项目。

第六章

装备项目管理队伍建设

装备项目管理工作能够得以顺利开展，得益于一支规模适度的高素质专业项目管理队伍。如果没有高素质、富有经验的项目管理人员，再好的项目管理制度都不可能取得成功。一切管理的核心是对人的管理，而项目管理的核心是对项目管理人员的管理，提高项目管理水平就必须要充分注重项目管理队伍的建设，切实提高项目管理人员的素质和专业水平。

第一节 国外装备项目管理队伍概况

国内的项目管理队伍概念与国外的采办队伍概念基本一致，因此对于国外项目管理队伍的介绍将主要采用采办队伍的概念进行。

一、项目管理队伍的规模

冷战结束以来，随着国际形势的巨大变化和装备采办改革的深入推进，各国装备采办队伍的总规模大体呈波浪式逐年下降后趋于稳定[50]。

美国国防部按照 1997 年制定的装备采办人员统计模型和方法，近几年装备采办队伍总规模呈"先逐年平稳下降、后保持平衡发展"的趋势，美军 1998 年的采办人员总量为 14.6 万人，2003 年为 13.4 万人。到 2012 财年，美军采办队伍总量为 151 749 人，其中文职人员数量在 13.6 万人左右，军职人员数量在 1.5 万人左右，文职人员与军职人员的比例大体为9：1。上述15万多人的采办队伍，是按承担采办职能与相关职业的人员进行统计的。如果按照从事采办管理的部门统计，将相关部门的所有人员都统计在内，这个队伍数量将更加庞大，在冷战时期最高曾达到62.2万人，冷战后美军大幅削减人员规模，2006年所有采办部门的人员总和也高达27.8万人，而同期按照美军有关标准确定的采办队伍数量为12.8万人。美军采取国防部集中统管、各军种分散实施的采办模式，采办队伍主要集中在军种层面，其中海军采办队伍最多，为5.3万人左右，占总量的35.0%；陆军采办队伍为4.2万人左右，占总量的27.6%；空军采办队伍3.4万人左右，占总量的22.4%；国防部及业务局约2.3万人，占比15%。

近年来，西欧各国逐步精干装备采办队伍，减少装备采办人员规模。英国国防部从1998年推行"精明采办"改革以来，逐步提高装备采办人员素质，精简装备采办人员数量。英国装备采办队伍主要分布在装备需求论证、装备采办管理和装备使用保障三个部门，这支队伍的数量从1998年的4.8万人，减少到2010年的3.05万人，其中装备能力局有540人，国防装备与保障总署有29 000人左右，军种需求管理部门约为1 000多人。法国装备采办队伍主要集中在国防部武器装备总署，武器装备总署的人数从20世纪90年代末的4.7万人，减少到目前的1.8万人。目前，日本防卫省拥有3万多名装备采办人员，其中包括1万多名军职装备采办人员和2.5万名文职人员。

二、项目管理队伍的结构

以美国装备采办队伍为例，从其队伍的专业结构、年龄结构、学历结构及岗位设置情况，可以看出其基本特点。

（一）专业结构

美国装备采办人员按照专业可分为14个领域，具体包括系统工程，合同签订，全寿命后勤，项目管理，生产、质量与制造，试验鉴定，商务，设施工程，信息技术，审计，现货采购，科学与技术管理，资产管理，其他（含教育、培训与职业发展）。

（1）系统工程人员数量最多，高达3.97万人，主要负责领导与管理武器装备的设计、研制、制造、采购、改进的工程活动，人员多为工程技术或工程管理人员。

（2）合同签订人员数量次之，总数约 3 万人，负责承包商的选择与招标，合同的准备、谈判与签订，合同全过程管理，终止合同。人员包括合同谈判员，合同专家，合同终止专家，合同管理员，采购分析员，行政合同签订官，采购合同签订官，合同定价或费用分析员。

（3）全寿命后勤人员与项目管理人员数量相近，分别为 1.75 万人和 1.58 万人左右。全寿命后勤人员负责制定采办后勤战略与规划，并开展后勤保障工作，相关人员主要集中在后勤与装备战备助理国防部长及其领导下的国防后勤局。项目管理人员负责装备项目全寿命管理，对装备项目实施成本、进度、性能综合管控，主要包括各部门采办执行官、计划执行官、项目主任及项目办核心管理人员。

（4）生产、质量与制造，试验鉴定，商务，以及设施工程四个领域的人员数量相近，大体维持在 0.7 万～0.9 万人的规模。其中，生产、质量与制造人员指的是合同管理人员，主要负责合同履行监督管理工作，相当于我军的军事代表人员。美军相关人员主要集中在国防合同管理局，人数约为 0.9 万人；试验鉴定人员主要指国防部层面的试验鉴定管理机构及军兵种的试验鉴定实施机构，人数约为 0.85 万人；商务人员主要指成本估算与财务管理人员，总人数为约为 0.8 万人，其中成本估算人员约 0.15 万人，财务管理人员约 0.65 万人；设施工程人员负责军事装备、设施、道路和海洋设施的设计、建设和全寿命周期维护，并开展环境保护工作，总数约 0.7 万人。

（5）信息技术与审计方面的人员数量相近，分别约 0.6 万人和 0.45 万人。前者负责信息系统建设与管理工作，主要为信息技术专家、计算机工程师、信息管理人员等；后者负责装备采办过程的财务审计，主要集中在国防审计局。

此外，美军还拥有大量现货采购、科学与技术管理、资产管理等方面的采办人员。

综上所述，美军采办队伍中系统工程、合同签订、全寿命后勤、项目管理四个领域的采办队伍人员规模最大，总量超过 10.3 万人，占采办队伍总量的 2/3。剩余 5 万人中，生产、质量与制造，试验鉴定，商务，设施工程四个领域的数量最大，总量为 3.3 万人。其他 6 个专业的采办队伍总量仅 1.5 万人左右。从上述情况，我们可以看出美军采办队伍建设具有以下几方面特点：① 美军高度重视装备系统工程管理，通过维持规模庞大的系统工程及技术管理队伍，强化对装备的精细化管理，使装备保持较强的可靠性、稳定性与技术成熟度；② 强化装备合同签订管理工作与竞争性采购，美军认为合同内容是否科学、合同签订是否规范、承包商来源选择是否经过充分竞争，直接决定着最终的采办结果，美军严把合同签订管理这一关，每个项目办都设有合同签订官，加强对合同签订工作的统筹与管理；③ 对装备项目实施全寿命管理，其全寿命后勤及项目管理人员各 1.5 万人以上，是美军项目管理体系的主要组成人员，美军依托项目管理体系对装备项目实施全寿命管理，加强对装备采办各阶段的有效统筹与科学管理；④ 加强装备成本管理，美军拥有一支专职的装备成本估算与管理队伍，总数约 0.15 万人。此外，美军合同签订队伍（约 3 万人）以及生产、质量与制造队伍（合同管理人员约 0.9 万人）广泛参与装备成本与价格管理，确保了美军装备管理的科学性与有效性。

（二）年龄结构

美军采办队伍目前面临严重的老龄化问题，平均年龄 45 岁以上，超过 1/2 的采办人员将在未来 10 年内退休，部分领域如资产管理人员 10 年内退休的人员比例高达 75.3%。美国国防部认为采办队伍面临严重的"经验流失"风险，即经验丰富的采办管理人员退休后，美军采办领域有可能面临人员断层的风险。

美军采办队伍具有严重的老龄化风险，但同时我们也能看出其队伍保持了较高的稳定性，绝大多数专业化的采办人员都能工作至退休，这为美军采办队伍持续有效地开展采办管理工作提供了重要保证。

（三）学历结构

美军装备采办人员总体来讲拥有较高的学历层次，81.5%具有本科以上学历，获得学士学位，总量约为 12 万人，其中 5.3 万人具有研究生学历，占整个采办队伍的 34.8%。未达到本科学历的占比 18.5%，总量为 2.8 万人，其中约有 1/2 的人属于大学肄业，另外 1/2 的人仅高中毕业，还有 1 000 余人属于高中以下学历。

从上述学历结构可以看出，美军一方面重视学历教育，绝大多数都能达到本科以上学历，有 1/3 以上达到硕士及以上学历；另一方面并未将学历教育作为衡量采办队伍能力的唯一标准，有接近 1/5 的采办人员未达到本科学历，体现了美军对实际工作能力也十分重视。

（四）岗位设置结构

美军采办队伍按照岗位分为三大类，最高层为核心领导岗位，2012 财年该类岗位共有 1 333 名采办人员，占比 0.9%；中间层为关键采办岗位，2012 财年该类岗位共有 15 815 名采办人员，占比 10.4%；剩余为一般性采办管理岗位，2012 财年该类岗位共有 134 601 名采办人员，占比 88.7%。

第二节　国外装备项目管理队伍建设特点

深入分析国外装备项目管理队伍建设特点，对于总结装备项目管理队伍建设规律具有重要意义。

一、设立专门管理机构，实行专职化管理

在美国、英国、法国等国家，装备采办队伍是一个相对独立、专业完整的群体。为规范和加强装备采办队伍建设，这些国家除在国防部或军种部设立全军人员管理部门之外，还另外设立了专门管理装备采办人员的组织机构，负责管理全军装备采办人员的职业教育、培训和职业发展等工作。

美国国防部设立负责人事与战备的副部长，负责全军人事管理工作。此外，美国国防部和"三军"还分别建立专门的装备采办队伍管理机构，负责装备采办人员的管理、专业化培训和职业发展等工作。美国国防部采办与后勤部副部长领导的国防采购与采办政策办公室负责装备采办人员管理，该部门下设人力资本倡议局，作为采办人员教育、培训与职业发展工作的具体职能部门，负责制定采办人员教育、培训与职业发展工作的政策、计划，统一协调管理采办人员教育、培训与职业发展工作，组织、实施和管理"采办队伍演示"计划（即加强采办队伍建设的改革计划）和人才交流计划。此外，"三军"都设立了"采办职业发展管

理主任"等职位,负责执行美国国防部有关采办人员教育培训和职业发展的方针政策,制定本部门的采办人员培训计划并具体组织实施。

英国国防部设立了精明采办局,其一项重要职责就是负责采办人员的教育与培训工作。该局下设四个处,即精明采办深化处、精明采办推广处、投资审批委员会秘书处和精明采办局秘书处。精明采办深化处下设采办发展管理小组和人员发展小组两个小组。人员发展小组专门负责采办人员的训练与教育,通过了解采办人员的需求为其提供个人发展的工具和建议,以满足采办人员的个性化发展需要。

法国国防部武器装备总署设立了人文资源局,负责对装备采办人员实施统一管理和教育培训。人文资源局负责对采办执行官、项目主任和项目小组成员的职业技能和知识培训。人文资源局下设人员编制分局、技术、行政管理人员和工人分局、培训分局、法规和社会事务分局。其中,法规和社会事务分局负责参与制定相关的规章条例,并监督其在武器装备总署的实施;培训分局负责制定武器装备总署在人文资源方面的政策并监督其实施,管理武器装备总署内的初级培训学校和人文资源局的培训中心,履行武器装备总署委托的对工程师学校的托管职责。

二、制定相关法规制度,实行法制化管理

美国、英国等国十分重视法规建设,除对全军人事和人员管理制定了相关的法律、法规和指令外,还专门针对装备采办队伍这个特殊的群体,制定了相关法律、法规和指令,依法保障和推进装备采办队伍的全面建设。

美国建立起一套较为完备的法规文件体系,依法规范和加强装备采办队伍建设。美国国会于1990年颁布的《国防采办队伍加强法》,明确规定了装备采办人员教育培训和职业发展的组织管理、职责分工,装备采办人员的职业分类,主要职位的资格要求等内容;国防部颁布若干指令、指示、细则和手册,具体规范装备采办队伍教育和管理。① 颁布了国防部指令 DoDD 5000.52《国防采办教育、培训和职业发展计划》和国防部指令 DoDD 5000.57《国防采办大学》两条指令,明确了装备采办人员教育、培训与职业发展工作的管理体制及职责分工,规范了

国防采办大学的任务、组织管理、相关部门和领导的责任和权力等内容。② 颁布了国防部指令 DoDD 5000.58《国防采办队伍》和国防部指令 DoDD 5000.55《有关军职和文职采办人员的个人情况及职位情况的管理信息报告》两条指令，规范了采办职位的设置，关键采办职位，管理采办队伍和建立采办军团的政策、责任、程序等内容，规范了建立相关管理信息系统和报告制度、相关部门和领导的责任和权力等内容。③ 颁布了国防部细则 DoDD 5000.58–R《采办职业管理计划》，详细、全面规范了国防部国防采办队伍的建设、培训和管理的若干内容。④ 颁布了国防部手册 DoDD 5000.52–M《关于国防部军职和文职采办人员和职位的报告管理信息》，为各种采办职业领域规定了具体的经验、教育和培训标准，为采办人员提供了认证指导和职业发展道路。

英国、法国等国家也制定相关的法律、法规和指令，规定了装备采办队伍管理的组织体制和职责分工、采办队伍的专业领域和资格要求，规范装备采办队伍建设。

三、建立教育培训体系，开展终身职业培训

为了全面提高装备采办人员的整体素质，美、英、法、德等国都把专业化培训和继续教育放在重要位置，建立起完备的装备采办队伍教育培训体系，开展对装备采办人员的终身职业培训，加速人才成长。

美国建立起完备的装备采办队伍教育培训体系。美国早在 1971 年就成立国防系统管理学院，重点对项目管理人员进行专职培训。同时，各军种和国防后勤局所属院校也分别开设有"采办专业"或"采办课程"，培养各部门的装备采办人员。为进一步规范和加强全军装备采办队伍的专业化培训，1992 年 10 月，美国国防部在原有 10 多所军种和国防部所属院校和培训中心的基础上，成立国防采办大学，负责培训造就一支训练有素的、合格的装备采办人员，更好地实现"更快、更省、更好"的采办目的。近年来，国防采办大学重新整合了美国全军采办培训资源，打乱原来的学院设置，按照地区和专业分为西部地区、中西部地区、南部地区、东大西洋地区、东北部地区和国防系统管理学院六个培训中心；成立课程开发保障中心，按照项目管理、合同签订、后勤及维护、商务、工程及技术、

研究与发展六个专业领域制定全军统一的装备采办课程；统一安排培训计划，按照不同的职业领域和初、中、高三个级别，对不同采办人员进行有针对性的采办专业培训。美国国防采办大学地位很高，其培训内容紧扣国防部采办目标和任务，其培养"精明买主"的任务具体且实际，担负着国防部全部 13 多万采办人员的职业终身培训任务。

英国也很重视对装备采办队伍的专业化培训，建立起专门的装备采办队伍教育培训体系。英国国防部 2002 年 10 月成立训练与教育总局，成为英国国内最大的训练与教育机构，下设 140 多个训练与教育机构，每年完成 700 万日人次的训练与教育工作。在装备采办队伍培训方面，国防部精明采办深化处下设人员发展小组，专门负责采办人员的训练与教育，负责采办领导人的继续教育培训，主要培训在职或新任命的一体化项目小组组长和装备能力主任等高级采办管理人员；此外，该机构还负责为采办人员提供个性化的训练与教育指导和建议，为所有采办人员提供个人学习参考书目，对采办培训进行考核认证，并进行训练与教育的认证、评估和颁发学历证书。此外，英国国防部还依托相关院校培训装备采办人员，如英国国防学院专门设立了采办训练系，负责为军职、文职和工业部门从事采办工作的相关人员提供采办专业培训，培训内容涵盖能力需求设置、装备采购、使用管理和退役处置等装备采办专业，同时，通过相关网站为学员提供内容众多的采办课程，推荐学习材料，并通过电子邮件与采办专家沟通。此外，英国还设有皇家军事科学院和其他培训机构，负责对装备采办管理人员提供采办专业培训。

法国武器装备总署设立武器装备高级研究中心，负责对高级采办管理人员进行培训。该中心主要培养负责武器装备发展的高级管理人员，主要包括武器装备总署的武器装备工程师，来自陆、海、空"三军"参谋部的装备采办军官，以及法国军工企业的管理人员和工程师；并负责对国防部的技术管理人员或行政管理干部进行专业培训，特别是对那些赋有项目管理职责的人员进行职业培训。培训内容包括兵力系统结构分析，预研计划和武器装备项目管理等专业课程。此外，法国综合技术学院、国立航空航天学院、国立尖端技术学院、武器技术工程学院、国立航空制造工程学院、武器系统管理学院等院校也承担一些装备采办人员的培训和继续教育工作。

德国设立联邦国防管理与军事技术学院，负责装备采办教育培训工作。该学院负责对国防部总装备部、联邦军事技术与采办总署和装备保障司令部等部门从事装备管理的工程师和技术人员开展基本采办教育培训，并对项目管理人员开展相关采办专业的继续教育培训。培训内容包括计划与项目管理，采办过程，装备设计与工程，合同签订，采购，政府与商业事务管理，国际项目管理等采办课程。该学院的培训大部分为在职培训，并针对"价值工程"和"收益值管理"等具体采办专题举办的短期讲座。此外，慕尼黑国防大学和汉堡国防大学等军事院校，以及弗里德里克—亚历山大大学等非军事院校也提供某些装备采办专业的培训，德国国防部相关装备采办人员既可到联邦国防管理与军事技术学院接受与装备采办业务相关的在职培训，也可到其他各类军事或非军事院校接受有关专业培训。

日本防卫省重视对文职装备采办人员的严格考核和专业化培训。日本装备采办人员通过军事参谋院校（开设采办课程）和国防研修所（为高级0–5/6级和相当级别的文职学员上采办课）等培训机构进行专业化培训。

四、走职业化发展道路，增强队伍能力

美、英、法等发达国家都普遍重视走装备采办职业化发展道路，把装备采办职业分为若干职业领域或专业类型，每一领域又分低、中、高等不同级别，并界定出核心采办人员和关键采办人员的概念，对各个领域、各个级别分别制定不同的教育、经历和培训认证标准，依法规定采办人员的职业发展道路。

美国国防部对装备采办队伍实行定岗、定员、定责的人事管理制度，把装备采办人员分为14个职业领域，实施基于能力的资格认证计划。目前，美国国防部14个职业领域，分别是项目管理，合同签订，工业、合同、资产管理，采购，设施工程，生产、质量及制造，商务、费用估计及财务管理，采办后勤，信息技术，系统规划、研究、发展与工程—系统工程，系统规划、研究、发展与工程—科学技术管理人员，试验与鉴定，审计，其他（含教育、培训与职业发展）。美国国防部实施基于能力的资格认证计划，把每个职业领域都分为低、中、高三个资格认证等级（分别为第一、第二和第三级），对应于不同的等级，美国国防部

还界定了"采办军团""关键采办职位"和"核心领导"的概念。"采办军团"是具有第二级以上认证资格的，从事核心采办工作的采办人员，军职为少校或少校军衔以上的人员，文职为联邦政府职员级别 GS13 级以上的采办人员，至少在国防部采办职位、工业界或政府其他部门内的相应职位工作 4 年，且在会计、商业、财政、法律、合同、采购、经济、工业管理、市场营销、定量方法以及组织与管理的任何一门学科中，在正规的高等教育机构中学完了 24 个学分以上。"关键采办职位"是从"采办军团"选拔出来的，具有第三级认证资格的关键岗位的采办人员，军职为中校或中校军衔以上的人员，文职为联邦政府职员级别 GS14 级（含 14 级）以上的人员，主要包括计划项目执行官、项目主任、项目副主任、高级合同签订官等，而不同的职位又分别有具体的工作经历、学历和培训专业学分认证要求。"核心领导"是在"关键采办职位"中担任中、高层领导职位的人员，目前国防部和军种共有 1 500 人。

目前，美国国防部实施基于能力的资格认证计划，每个职业领域的三个等级都有明确的编制员额、岗位设置、职责要求和晋升路径。在晋升路径中，相关法规明确规定，从一个等级晋升上一个等级时，必须具备教育、经历和培训三个方面的强制性标准，经过国防采办大学的职能培训、实际工作锻炼、学位教育及专业团体专职培训三种途径，走采办队伍职业化发展道路。例如，在项目管理职业领域分为Ⅰ、Ⅱ、Ⅲ三个资格等级。进入该领域的新手要满足第Ⅰ级资格，必须具备三个强制性标准：① 具备 1 年项目管理经验；② 获得工程学、系统管理或企业管理的学士学位；③ 学完国防采办大学系统采办管理方面的基础课程。要满足第Ⅱ级资格，必须具备三个强制性标准：① 具备 2 年采办工作经验，其中 1 年必须为项目管理经验；② 获得工程学、系统管理或企业管理的硕士学位；③ 学完国防采办大学系统采办管理方面的中级课程。要满足第Ⅲ级资格，必须具备三个强制性标准：① 具备 4 年采办工作经验，其中 2 年必须为项目管理经验；② 在会计学、企业财务、法律、合同法、购置、经济学、工业管理、营销学、计量方法、组织和管理等学科中，至少修满 24 个学分；③ 完成国防采办大学系统采办管理方面的高级课程。美国国防部规定，只有满足各资格等级的三个标准，才能从事相应的工作，确保相关人员的能力满足任务的要求。

此外，西欧一些国家也走职业化发展道路，如英国国防部制定"采办能力框架"和"采办发展路线图"，"采办能力框架"提出采办人员在"行为能力"和"业务能力"两方面的要求，"采办发展路线图"规定了装备采办人员的职业发展道路，以利于实行装备采办队伍职业化管理，提高采办人员的综合能力。法国国防部实行人文资源管理模式，推进装备采办队伍职业化建设。法国装备采办人员绝大部分集中在国防部的武器装备总署，按照武器装备工程师、武器装备研究与技术工程师、设计与制造技术工程师、合同工程师、行政管理人员等不同专业职位，走职业化发展道路。

国外对装备采办人员实行职业化分类的做法，有效地保证了与装备采办工作相关的各个领域都拥有一支与专业化管理相适应的职业化队伍，从而使军方更好地成为精明的"买主"。

五、实行岗位轮换制度，培养复合型人才

随着现代装备采办管理专业化、综合化、系统化的发展，要求装备采办人员由单一专业人才转变为复合型管理人才。为适应这种新的要求，世界主要军事国家采取了一些有效措施，一项重要措施就是实行岗位轮换制度。

美国《国防采办队伍加强法》明确规定，国防部鼓励关键采办职位的高职采办人员，在完成该岗位工作5年之后，如项目主任在完成一个重要计划项目的里程碑之后，要轮换到新的职位任职。在实际工作中，国防部十分重视营造宽松、灵活的用人环境，通过采取"行政调动""工作轮换"、组建项目办公室或一体化项目小组等方式，促进装备采办人员在多个部门和工作岗位之间流动。美国国防部认为，实行人员轮换制度，有助于相关采办人员开阔视野，更新观念，优化知识结构，增强创新活力，培养复合型人才。法国国防部规定，一个装备采办人员必须在不同的部门任职，如一位项目主管必须在试验部门和工业生产部门两个关键领域任过职，而且必须在这两个部门的多个岗位上轮换过（每个岗位任职时间一般为2~4年），以获得不同专业领域的知识和管理技能，成为一专多能的复合型管理人才。日本装备采办管理人员也经常轮换岗位，如一个人可能在防卫省装备局、技术研究本部和自卫队相关部门进行岗位轮换，增强其丰富的工作实践经

验,成为一个能够更好适应多种工作要求的管理人才。

第三节 装备项目管理队伍建设规划和教育培训

一、装备项目管理队伍的建设规划

装备项目管理队伍建设规划,是在一定时期内对全面加强装备项目管理队伍建设的目标、内容、方法、步骤和措施等的计划和安排,其中,装备项目管理人才建设规划是关键,它是实施装备项目管理人才建设的蓝图。装备项目管理人才建设规划集中地体现着装备项目管理人才建设的发展方向,规定着装备项目管理人才建设的各项内容,规范着装备项目管理人才建设的具体活动,影响着整个装备项目管理人才建设目标的实现。因此,装备项目管理人才建设规划在装备项目管理人才建设中具有十分重要的地位和作用。

(一)制定装备项目管理人才建设规划的基本依据

装备项目管理人才建设规划制定得科学与否,与制定规划的依据有着直接的因果关系。如果依据不科学,则制定出的规划很难符合实际需要。所以,制定装备项目管理人才建设规划,必须首先正确地选择制定装备项目管理人才建设规划的依据。制定装备项目管理人才建设规划的基本依据主要包括:

1. 军队和国家人才建设的方针、政策

装备项目管理人才建设是军队人才建设和国家人才建设的重要组成部分,制定装备项目管理人才建设规划,必须依据国家和军队人才建设的一系列方针、政策。国家的文化教育体制,也是制定装备项目管理人才建设规划的重要依据之一。中央军委关于人才建设的原则、政策、措施、规划和要求等,是制定装备项目管理人才建设规划的直接依据,必须全面体现在装备项目管理人才建设规划中。

2. 现代装备项目管理对人才的需求

不同历史时期的装备项目管理对人才建设的要求是不同的。随着科学技术和武器装备的快速发展,装备项目管理工作对人才的数量和质量要求也越来越高。

制定装备项目管理人才建设规划，必须以现代装备项目管理对人才的需求为重要依据，在认真分析和科学预测装备项目管理人才需求的基础上，科学合理地确定装备项目管理人才的培养目标及数质量标准，以确保培养出的装备项目管理人才符合装备发展、装备管理和现代战争特别是高技术战争装备保障的需要。在预测现代装备项目管理对人才的需求和制定装备项目管理人才建设规划时，必须要着眼装备项目管理人才培养周期长、装备发展速度快的特点，做到适度超前培养装备项目管理人才。从一定程度上讲，宁肯让培养出来的人才等新装备，也不能让新装备等人才，以保证新装备及时形成战斗力。

3. 装备项目管理人才建设的现状

装备项目管理人才建设的现状是装备项目管理人才建设的起点和基础，因此也是制定装备项目管理人才建设规划的重要依据。现实状况中装备项目管理人才的素质基础、结构优劣、数量余缺，以及有关政策、措施完善与否等，都是制定装备项目管理人才建设规划必须充分考虑的重要因素。装备项目管理人才建设规划只有建立在客观现实的基础上，才具有较强的可行性和可靠性。与此同时，制定装备项目管理人才建设规划的立足点，首先要站在满足现实需要上，着眼发展，但从一定意义上讲，首先满足现实需要则更为迫切。因此，必须把立足现实摆在首位。装备项目管理人才建设的发展，是在现实基础上的发展。所以，如果片面地强调着眼发展而忽视现实需要，则必然导致装备项目管理人才建设规划脱离现实，成为没有坚实基础的空中楼阁。

4. 世界装备项目管理人才建设的发展趋势

世界上许多国家尤其是发达国家和军事强国，都非常重视装备项目管理人才建设。呈现出的发展趋势是：选拔装备项目管理人才的条件越来越严格，培养装备项目管理人才的起点越来越高，管理装备项目管理人才的制度越来越完善，给予装备项目管理人才的待遇越来越优厚。尽管世界各国的社会制度、国防体制、文化教育程度等有诸多不同，但所采取的装备项目管理人才建设措施却不乏相似之处。认真研究世界装备项目管理人才建设的发展趋势，有选择地借鉴外国尤其是发达国家采办人才建设的有益经验，对于加强我军装备项目管理人才建设具有借鉴意义。但是，借鉴外军的经验切不可盲目地照搬照抄，而是要从我国和我军的实际出发，否则就会适得其反。

（二）装备项目管理人才建设规划的主要内容

装备项目管理人才队伍是一个由多层次、多专业构成的庞大群体。作为客观反映这一复杂事物的装备项目管理人才建设规划的内容，应当相互衔接，彼此协调，完善配套。

作为一个完整的装备项目管理人才建设规划体系，通常应当由各类具体规划构成。从编制构成上应当包括全军规划、军种规划、部队规划等；从装备人才专业构成上应当包括科研论证人才建设规划、装备生产人才建设规划、指挥管理人才建设规划、维修保障人才建设规划、装备操作使用人才建设规划等；从装备项目管理人才建设的方式上应当包括人才选拔规划、人才培养规划、人才任用规划、人才管理规划。装备项目管理人才建设规划的基本内容通常包括人才建设的指导思想、方针、政策、目标、途径、规模、步骤、方法和要求等。例如，人才培养规划的基本内容通常包括人才培养的目标、数量和质量标准、时间或期限、承担人才培养任务的单位，以及达到目标的政策、措施和要求等。

（三）制定装备项目管理人才建设规划的方法与要求

装备项目管理人才建设规划，是在一定时期内实施装备项目管理人才建设的方案和依据。制定规划的方法科学与否，直接关系到规划的质量。因此，制定装备项目管理人才建设规划时，必须采取符合其客观规律与实际需要的方法。装备项目管理人才建设规划的制定，通常可分为四个阶段进行：① 准备阶段，主要是明确制定规划的要求，收集有关资料，进行调查研究等；② 拟制阶段，主要是按照有关规定和要求，在对有关资料进行全面研究、深入分析的基础上，有计划有步骤地进行拟制；③ 论证阶段，主要是广泛征求意见，充分发扬民主，集思广益，采取多种手段，进行反复论证；④ 审批阶段，主要是认真审查，严格把关，集体决策，确保装备项目管理人才建设规划的质量。

为保证装备项目管理人才建设规划切实可行，制定装备项目管理人才建设规划时应当注意处理好以下几个关系：① 处理好各类人才建设规划之间的关系，既要防止相互脱节，更要防止相互矛盾；② 处理好人才培养数量与质量的关系，既要保证数量，更要保证质量；③ 处理好人才培养的超前性与现实性的关系，既要适度超前，又要满足现实急需；④ 处理好人才培养目标与培养能力的关系，既要在确定培养目标时充分考虑培养能力，又要注意通过提高培养能力保证培养目标的实现。

二、装备项目管理队伍教育培训

当今世界，由于高新技术的快速发展和广泛运用，使得军事领域正在发生着深刻的变革，战争形态正在由传统的机械化战争向信息化战争转变。为了适应这一发展趋势，世界各国，尤其是发达国家的军队，在调整战略时都把争夺人才优势作为争夺新世纪战略主动权的关键。现代装备项目管理人才，既不是天生的，也不是自然成长起来的，而是有组织、有目的、有计划地培养教育出来的。装备项目管理人才培养，既是装备项目管理人才建设的主要内容，也是装备项目管理人才建设的重要手段，我们必须把人才培养摆在人才建设的首位。

（一）装备项目管理人才培养体系

装备项目管理人才培养体系，是由装备项目管理人才培养机构、培养对象、培养制度、培养方法等要素构成的有机整体。

1. 装备项目管理人才培养的体系构成及途径

由于世界各国的国防体制、文化教育水平、军事训练体制和装备机构编制等方面的差异，其装备项目管理人才培养体系也不尽相同，但大体上可以划分为"三元制"和"四元制"两种类型。"三元制"由军队院校系统、机关部队系统和预备役系统构成。目前，美、英、法、德等国军队采取的就是这种结构。"四元制"是在上述"三元制"的基础上增加了一个地方培训系统。所谓地方培训系统，是指对非预备役人员进行装备项目管理知识与技能普及性训练的地方机构和部门。俄罗斯和以色列等国采取的就是这种结构。

（1）军队院校系统

军队院校是和平时期培养装备项目管理人才的主要机构和基本途径。军队院校教育在培养装备项目管理人才方面，具有系统性、稳定性、延续性、规定性和定向性等得天独厚的优势，有着不可替代的作用。

按照划分军队院校类别的一般方法，培养装备人才的军队院校，从培养对象的层次上讲，由高级院校、中级院校和初级院校构成；从培养对象的工作性质上讲，由指挥院校、技术院校、指挥与技术合一的综合性院校构成；从培养对象在军兵种的分布上讲，由培养通用装备项目管理人才的院校、培养军兵种装备项目管理人才的院校构成。培养各级各类装备项目管理人才的军队院校，按照分工分别担负培养装备指挥人才、装备管理人才、装备科研人才、装备保障人才、装备操作人才等任务。

（2）机关和部队系统

从事装备项目管理工作的人员，除了进院校学习外，大部分时间都工作在机关或部队等岗位上。因此，通过工作实践和部队训练来提高装备项目管理人员的素质，就成为培养装备项目管理人才的又一条重要途径。换言之，机关和部队也是培养装备项目管理人才的一个重要系统。

（3）预备役系统

预备役系统主要是指以预备役人员为基础、现役军人为骨干，按规定的体制编制组成的部队。预备役人员中，有一些是在服役期间从事装备项目管理工作的人员，他们是预备役系统中培训装备项目管理人才的专业技术骨干。为了适应打赢现代条件特别是高技术条件局部战争的要求，预备役部队与现役部队的体制编制保持一致，从体制编制上完善装备机关及其保障分队。预备役装备项目管理人员的训练，主要采取短期集训和以工代训等方式，并可参加现役部队装备保障系统和抢险救灾等活动的装备技术保障。

（4）地方高校系统

在培养装备项目管理人才的大系统中，地方高校是一支不可忽视的力量，直接接收地方应届大学毕业生补充装备项目管理人才队伍这一现象，越来越普遍。这些地方高校有许多与装备项目管理专业相同或相近的专业，所培养的人才具有坚实的科学文化知识和专业知识，他们将逐渐成为装备项目管理人才队伍中的一支骨干力量。

除上述基本途径外，向国外派遣装备项目管理留学生，也将成为培养装备项目管理人才的又一条重要途径。

2. 完善装备项目管理人才培养体系的基本要求

装备项目管理人才的培养体系科学与否，直接关系到装备项目管理人才的培养质量。由于不同国家国民文化教育程度不同和装备的现代化程度各异，使装备项目管理人才的培养体系也不尽相同。即使同一个国家的装备项目管理人才培养体系，也应当随着国防建设指导思想的转变，军事装备的发展和国民文化教育水平的提高等情况的变化而不断完善。

（二）装备项目管理人才培养内容

装备项目管理人才的培养内容，是指通过教育训练等多种方式，要求培养对象掌握的知识、技能和应当具备的品质等的统称。培养内容在一定程度上反映所培养的人才的知识结构及总体素质。因此，科学设置培养内容，对于培养高素质的装备项目管理人才具有非常重要的作用。

1. 设置装备项目管理人才培养内容的基本要求

（1）鲜明的时代特征

装备项目管理人才的培养内容必须要与时代的发展同步，并适度超前，但决不能落后。具体来讲，装备项目管理人才培养内容的设置，应当把一般科技知识学习与高新科技知识学习相结合，并应突出高新科技知识的学习；把传统的装备保障技能训练与现代装备保障技能训练相结合，并应突出现代装备保障技能训练，从而使装备项目管理人才的培养内容，充分体现时代特征，符合高技术条件下局部战争对装备发展与保障的要求。

（2）很强的适应性

装备项目管理人才的培养内容设置有以下三个方面：① 必须与军事战略思想和军事战略方针相适应。由于军事战略思想和军事战略方针是指导国防建设和军队建设的总纲，所以也是设置装备项目管理人才培养内容的首要依据。装备项目管理人才的培养内容必须贯彻和体现当时的军事战略思想和军事战略方针。② 必须与战争对装备建设和保障的要求相适应。装备建设与装备保障的目的是满足战争的需要，在不同的历史时期，不同的作战方式和规模，对装备项目管理人才培养内容的要求也不相同。因此，必须根据作战的具体要求来设置装备项目管理人才的培养内容。③ 与装备项目管理人才培养的目标相适应。装备项目管理人才的培养目标，对装备项目管理人才的培养内容具有指导性和规定性。只有培养内容符合培养目标的要求，才能保证培养目标的实现。

（3）突出装备的专业性

在整个军事系统中，武器装备系统是一个专业性很强的相对独立的系统。因此，装备项目管理人才培养内容的设置，必须充分体现装备的专业性，突出装备项目管理人才培养的专业性特点。与此同时，还应当针对武器装备系统专业多、层次多的实际情况，具体设置各专业、各层次装备人才的培养内容。总之，装备项目管理人才培养内容的设置应做到专业门类齐全，专业个性突出，层次内容分明。

（4）适度的综合性

现代条件特别是高技术条件下局部战争，不仅要求装备项目管理人才的素质具有很强的专业性，而且要求具有一定的综合性。因此，装备项目管理人才培养内容的设置，应当注意专业性与综合性的紧密结合。例如，把相关的军事训练内容、科学文化知识等与装备项目管理专业内容融为一体；把装备项目管理专业中相关专业、相关层次的内容与本专业、本层次的内容有机地结合起来。但是，装备项目管理人才培养内容设置上的综合性并不是无限广泛的，必须把握适度。应在突出本专业和本层次内容的前提下，本着需要与可能相一致的原则，适度拓宽一些密切相关的内容。

2. 装备项目管理人才培养的主要内容

装备项目管理人才群体是一个由多专业、多层次构成的复杂群体。不同层次、不同专业装备项目管理人才的具体培养内容差别很大。但从宏观上看，其培养内容大体上由以下几部分构成。

（1）思想政治教育

装备项目管理人才培养，必须把思想政治教育摆在首要位置，确保装备项目管理人才政治合格。思想政治教育的内容，通常包括党的路线、方针、政策，我军的宗旨、任务和纪律等。除了这些培养军事人才的共性内容外，还必须突出装备项目管理人才的专业特点，把"两弹一星"精神作为思想政治教育的一项重要内容。"两弹一星"精神主要包括五个方面：① 爱国主义精神，即以钱学森、李四光、钱三强和朱光亚等为杰出代表的一大批当时在国外的著名科学家,置个人安危于不顾,历经艰险返回祖国,投身于新中国科研事业的精神。② 自力更生精神,即不畏西方资本主义国家的封锁和制裁,变压力为动力,以自力更生为主研制尖端装备的精神。③ 大力协同精神,即以全国"一盘棋",同心同德,团结协作,协同攻关和严密组织领导的精神。④ 科学求实精神,即以科学的态度和方法,探索事物发展的客观规律,老老实实按科学规律办事的精神。⑤ 努力攀登精神,即不怕困难,战胜艰险,瞄准世界先进水平,勇于攀登和善于攀登的创新精神。加强思想政治教育的目的,就是要使装备项目管理人才具有坚定的无产阶级政治立场,保持正确的政治方向,发扬无私奉献的革命精神,养成良好的职业道德,出色地完成本职任务。

(2) 科学文化知识

科学技术是第一生产力。科学文化知识是新型装备项目管理人才成长的必备基础。在科学技术飞速发展的今天,知识更新越来越快。作为知识和技术密集型的装备项目管理专业人员,学习和掌握科学文化知识就更为重要。因此,培养新型装备项目管理人才,必须加强科学文化知识教育。只有打牢科学文化基础,才能为学习和掌握先进的专业技能创造良好的条件。科学文化知识的范围很广,需要掌握的科学文化知识虽然越多越好,但人的精力和时间毕竟是有限的。因此,对于科学文化知识的学习,应当根据需要进行合理选择,并按照急用先学和循序渐进相结合的原则,逐步拓宽。

(3) 军事基础知识和技能

装备项目管理人才首先应当是具备一定军事素质的合格军队人员。因此,必须学习基本的军事知识,掌握基本的战术技术,进行军事体育和心理训练,增强装备项目管理人才的身体素质和心理素质,以提高装备机关和部(分)队防卫作战能力。同时,应加强、提高适应战场环境的能力。

(4) 装备项目管理专业知识和技能

对于培养装备项目管理人才而言,毫无疑问,必须把装备项目管理专业知识和技能作为主体内容。所设置的专业内容科学与否,以及时间上所占比例是否合理,在较大程度上决定着装备项目管理人才素质的高低。就整个装备项目管理专业内容设置而言，应当既包括理论知识，又包括应用技能；就每个专业而言，应当以本专业的理论知识、操作技能和专业勤务为主，同时还应设置相关的专业知识和技能；就某个层次而言，应当以本级的专业理论和技能为主，同时还应设置相邻层次的专业理论和技能。

（5）军民两用知识和技能

装备项目管理人才培养的内容，应积极推动军民相互促进，在保证军事需要的前提下，还应尽可能兼顾到民用的需要，努力使他们成为军地两用人才。

第七章

装备项目管理法规制度

装备项目管理法规制度是开展装备项目管理活动的基本依据。装备项目管理涉及装备全寿命周期的各项活动,其法规制度通常都是放在装备采购法规体系中进行系统考虑。完备的装备采购法规体系,是依法管理装备采购工作和确保装备采购工作有序进行的前提,是实现装备采购工作科学化、规范化管理的必经途径。加强完善装备采购法规建设,是适应新时代我国装备采购新形势新要求的内在需要,更是装备采购制度深化改革的重要保证。

第一节 装备采购法规概述

为适应国家国防建设需要和军事战略调整,在我国国防和军队改革推开后的新形势下,科学界定装备采购法规的相关概念并充分认识其地位作用,对于深化装备采购制度改革具有重要意义。

一、装备采购法规的概念

装备采购行为的性质应既有市场(经济)行为的属性,即民事行为的属性,要受民法某些基本原则的制约;又有政府行为的属性,即军事行政行为的属性,受相关行政法的制约。

1. 装备采购法规

装备采购法规是指国家制定或认可调整装备采购活动过程中所产生的社会关系的法律规范的总称，或者说装备采购法规是指国家制定或认可调整装备采购关系的法律规范的总称。装备采购法规是国家和军队管理装备采购活动的法律规范，是装备法规体系中的一个重要的、相对独立的分支，这一定义包含三个基本意义：

（1）规范对象。装备采购法规是规范特定的装备采购关系的，也就是说，具有军事性质的装备采购关系才归装备采购法规调整。

（2）强制力。装备采购法规是反映国家军事意志的法律规范，其实施不仅要由国家的一般强制力保障，而且受军队特别强制力来保证。这一外部特征表明了装备采购法规的国家的强制性，也是军事法规包括装备采购法规不同于一般法律的特点之一。

（3）构成形式。装备采购法规是装备采购法律规范的总称。装备采购法规有广义和狭义之分。广义的装备采购法规由调整装备关系的法律、法规、规章等所包含的全部法律规范构成，既包括全国人大及其常委会制定的装备采购法律，也包括国务院和中央军委制定的装备采购法规，还包括军兵种、战区制定的装备采购规章，同时还包含军委及军委机关部门、军兵种、战区制定的军事规范性文件。狭义的装备采购法规仅指由国家权力机关制定颁布的装备采购法律。

2. 装备采购法律制度

法律制度是指调整某一特定范围内法律规范的总称或统称，它与某一特定范围内广义上的法律相同。装备采购法律制度，是指由国家有关权力机关包括军事机关等，按照法定的职权和程序，制定或认可用于调整装备采购关系的法律规范的总称。装备采购法律制度由调整装备采购关系的法律、法规、规章和散见于其他法律、法规、规章及国际条约与协定等中的有关条款组成。

3. 装备采购法规体系

装备采购法规体系，又称为装备采购法律制度体系，是装备采购法律体系的简称，是指由调整装备采购活动中各种社会关系的法律规范，按一定的逻辑关系构成的结构合理、层次分明、门类齐全、分类科学，具有内在联系、和谐统一的有机整体。装备采购法规体系既是装备法规体系的重要组成部分，也是我国军事法体系的组成部分。同时，装备采购法规体系因其调整对象性质的特殊性，又相对自成体系，具有相对独立性。装备采购法规体系由纵向层次法律制度和横向门类法律制度构成。对装备采购法规调整对象的认识不同，将直接决定装备采购法规体系在结构上的差异，对装备采购法规调整对象的界定在建立装备采购法规体系横向分类中起决定作用。装备采购法规体系是一个发展变化的体系。装备采购法规体系一方面随着社会主义市场经济与法治建设发展；另一方面随着装备管理体制和国防工业管理体制改革发展，处于不断发展变化之中。

二、装备采购法规的作用

装备采购法规是实现装备采购规范性管理的主要手段。装备采购法规建设之所以受到国家和军队的重视，是因为装备采购法规建设在国家和军队管理装备采购活动中发挥着极为重要的作用，这种作用是其他手段和方法所不能达到和替代的，具体体现在以下六个方面：

1. 保证装备采购管理体制运转的高效规范

本轮国防和军队改革，按着"军委管总，战区主战，军种主建"的原则对军队领导指挥体制进行了重大调整，在装备建设领域实行"军委集中统管，军种具体建管，战区联合运用"的体制架构，形成了军委、军兵种两级装备部门的采购管理结构，并由项目管理机构具体实施项目管理，这标志着我军装备采购体制进入了全新的发展时期。装备采购法规体系的建立与完善，对于明确各级装备采购管理部门的职责，理顺装备采购运行机制，规范装备采购管理行为，作用十分重要。要理顺装备采购各方面的关系，促进装备采购活动有序进行，合理的装备采购管理体制和协调的职责分工是必要前提。为构建合理的装备采购管理体制，我国在改革前也制定了大量的法律、法规，把装备采购工作相关的所有部门、组织机构、职责和相互关系都进行了具体的规范。2016年国防和军队改革以来，伴随中央政策制度改革调整整体布局，装备采购领域的一大批法规、规章和相关制度开始拟制或修订，进一步完善装备采购法规体系，对各级装备部门职责、职能分工和相互协调配合关系进行具体规范，从而有利于在新的体制下，从制度上和法律上保证党中央、中央军委关于装备采购方针政策的贯彻实施，有利于加强对全军装备建设的集中统一领导，有利于建立相互协调、相互制约的装备采购体系，理顺装备采购方方面面的关系，防止装备采购相关部门各行其是，相互推诿，使装备采购活动在新的装备采购管理体制下规范运行。

2. 保证装备采购活动在社会主义市场经济环境中有序进行

市场经济就是法制经济，法制不仅为经济发展创造良好的环境，而且直接规范各种经济行为，调节各种经济关系，已成为促进市场经济发展不可缺少的手段。装备建设是国民经济的重要组成部分，与市场经济的联系日益紧密。因此，装备建设必须与我国社会主义市场经济相适应，遵循相应的行为规则。作为装备建设重要组成部分的装备采购活动，既有军事行政活动的属性，又有经济活动的属性，同样存在着与市场经济相适应的问题。因此，装备采购活动在纳入市场经济的过程中，必须按照市场经济的规律，在国家统一的市场经济法律制度范围内运行。只有这样才能保证装备采购活动在市场经济环境中有序运行。市场经济是法制经济，装备采购涉及的社会关系比较复杂，保证装备采购活动有序进行，需要建立一个科学完备的、分类科学的、不同效力等级的、上下衔接配套的、整体协调的装备采购法规体系。

把装备采购各项活动纳入法制轨道，既能维护军队的正当权益，又能促进军工企业健康持续发展。完善的装备采购法规，有利于明确装备供求双方的权利和义务，调节和约束装备建设在社会主义市场经济活动中的各种关系，以此深化装备采购制度改革，进一步培育健康的军品市场，完善装备研制合同制度，建立健全竞争、评价、监督和激励机制，推动装备建设发展。装备采购除遵守和执行国家统一的市场经济的法律制度外，还必须建立起与社会主义市场经济相适应的新的装备采购法规制度，通过法律手段调整军队、政府有关部门和承包商之间在市场经济条件下的协作和交易关系。同时，还要对原有装备采购法规进行清理。对与国家现行法律规范存在明显矛盾，不适应市场经济需要的装备采购法规要及时加以修改和补充。这既是当前装备采购法规建设与市场经济相适应的一项紧迫而又繁重的任务，也是装备采购活动在市场经济环境中有序运行的保证。

3. 保证装备采购制度改革深入发展

近年来，在国家和军队改革的大潮中，伴随着国家和军队建设改革与发展的进程，中央军委从社会经济发展的大环境和战略全局高度持续深化推动装备采购制度改革，其中法规制度建设对于促进和巩固装备采购改革具有非常重要的意义。加强装备采购法规制度建设是深化装备采购制度改革的一项重要配套建设内容。加强装备采购法规建设，是持续深化装备采购制度改革的重要保证，主要体现在三个方面：① 充分发挥法规的科学性、严谨性，保证装备采购制度改革问题的决策科学化、民主化，减少和避免决策的失误；② 充分发挥法规具有的稳定性、连续性的特性，保证装备采购制度改革的连续性；③ 充分发挥法规具有的权威性、规范性的特性，用法律的强制力督促各级装备采购机关和有关人员遵循各项改革的政策、措施，保证装备采购制度改革的顺利进行。

实践证明，只有把改革纳入法制轨道，充分发挥法制的指引、促进和保障功能，才能使改革取得预期的效果。同样，深化装备采购制度改革，建立健全装备采购的竞争、评价、监督和激励机制，要从根本上保证采购制度改革目标的实现，就必须加强装备采购法规建设。这既是贯彻依法治国、依法治军和依法治装的客观要求，也是装备采购制度稳步发展的根本保证。

4. 保证战时应急装备采购任务的圆满完成

信息化战争表现出与以往常规条件下战争许多不同的特点，这些特点给装备保障领域带来一系列新的变化，提出了许多新的要求。在保障时效上，要求装备保障工作必须高速有效地运行，具有快速反应能力和快速保障能力，特别是提高战时应急装备采购能力和效率。而运用法律手段是达到战时装备采购活动高速有效运行目的的重要手段。这是因为法规制度可以将应急装备采购管理活动加以规范，可以明确国家、军队、各级政府、军工承包商的地位、权利和义务，使各级装备采购机构、人员权责分明、有章可循，随时可以按照既定的规则和程序运行。这样就可以避免和减少装备采购工作上"互相扯皮""踢皮球"的现象，赢得战时装备保障的高效率。

世界各国军队都非常重视战时应急装备采购法规建设，力求使装备采购法规同信息化条件下战争形态保持一致，有效地规范装备保障活动，以赢得战争的胜利。到目前为止，我国战时装备采购相关的立法还相对欠缺，战时应急装备采购法规体系还不完善。因此，必须加快推进战时应急装备采购法规制度建设，进一步完善装备采购法规体系，严格装备采购执法和监督，把战时应急装备采购工作纳入法制轨道，保证信息化战争应急装备采购任务的圆满完成。

5. 促进装备采购质量和效益的提高

现代高技术装备采购往往费用高、风险大、周期长、政策性强、保密与质量要求高，工作千头万绪，涉及科研、订购、保障的方方面面，参与人员众多，是一个庞大复杂的系统工程。目前，装备采购管理工作的外部环境发生了巨大变化，对装备采购管理工作也提出了新的更高要求。管理出效益、出质量、出战斗力、出保障力。装备采购管理工作必须改变原有受行政干预较多，管理手段不规范，采购方式单一，竞争性不强，缺乏法律效力等突出问题。装备采购法规，就要适应新形势和新要求，以法规形式对装备采购管理的责任主体、基本内容、程序方式、补偿机制、奖惩等方面进行规范，促进适应社会主义市场经济体制要求并符合装备采购自身特点和规律的管理机制的建立和有效运转，促进装备采购任务高质量完成，保证装备采购质量和效益提高。

6. 加强装备采购廉政建设

装备采购规模大、经费支出高，采购合同成为各承包商竞争的目标。腐败是商业活动中的伴生现象，由于在装备采购活动中，采购主体和供应商事实上处于不平等地位，经常出现采购人将行政行为与商业行为混杂在一起的现象，如果缺乏完善的监督机制，就给腐败的滋生营造了温床，极容易出现腐败行为。装备采购部门负责装备的调拨分配，管立项研制、订购验收，管钱管物，权力相对集中，内外交往多、影响大，特别需要加强廉政建设，避免在装备采购中发生欺诈、浪费和其他弊端。装备采购法规，一方面为规范装备采购程序化运作，提高装备采购活动的透明度，消除暗箱操作，加强监督管理，建立起制衡机制，净化交易环境提供保证；另一方面有利于装备采购人员认真遵守法规制度，正确行使手中职权，有效杜绝以权谋私和权钱交易等违法乱纪行为，从根本上抑制腐败现象的发生，促进装备采购廉政建设。

第二节 装备采购法规体系

装备采购法规体系是军事法体系和装备法体系的组成部分。推动装备采购法规建设，主要任务是建立健全适应社会主义市场经济体制和装备建设发展要求的装备采购法规体系。在社会主义市场经济体制发展和不断完善，国家和军事法体系建设日益完备的新形势下，对装备采购法规体系建设来说，机遇与挑战并存。装备采购法规体系建设涉及国家政治、经济、国防、科技、教育、文化生活的方方面面，是一个复杂而庞大的系统工程，必须按照系统工程的原则，分层次、分级别地逐步制定和完善。认真分析研究装备采购法规体系基本问题，探讨装备采购法规体系的基本构成，为装备采购法规制定提供理论指导，对促进装备采购法规体系建设，加快推进装备现代化具有重要的现实意义。

一、装备采购法规体系构成的基本含义和划分标准

1. 装备采购法规体系构成的基本含义和结构方式

装备采购法规体系构成，是指装备采购法规体系采取的框架结构。它由横向结构和纵向结构两部分构成，即装备采购法规体系框架结构是由纵向层次的法律制度和横向门类的部门法构成。从法学理论上说，法律体系结构构成可采取宝塔形结构和梯形（并列）结构两种方式。装备采购法规体系可采取宝塔形结构和梯形（并列）结构两种方式之一。所谓宝塔形结构，即首先建立装备采购工作的基本法，综合覆盖装备采购领域的各种社会关系，然后再用法律、军事法规和军事行政法规、军事规章和军事行政规章作补充。所谓梯形结构，即不设装备采购工作的基本法，而以若干并列平行的专项法律共同组成装备采购法规体系框架的顶层，如美国的包括装备采办法体系在内的国防采办法体系就是梯形结构，美国国会在法律层次上发布了若干个平行的相关法律，从而形成效力较高的法律体系。

2. 装备采购法规体系划分的标准

尽管装备机关、装备理论界目前关于装备采购法规体系结构划分的意见较为

统一，既有横向门类的区分，又有纵向层次的划分。但是，装备采购法规体系构成不尽相同，最根本的原因就是对装备采购法规体系结构划分的依据不同。

（1）横向门类划分标准

有无独立的调整对象，即是划分法律部门的主要依据。因此，宪法、民法、刑法、行政法、经济法等之所以成为国家法体系的部门法，就在于它们调整的社会关系不同。与军事法要成为国家法体系的独立法律部门，有其独立的调整对象，即特定的军事社会关系一样，装备采购法规作为军事装备法体系的相对独立的分支法律部门，也必须有其独立的调整对象，即特定的装备采购方面的社会关系。因此，对装备采购法规体系分支法律部门要做出确切的划分，应当以装备采购法规调整的不同对象作为划分装备采购法规体系的横向门类标准，即以装备采购法规调整的社会关系为划分装备采购法规体系子部门的标准。只有这样，装备采购法规的横向子分支法律部门（分类）才能科学、合理，每个分类才能都有自己的调整对象，符合法律制度自身特点和内在的规律，才能反映装备采购领域各方面社会关系的实际情况，更适应装备全系统全寿命管理对法律保障的客观需要。

研究两个方面进行装备采购法规调整的社会关系即调整对象，要从装备采购管理活动分类和内容考察。在装备采购立法实践和行政法学研究中，装备采购法规体系的横向分类有两种分类方法：一是按照装备采购法规调整的管理关系分类；二是根据装备采购管理实践进行分类。

第一种分类方法的依据是行政法的分类方法，即按照行政管理关系分类。这是由于装备采购属于政府采购范畴，因此装备采购法规属于行政法范畴。行政法分为行政主体、行政行为、行政程序、行政检查与监督以及国家公务员法律制度等五类。按照已发布的装备采购法规，装备采购管理关系主要分为组织领导、采购方式与程序、合同验收、价格与经费、监督等五类（采购领导、采购政策、规划、计划、采购方式、采购程序、采购合同、成本价格、采购监督和采购奖惩等类）。装备采购法规的这种分类，总体上同行政法分类是一致的，只是在采购法规中有的分得细些。这是由于装备采购是一种买卖关系，因此出现了采购合同管理关系、成本价格管理关系（实际上它们都是行政法分类中的行政行为类）。

采购领导与行政法分类中的行政主体和公务员制度相对应；采购方式与采购程序与行政法中的行政程序对应；采购监督与行政法分类中的行政检查与监督相对应。

第二种分类方法将装备采购管理实践中不同阶段发生的社会关系作为划分标准，即按照装备采购管理过程顺序阶段或事项划分，主要包括采购当事人、采购规划计划、采购合同的订立、采购合同的履行、采购合同的验收、采购价格、采购监督和奖惩等。

两种分类方法各有利弊。第一种分类方法，主要是按采购管理关系划分的，每个方面都有自己的调整对象，符合法规自身的特点和内在的规律，也能反映装备采购管理关系的实际情况，更适应装备采购管理对立法的要求；其缺陷是与当前的管理实践结合不太紧密，不太直观。第二种分类方法虽然比较直观，也比较符合目前装备采购管理的情况，但是按这种分法，各类之间容易交叉重复，很难反映出法规分类的特点，不能体现法规体系的科学性和严密性。美国采办法规体系的横向可分为 8 类：管理体制类、财务经费类、合同法类、社会经济类、国防动员类、知识产权类、国际事务类和行为准则类。按专业类别分为 15 类：国防采办管理体制及组织机构类、国防采办政策和程序类、国防科学技术管理类、国防采办管理类、国防采办合同管理类、国防财务管理与审计类、装备使用与保障类、试验与鉴定类、国防采办队伍建设和管理类、国际合作与跨军种合作及国外采购类、信息技术采购管理类、特殊装备计划的采购管理类、战时采购及动员管理类、国防工业基础及劳动保障类、国防设施及政府资产管理类。

（2）纵向层次划分标准

关于装备采购法规体系纵向层次的划分标准，目前主流意见倾向于装备采购法规的立法权限和法律规范的效力等级，以装备采购法规出处作为纵向层次划分的标准。装备采购法规的出处，这里特指装备采购法规的外在表现形式，如装备采购法规法律、法规、规章、规范性文件等。不同的装备采购法规能否在装备采购法规体系中居于同一层次，也主要是看装备采购法规的出处是否在同一层次，即主要应看其是否具有同一的立法机关和同一等级的法律效力。装备采购法规的形式之所以不同，就在于它们的法律出处不同，它们的法律效力和调整范围不同。法律出处层次越高，法律效力越大，调整范围越广。

二、装备采购法规体系的框架结构

装备采购法规体系，由纵向层次法规和横向门类的法律制度构成。构建装备采购法规体系框架结构，是谋划装备采购法规体系建设的核心问题。其目的是构建该体系的框架结构：在纵向上解决法规体系的层次性问题，在横向上解决法规体系的分类问题；在总体上解决法规体系的覆盖问题，从而保证装备采购各项工作和环节都能够纳入法制轨道。

1. 装备采购法规体系的纵向构成

我国装备采购法规体系纵向层次划分是根据我国军事立法权限和法律规范的效力等级有关规定，结合我国国情、军情，特别是当前装备采购法规制度建设的实践，采用以装备采购法律出处即法律规范的表现形式为划分标准，将我国装备采购法规体系从纵向构成上划分为三个层次，即装备采购法规纵向层次区分为装备采购法律、装备采购法规和装备采购规章。

（1）装备采购法律

装备采购法律居于装备采购法规体系中的第一层次，具有在全国范围内或在全国的一定范围内遵照执行的法律效力或适用效力，主要包括两类：一是由全国人大常委会按照立法程序，为规范装备采购的重大问题，制定和颁发的单项军事装备法律；二是国家法律中有关装备采购活动的规定的条款，如《中华人民共和国国防法》《中华人民共和国合同法》等有关装备采购的相关规定。

（2）装备采购法规

装备采购法规居于装备采购法规体系中的第二个层次，包括国务院、中央军委联合或单独制定和颁发的属于调整国家、地方、军队之间在装备采购活动中的社会关系的军事（行政）法规，具有在全国、全军或在全国、全军的一定范围内遵照执行的法律效力或适用效力。主要为军事行政法规、行政法规和军事法规三类法律形式。军事行政法规由国务院、中央军委联合制定颁发，主要调整规范需要国家、地方、军队共同参与的装备采购活动，如《装备市场准入条例》等。行政法规由国务院制定颁发，具有仅次于法律的效力，军队亦要结合实际贯彻执行。

军事法规由中央军委制定颁发，主要调整军队内部的装备采购工作关系。

（3）装备采购规章

装备采购规章居于装备采购法规体系中的第三层次，具有在全国、全军的某一领域内遵照执行的效力，主要包括中央国家机关有关部门、经中央军委批准或授权的军委机关部门联合或单独制定和颁发的属于调整国家有关部门、地方政府和军队之间及军队内部在装备采购活动中的社会关系的规定、办法、标准等军事行政规章。装备采购规章包括军兵种、战区制定和颁发的涉及军兵种和战区装备采购工作的执行性、补充性、地区性的规定、办法、细则等军事规章，具体包括军事行政规章、行政规章和军事规章。军事行政规章由经中央军委批准或授权的军委机关部门与中央国家机关有关部门联合制定并经批准后颁发，主要调整需要军队和地方共同履行的装备采购关系具体规定。行政规章由中央国家机关有关部门制定颁发，具有在全国一定范围内共同遵行的法律效力，其中有的规定军队要参照执行。军事规章一类由经中央军委批准或授权的军委机关部门制定并报军委批准后颁发，主要调整军队某一方面的装备关系，具有在全军一定范围内共同遵行的法律效力；另一类由军兵种、战区制定颁发，主要调整本军兵种、本战区某一方面的装备关系，具有在本军兵种、本战区一定范围内共同遵循的法律效力。

2. 装备采购法规体系的横向构成

装备采购法规体系的横向分类是由装备采购法规的调整对象决定的，一方面说明对装备采购法规调整对象的认识不同，将直接决定装备采购法规体系结构上的差异；另一方面也表明对装备采购法规调整对象的界定在建立装备采购法规体系横向分类中的决定作用。按照横向门类划分标准，即按调整对象由所需调整的装备采购管理关系，同时考虑装备采购过程顺序和事项因素等作为划分标准，我国装备采购法规体系可划分为9个领域：

（1）装备采购组织领导方面的法规。装备采购组织领导方面的法规，是指对装备采购管理和实施监督的组织机构，在装备采购中所承担的职责、工作方式等法律规范的总称。一类属于军事规章，主要规范装备采购管理组织及人员机构的职责行为；另一类规范装备采购部门及承包商双方的行为，属于军事行政法规的范畴。

（2）装备采购方针政策方面的法规。装备采购方针政策方面的法规主要规范装备采购管理的方针政策。

（3）装备采购计划与预算方面的法规。装备采购计划与预算方面的法规，是指装备科研和采购及维修保障中长期规划、年度计划与经费预算制定和管理的法律规范的总称。主要规范各类计划的制定主体、制定计划的程序和内容以及计划的实施和管理。

（4）装备采购方式与程序方面的法规。装备采购方式与程序方面的法规，是指对装备竞争采购各种方式及其程序规范的总称。主要规范装备采购采用的招标竞争采购、竞争谈判采购等方式及其适用的条件和程序。

（5）装备采购合同管理方面的法规。装备采购合同管理方面的法规，是指以规范装备采购合同部门的工作为重点的军事规章。

（6）装备采购经费与成本价格方面的法规。装备采购经费与成本价格方面的法规，是指对装备采购项目成本、价格以及对采购合同经费支付的法律规范的总称。主要规范装备采购部门的审价及合同费用的支付工作等。

（7）装备采购奖惩方面的法规。装备采购奖惩方面的法规，是指对装备采购主体（采购单位、采购人员、承包商）的行为准则及相应的奖励和惩罚法律规范的总称。

（8）战时应急装备采购方面的法规。战时应急装备采购方面的法规，是指对战争期间或紧急状态下装备采购工作规范的总称。主要规范装备采购部门战时获取承包商产品、技术或服务的工作。

（9）涉外装备采购方面的法规。涉外装备采购是一种国家行为，装备采购部门和政府主管部门应以涉外装备采购管理规定等军事行政法规为依据，联合或单独制定相应的军事、行政规章。

装备采购法规体系大体上覆盖了装备采购管理的全部内容。从层次上看，有国家法律、军事行政法规和军事法规、军事行政规章及军事规章；从管理部门上看，有政府、军队和国防科技集团公司及企业；从采购阶段上看，有预研、研制、订购和维修都适用的合同管理法规；从合同管理阶段上看，有规划计划、合同订立、合同履行、合同变更、合同监督、经费支付等方面法规。上述法律、法规、规章规范了采购合同管理各个阶段、各个环节工作的实施办法,为政府、军队和承包商开展工作提供了法律依据。

综上所述,对装备采购法规体系的构筑,应依据装备采购法理学为指导,以装备采购独立的对象为划分标准,形成9类,即9个子部门的法规制度体系。需要指出的是,任何事物都是发展变化的,特别是由于我国军事编制体制仍处于改革时期,上述装备采购法规体系框架结构中所设置的装备采购法律、法规、规章等不会一成不变,而是随着社会经济的发展和客观形势的变化,做相应调整和修订,使装备采购法规体系在实践中不断得到充实完善。

第三节 装备采购法规的制定与执行

一、装备采购法规的制定

制定装备采购法规制度,是加强装备领域制度建设的基础环节,要使装备采购领域的各个方面真正做到有法可依,就必须建立起完备、科学的装备采购法规体系,因而采购法规的制定是实现装备采购制度化的首要条件。

(一)装备采购法规制定的概念

装备采购法规制定,是指享有立法权的特定机关,依照法定权限和程序,运用一定的技术,制定、认可、修改、补充、解释和废止装备采购法律规范的活动。上述概念包含以下内涵:① 装备采购法规制定是享有立法权的特定机关;② 装备采购法规制定是依据法定的职权进行的活动;③ 装备采购法规制定是依据法定的程序进行的活动;④ 装备采购法规制定是运用一定技术进行的一种制定、认可、修改、补充、解释和废止装备采购法律规范的活动;⑤ 装备采购法规制定属于国家和军事立法范畴,是我国立法活动的组成部分。

(二)装备采购法规制定指导思想和基本原则

装备采购法规制定的指导思想是装备采购立法客观规律最本质最集中的反映,是谋划装备采购法规建设目标和组织实施的思想准则;装备采购法规制定建设基本原则是其指导思想在装备采购法规制定实践中的行为准则。

1. **装备采购法规制定指导思想**

根据立法法、军事立法工作条例的规定和法律制度建设指导思想具有层次性的特点,以及装备采购法规建设的实际,装备采购法规建设指导思想应该是：以习近平新时代中国特色社会主义思想为指导,全面贯彻习近平强军思想,以《中华人民共和国宪法》《中华人民共和国立法法》《中华人民共和国国防法》等法律为依据,以党在新形势下的强军目标为引领,以中央军委新时代军事战略方针为统揽,以推进装备现代化建设为重点,紧密联系装备采购工作的实际,制定出具有时代性、科学性、规范性的装备采购法律规范,为履行我军新的历史使命和全面推进装备现代化建设提供法律保障。

2. **装备采购法规制定基本原则**

装备采购法规制定的基本原则,是装备采购法规制定指导思想在装备采购法规制定活动中的具体贯彻和落实,是反映装备采购法规制定活动规律、指导装备采购法规制定实践的行为准则。根据我国立法原则和装备法律制度建设实践经验及现实要求,装备采购法规制定应遵循五个方面的基本原则：

（1）贯彻党的方针、政策原则

装备采购法规制定贯彻党的方针、政策的原则,即以党的方针、政策为指导原则。装备采购法规制定在遵循我国法制建设和军事法制建设原则的基础上,在制定装备采购法律规范时,必须以党关于国防和军队建设、装备建设及装备采购的方针政策为依据,使党对国防建设和装备建设的成熟方针、政策法律化,成为装备领域必须遵守的行为准则。

（2）法制统一原则

装备采购法规体系作为国家和军事法律体系的组成部分,必须遵循社会主义法制统一的原则,与国家和军事法律体系相协调。1982年宪法第五条明确规定"国家维护社会主义法制统一。"立法法第四条明确规定"立法应当依照法定权限和程序,从国家整体利益出发,维护社会主义法制的统一和尊严。"装备采购法规制定遵循法制统一原则主要体现在以下四个方面：① 在法律制度建设的依据上,遵循宪法、法律；② 在法律制度建设的衔接上,与国家和军事法律制度建设协调一致；③ 在法律规范的层次上，与国家和军事相关法律规范相衔接、相协调；④ 在法律规范的内容上，下位法不得与上位法相抵触。

（3）民主原则

坚持民主原则，是现代国家和现代社会立法共同遵循的原则，我国立法也不例外。《中华人民共和国立法法》第五条明确规定"立法应当体现人民的意志，发扬社会主义民主，保障人民通过多种途径参与立法活动"。遵循立法民主原则，首先是因为这是实现民主权所必需的；其次是反映人民意志和客观规律所必需的；最后是对立法实行有效监督和制约、防止滥用立法职权、个人独断或不尽立法职守所必需的。

（4）科学原则

装备采购法规制定遵循科学原则，有助于提升装备采购立法质量，有益于尊重立法规律、克服立法中的主观随意性和盲目性，避免或减少错误和失误，降低成本，提高立法效益。装备采购法规制定遵循科学原则应做到：① 从装备建设的实际出发。任何法律规范的制定，必须从客观实际出发，才能经得起实践检验，才能发挥出应有的规范作用。② 坚持原则性与灵活性相结合。制定装备法律、法规、规章，一定要以国家宪法、法律为依据，以党的方针、政策为指导，正确体现军队装备工作为部队服务、为作战服务的宗旨，这就是原则性；但也要找到切合实际的，实现原则性所必需的、许可的措施，这就是灵活性。③ 确立积极的装备立法理念。改革开放以来，装备建设与发展的政策手段已由传统的以行政手段为主向综合运用法律、经济、技术和必要的行政手段转变。推进装备采购法规制定，要正确处理立法的超前、滞后和同步的关系；坚持积极的和可持续发展的装备采购立法理念，以避免在新旧法律制度交替过程中出现无法可依的局面。④ 坚持继承与创新、学习与借鉴相结合。法律制度的一个重要特点是必须保持连续性和相对稳定性。坚持继承与发展相结合是现代立法普遍遵循原则，一方面要善于总结、继承、吸收以往装备采购立法的成果和经验；另一方面要处理好继承与创新的关系，注重研究新情况、新问题，把新形势下装备采购特点与规律，加以科学的概括和总结，纳入装备采购法规建设中，并注意保留原有法律制度中仍然适用的部分。

(5) 遵循装备采购工作自身特点规律原则

装备采购法规制度对装备工作的服务与保障性，决定着装备采购法规建设必须依据装备采购工作自身的特点和规律，用法律形式对其进行规范，从而使装备采购工作法制化，确保装备建设全系统、全寿命管理的各个环节、各项工作纳入法制轨道，使装备采购各项活动有法可依、有章可循，保障装备采购活动顺利进行。主要体现在以下五个相适应：① 要与国家科技、经济状况相适应；② 要与装备主体的特定性相适应；③ 要与装备采购市场竞争的有限性相适应；④ 要与装备建设全寿命管理的特点相适应；⑤ 要与装备活动的复杂性相适应。

（三）制定装备采购法规的程序

制定装备采购法规的程序，是指装备采购立法活动中必须遵循的法定步骤和履行的法定手续。装备采购法律与国家其他法律一样，要按国家的立法程序制定。装备采购法规、规章的制定程序虽然有差别，前者制定程序要求比后者更严格，但是二者制定程序又有许多相近之处。

1. 编制规划与计划

装备采购立法规划和计划，是指装备采购法规的制定机关对一定时期内立法项目、任务分工和完成时限等所作的安排。规划与计划，两者之间本质上并无很大差异，只是在时间和范围上有所区别。一般对较长一段时间（通常为5年）的装备采购立法工作所作的安排，称为装备采购立法规划。它主要是为装备采购立法确定宏观目标，其范围较广，内容较全面。对近期（通常1年内）的装备采购立法工作所作的安排，称为装备采购立法计划，其内容比较详细、具体，是装备采购立法规划的具体化。装备采购立法规划，计划的内容通常包括制定规划、计划的依据；立法指导思想、重点和要求；拟制定的装备采购法规、规章的名称，起草单位，完成时限及发布（批准）机关等。

装备采购立法涉及面广、政策性强，是一项复杂的系统工程。为谋求立法的优化效果，必须着眼装备建设的长远需要，统筹安排，总体设计，制定切实可行的装备采购立法规划与计划。有关机关根据相关单位提交的立法建议，在进行科学的立法预测的基础上，拟定装备采购立法规划、计划，然后经有关机关批准后组织实施。

2. 起草与修改

装备采购法规、规章的起草，是装备采购法规、规章制定中的重要活动。凡是列入立法规划、计划的装备采购法规、规章项目，应按照规划、计划的安排，分别由各主管部门依照法定的程序、格式和步骤进行起草，应做到以下四个方面：① 做好起草前的准备。装备采购法规起草前不仅要根据需要组建起草班子，而且要在认真学习党和国家的有关方针、政策及法规的基础上，大量搜集、整理有关资料，对有关学术问题进行研究论证，为起草做好理论准备。② 认真开展调查研究。装备采购领域的客观事物非常复杂，要摸清其内在规律，发现问题，找出解决的办法，必须进行深入实际的调查研究。调查研究在注意广泛性的同时，更要突出针对性。调查研究的质量好，法规的起草就可以达到事半功倍的效果。③ 拟定纲目，分工起草。拟定纲目首先应根据法规拟采取的结构形式，确定纲目的层次；其次应根据所确定的层次安排内容的排列，纲目经讨论研究、征求意见后，进行修改、补充和完善；最后写出纲目说明，一并报主管机关审批。纲目批准后，即可组织有关人员分工起草法规初稿。④ 征求意见，反复修改。广泛征求意见，反复进行修改，是起草工作的重要步骤，是保证装备采购法规质量的关键。法规初稿起草完毕后，要采取多种形式广泛征求意见，然后进行反复修改，最后形成送审稿。

3. 送审和审定

装备采购法规、规章草案送审，是制定装备采购法规、规章的必要步骤。按照装备采购法规、规章调整对象和适用范围，其送审方式一般分为一个机关送审或几个机关联合送审两种。送审草案必须由呈报单位的主要负责人签署，几个单位联合呈报的，由各单位主要负责人签署。送审的法规材料包括请示报告，法规、规章草案文本、起草说明以及其他有关材料。

装备采购法规、规章的审定，是指有立法权的机关按照一定的程序以一定的方式对呈报机关呈报的法规、规章草案进行审议和确定的活动，它是制定装备采购法规、规章过程中的关键步骤。只有通过这一阶段的工作，草案才能成为正式的法律规范文件，才具有法律效力。审定除遵循规定的程序外，还应注意把握以下几点：① 装备采购法规、规章草案是否符合宪法规定和党的路线、方针、政策；② 装备采购法规、规章草案是否体现了我军的军事战略和军队建设方针以及为军队建设和作战服务的原则；③ 装备采购法规、规章草案的规定是否与有关部门的职权相符；④ 装备采购法规、规章草案与其他军事法规、规章的关系是否得当；⑤ 装备采购法规、规章草案的规定是否符合我国的国情、军情和装备采购工作的实际；⑥ 装备采购法规、规章草案是否有立法技术方面的问题，有立法权的机关对装备采购法规、规章草案审核后，要做出颁发或不颁发该法规或规章的决定。

4. 发布

装备采购法规、规章的发布，是指享有立法权的机关将已经审查批准的法规、规章，按照一定的形式和通过一定的媒介予以正式公布的过程。装备采购法规、规章的发布，是立法程序的一个必经阶段，只有按法定程序发布的法规、规章才具有法律效力。装备采购法规、规章，通常以发布令的形式公开发布。涉及军事秘密不宜对外公开的，以文件形式发布。另外，有些装备采购法规、规章在发布之后，还要按有关规定报送有关机关备案。

二、装备采购法规的执行

装备采购法规的实施，是指装备采购法规通过一定的形式，在装备采购活动中的具体运用、贯彻和实现。制定装备采购法规的目的是运用它来规范人们的行为，调整装备采购法律关系，把装备采购法规中确定的权利与义务关系贯彻落实到装备采购活动中，即把体现在装备采购法律规范中的意志通过人们的行为方式表现出来，从而达到装备采购立法的预期目的，确保装备采购活动顺利进行。

（一）装备采购法规实施的原则和要求

为了有效地贯彻和实施装备采购法规，在规定的时间内，实现制定这一制度的预期目标，达成提高军队战斗力，提高国家防务能力，有效地组织国家防务的目的，国防和军队装备职能部门一直在探索遵章行制的规律，提出实施的原则和要求。

1. 基本原则

装备采购制度实施的原则，是在实施的过程中始终需要遵守的准则，包括统一认识与强制执行相结合的原则，分类管理、按级负责的原则，公平合理、不徇私情的原则，整体筹划、综合实施的原则，法制统一、依法办事的原则。

（1）统一认识与强制执行相结合的原则。不按法规制度办事，就不可能建立起正常的工作秩序。装备采购法规一经颁布，必须严格贯彻执行，任何个人或部门不得以任何借口加以更改或违抗。执行法规制度的强制性，是通过具有可操作性的制度措施实现的。但强制执行并不等于一切都靠强迫命令和严厉处罚行事，在贯彻执行装备采购制度的过程中，还需要注意运用各种手段，采取不同方式，教育采购相关方自觉用装备采购制度规范自己的行为，使法规制度的强制执行与耐心细致的说服教育有机地结合起来。

（2）分类管理与按级负责相结合的原则。各项装备采购制度往往是根据不同的规范对象，分类别、分系统地加以制定和颁布的。所以，在实施的时候，也需要依类归宗，分类别分系统地加以贯彻和实施，按专业按部门进行控制和管理。同时，贯彻装备采购制度还需要按级负责，逐级实施，行业之内分层次，层次之中有类别。在国防与装备采购领域中，专业的类别系统与行政的层次系统二者是互相交叉、密切结合在一起的。只有坚持实行分类管理与按级负责相结合的办法，才能更好地组织实施装备采购制度的贯彻落实。

（3）公平合理的原则。要使各项装备采购制度得到全面的贯彻落实，各级在贯彻实施过程中要做到公平合理。在执行制度上，既管领导干部又管一般干部，而以领导干部为主；要求制度面前人人平等。如果在权利和义务面前，对人严对己宽，对下严对上宽，对疏者严对亲者宽，就会损害政策制度的严肃性和权威性。

（4）整体筹划、综合实施的原则。装备采购制度的整体性和系统性，不仅要求装备采购制度在制定时，要整体规划、系统论证，而且在贯彻时也要统一筹划、综合实施。整体筹划是指各级职能部门和各级领导，对自己职权范围内的政策制度的贯彻落实，要有通盘考虑，分出轻重缓急。综合实施是指多项装备采购制度同时实施或穿插进行，实行综合治理。

2. 基本要求

装备采购制度应当坚持以下要求：

（1）严肃性。装备采购制度是治装规律的体现，是法规的主体内容。装备采购法规范的权威性和严肃性，决定着装备采购制度的权威性和强制性，要站在维护法规尊严的高度对待装备采购制度的实施。严肃认真地实施装备采购制度，也是从严治军、依法治军、依法治装的基本要求。坚持实施装备采购制度的严肃性，需要各级行政执法部门和各级领导者具有强烈的遵章行制意识，克服以言代法、以权代制的官僚主义作风，真正从靠行政推动工作的积习中走出来，踏上依法办事、依制度施政的轨道。需要勤于检查，善于疏导，不能只有布置，没有检查，充当政策制度的传声筒。做到这一点，关键是要有相应的奖惩措施，依法行政者奖，遵章行制者奖，违制乱政者惩，抗制不遵者罚。

（2）准确性。装备采购任务是为部队提供装备，其行为关系到国防的巩固与国家的安全，所以，实施装备采购制度必须一丝不苟，准确到位，来不得半点含糊。实施中的准确性要求，主要体现在：① 需要吃透文件精神，正确理解制度的实质，了解每项制度的相关要素；② 实施中求真务实，一丝不苟，做到权利和义务到位，规范对象要准，关系调整要准，措施落实要准，后果认定要准；③ 不允许故意歪曲制度，目无章制，我行我素。

（3）全面性。装备采购制度的整体性和系统性，要求实施装备采购制度时，应当从整体出发，全面贯彻，发挥整套制度的整体效能；对每项制度都要认真贯彻，不打折扣；落实制度要覆盖到所有规范对象，不留死角；对制度的所有规范，都要认真贯彻。只有这样，才能保证装备采购领域各项制度的全面落实。

（4）一致性。装备采购制度目的的一致性，既决定了装备采购制度制定的一致性，也决定了装备采购制度实施的一致性。装备采购制度实施中的一致性要求的含义：① 同一项法规制度，不管什么时候，也不管由谁来实施，或者对谁实施，必须有一致的解释和理解，用统一的尺度和标准来检查和衡量；② 不同制度之间根据从属或协调关系，必须保持上下一致、左右一致，互相配合，协调行动，发挥各项制度建设的整体效能。

（二）装备采购法规实施的主要环节和方法

因装备采购法规制度不同、环境和情况不同，实施的方法步骤也有所不同。实施法规制度一般分为拟订计划、宣传教育、检查指导、考核监督实施效果四个主要环节。

1. 制订计划

制订装备采购法规实施计划，应该符合法规的基本精神。因此，要事先学习好法规文件，熟悉法规的构成要素，了解法规的性质、功能和作用。拟订中要从实际出发，认真贯彻可行性原则、新旧法规的连续性和配套法规的相关性原则、实现目标的阶段性原则和留有余地的原则。计划的内容，通常包括应明确实施制度的机构与负责人、法规实施的对象和范围、法规实施的必要保障措施以及法规的准备时间、起始时间、实现阶段性目标的时限、检查验收的时间等。

2. 宣传教育

为保证装备采购法规全面、正确地贯彻执行，必须加强装备法规的法制教育。通过全面的装备法制教育增强装备工作人员的法规意识，使其知法、懂法、守法，维护装备法规、规章，明确自己的权利义务；强化装备工作人员的法制观念，做到严格守法、执法；提高装备工作人员自觉运用装备法规的能力和素质，通过装备法规的实施，保证装备各项管理工作顺利进行。

（1）通过法规宣传会讲解。装备采购法规颁布实施后，主办机关通过召开法规宣传会讲解法规制度已成为军队贯彻落实法规制度的通行做法。装备采购法规制度宣传教育、学习贯彻也不例外。

（2）利用传播媒介进行宣传。在现代化社会生活领域中，电视、广播、报纸、书刊和信息网络，构成现代社会生活媒介的主体。结合装备采购法规的发布与实施，利用这些媒介，对有关制度的意义、作用、内容和实施办法，作出程度不同的报道与解释，以引起有关人员的注意，这是对我军干部战士进行宣传教育的重要手段和渠道之一。

（3）通过院校教授装备采购制度。我军院校作为军事教育机构，负有装备采购法规教育义务，就是讲授法规制度、增长官兵的法制知识。根据院校的不同情况，可分层次向学员解释和传授装备采购法规制度知识。

（4）编写装备采购法规制度辅导材料。为了配合院校教学和广大官兵专题学习的需要，尤其是从事装备采购人员的需要，由业务主管部门或教学与科研单位组织力量，在专家指导下编写装备采购法规制度辅导材料，其目的是帮助大家更深入学习和了解制度的精神实质，全面准确地把握制度的各项规范。

3. 检查指导

检查指导是制度贯彻执行中的过程控制工作，具体做法如下：

（1）典型引导。典型引导是在法规实施中抓好先行试点的工作，然后以点带面，全面展开。这是一种由点到面、由个别到一般的领导管理方法。主要做法是根据需要，先行试点，取得经验后，再全面施行。新的法规出台以后，为了取得经验，有条不紊地组织实施，可以先在局部范围内进行实验，通过实践进行验证，然后根据试点经验再全面推开。

（2）深入实际检查。负有装备采购法规贯彻执行职责的各级行政和业务主管部门，应在装备采购法规贯彻执行的过程中，经常派员深入实际，考察和了解法规的贯彻与执行情况，掌握动态，适时组织总结交流，纠正执行过程中出现的各种问题，解决执行中遇到的困难，并将反馈信息及时汇总上报有关部门。

（3）及时通报情况。各级行政和业务主管部门，在法规贯彻执行的过程中，应帮助所属组织和人员总结经验教训，并且有选择地加以通报介绍，给予积极引导，保证法规的顺利贯彻。

（4）注重装备采购立法解释。法律解释是现代立法发展适应社会快速发展变化的客观要求，是非常必要的。注重法律解释是发达国家立法的通行做法。目前，完善我国装备法律解释制度应着重把握好以下两个方面：一是切实加强装备采购法规解释工作的组织领导。一定要真正重视、切实加强和改进装备采购法规解释工作，凡是符合立法法和军事法规军事规章条例规定的需要解释的情况，都应及时进行法律解释。二是完善装备法律解释制度。应做到准确解释、及时解释、公开解释，法律解释要合法化，正确处理发展的社会关系与稳定的装备法律的关系，正确处理好法律解释和学理解释的关系，保障和促进装备现代化建设发展。

（5）解决贯彻执行中出现的问题。在深入实际调查研究的过程中，对法规实施中出现的问题，可组织力量进行调查了解，研究分析出现问题的原因，找出解决问题的办法，并对存在问题较多的单位，实施直接的帮助指导。

4. 装备法规实施的监督

实行各级组织监督、行政监督、群众监督和审计监督等多种形式对装备法规进行监督，保证装备法规的效力。党组织监督是最有权威、最有力量、最为重要的监督，主要是监督党员特别是党员干部是否能在装备采购活动中正确地执行装备采购法律规范，尽心尽责地为军队建设服务。行政监督是指装备采购机关内部的监督，其目的是要确保军事行政的合法性和正确性，这种监督主要是指按照行政隶属关系和区域管辖权而形成的上、下级之间的监督。群众监督是对装备采购法规实施的最直接、最有效的监督，其基本方式是批评、检举、控告和申诉。审计监督是保证装备采购法规实施的一种重要监督制度，装备采购工作涉及大量经费、物资的使用和管理，装备采购工作有关部门必须自觉接受审计机关的审计监督。

参考文献

[1] 格雷厄姆 R J. 项目管理与组织行为 [M]. 罗东坤，王亚喜，译. 东营：中国石油大学出版社，1988.

[2] Martino R L.Project management and control [M]. New York：American Management Association，1964.

[3] Jack Gido，Clements J P.Successful Project Management [M]. Ohio：South-Western College Publishing，1999.

[4] Meredith J R，Jr Mantel S J.Project Management：A Managerial Approach [M]. State of New Jersey：John Wiley & Sons，Inc，2003.

[5] Wysocki R K，McGary R.Effective Project Management：Traditional，Adaptive，Extreme，ed.Third [M]. Indiana：Wiley Publishing，Inc，2003.

[6] Harold Kerzner.Project Management：A Systems Approach to Planning，Scheduling，and Controlling，ed.Tenth [M]. State of New Jersey：John Wiley & Sons，Inc，2009.

[7] Rodney Turner. 项目管理手册 [M]. 丁杉，译. 北京：中国电力出版社，2014.

[8] 丁士昭. 工程项目管理 [M]. 北京：中国建筑工业出版社，2006.

[9] 沈建明. 中国国防项目管理知识体系 [M]. 北京：国防工业出版社，2006.

[10] 白思俊. 项目管理导论 [M]. 北京：机械工业出版社，2018.

[11] 赛云秀. 项目管理 [M]. 北京：国防工业出版社，2012.

[12] 毕星，翟丽. 项目管理 [M]. 上海：复旦大学出版社，2000.

[13] H.詹姆斯·哈林顿. 项目变革管理 [M]. 唐宁玉，译. 北京：机械工业出

版社，2001.

[14] 池仁勇. 项目管理［M］. 北京：清华大学出版社，2009.

[15] 马国丰，尤建新，杜学美. 项目进度的制约因素管理［M］. 北京：清华大学出版社，2007.

[16] 刘伟，符文洋. 大型国际会展中的项目管理［M］. 南宁：广西人民出版社，2004.

[17] 汪小金. 大学生项目管理通识教程［M］. 北京：机械工业出版社，2010.

[18] 刘林山. 美国国防采办管理概览［M］. 北京：国防工业出版社，2017.

[19] 白思俊. 现代项目管理概论［M］. 北京：电子工业出版社，2006.

[20] 何清华，李永奎，李殿维. 项目管理［M］. 上海：同济大学出版社，2011.

[21] 单志伟. 项目管理［M］. 北京：装甲兵工程学院，2007.

[22] 吕彬，李晓松，陈庆华. 装备采购风险管理理论和方法［M］. 北京：国防工业出版社，2011.

[23] 魏刚，陈浩光. 武器装备采办制度概论［M］. 北京：国防工业出版社，2008.

[24] 张玉华，薛荆枝. 现代武器项目管理［M］. 北京：国防工业出版社，2006.

[25] 白凤凯. 军事装备采购管理［M］. 北京：国防工业出版社，2012.

[26] 刘俞铭. 现代军队装备采办与项目管理规范及装备效能分析、优化、评估实务全书［M］. 北京：中国科技文化出版社，2006.

[27] 杨克巍，赵青松，姜江，等. 武器装备采办管理［M］. 北京：科学出版社，2015.

[28] 白凤凯，方家银. 世界主要军事强国军事装备采办管理［M］. 北京：兵器工业出版社，2005.

[29] 双海军，郭心毅，张亚军. 武器装备采购四个机制研究［M］. 北京：国防工业出版社，2016.

[30] 陈鹏. 装备采办管理体制研究［D］. 北京：军事科学院，2008.

[31] 刘德年，王斌. 军事代表合同履行监督实务［M］. 北京：国防大学出版社，2011.

[32] 中央政府门户网. 国防部召开军委机关调整组建专题新闻发布会［EB/OL］.

http://www.gov.cn/xinwen/2016-1/11/content_5032169.htm，2016-01-11.

[33] 沃特·J.法布卡，本杰明·S.布兰恰德. 系统工程与分析[M]. 潘星，李瑞莹，译. 北京：国防工业出版社，2014.

[34] 郁滨，等. 系统工程理论[M]. 合肥：中国科学技术大学出版社，2009.

[35] 陶家渠. 系统工程原理与实践[M]. 北京：中国宇航出版社，2013.

[36] 徐哲. 武器装备项目进度、费用与风险管理[M]. 北京：国防工业出版社，2011.

[37] 张健壮，史克禄. 武器装备研制项目系统工程管理[M]. 北京：中国宇航出版社，2015.

[38] 白思俊，郭云涛. 国防项目管理[M]. 哈尔滨：哈尔滨工程大学出版社，2009.

[39] 中国军网. 习近平主席向五大战区授予军旗并发布训令[EB/OL]. http://t.m.china.com.cn/convert/c_1VULwbEi.html，2016-02-07.

[40] 查恩铭，章巴生，吕敏，等. 装备采办概论[M]. 北京：国防大学出版社，2010.

[41] 李勘. 武器装备研制项目风险管理研究[M]. 北京：国防工业出版社，2011.

[42] 张健壮，承文，史克禄. 武器装备研制项目风险管理[M]. 北京：中国宇航出版社，2010.

[43] 孙艳玲，艾克武. 武器装备采购项目管理组织结构选择的一种量化方法[J]. 军事经济研究，2008，(5)：29-32.

[44] 邓昱晨，毛寅轩，卢志昂，等. 基于模型的系统工程的应用及发展[J]. 科技导报，2019，37（7）：49-54.

[45] 陆颖，许晓兵，崔荣波. 业务流程管理中建模方法比较研究[J]. 科技与管理，2010，12（6）：70-74.

[46] 梁镇彬，李敬辉，姜军. 基于ARIS软件的航母编队对海作战流程仿真及优化[J]. 计算机与数字工程，2019，47（3）：562-566.

[47] Russ J.Martinelli，Dragan Z.Milosevic. 项目管理工具箱[M]. 陈丽兰，等译. 北京：电子工业出版社，2020.

[48] 徐勇戈,马继伟,林熹. 项目管理学 [M]. 西安:西安交通大学出版社,2014.

[49] 周华任,张晟,穆松,等. 综合评价方法及其军事应用 [M]. 北京:清华大学出版社,2015.

[50] 程享明. 英国武器装备采办管理 [M]. 北京:国防工业出版社,2011.